Bibliografische Information Der Deutschen Bibliografischen Bibliothek

Die Deutsche Bibliothek verzeichnet diese Publikation in der Deutschen Nationalbibliografie; detaillierte bibliografische Daten sind im Internet über http://dnb.ddb.de abrufbar

ISBN 3-929592-88-6

© Westkreuz-Verlag Berlin/Bonn, 53895 Bad Münstereifel

Text:
Heinz Otto Stemper

Fotos:
Privat-Archiv Kurt Hörmann, Nachlass Charlie Mills, Antiquariat Karl Dold,
Berliner Traberkurier, Privat-Archiv Heinz Otto Stemper

Layout und Umschlag:
Uwe John / Mary Adler

Herstellung:
Westkreuz-Druckerei Ahrens KG Berlin/Bonn, 12309 Berlin

Ein Derby-Sieger blickt zurück

Inhaltsverzeichnis   Seite

Kapitel 1	Ein Derby-Sieg wirkt Wunder	5
	.... und außen kommt Hindumädel	7
	Ein „Schlachtpferd" findet seinen Käufer	17
	Derby-Sieg mit Überraschungen	17
	Hindumädel wurde 24 Jahre alt	18
Kapitel 2	Mit einem Pony fing es an	19
	Auf keinen Fall Frisör	20
	Ein Lehrlings-Champion geht zur Musterung	21
Kapitel 3	Der Krieg ist schneller, als der Soldat denkt	22
	Gefangenschaft - unter Tage	23
	Warten auf die Entlassung	24
	Im Schnelldurchlauf zum Trabertrainer	24
Kapitel 4	Horrido kam zur rechten Zeit	34
	Ein kleiner Hengst wird zum großen Star	35
	Durch Horrido erstmals nach Paris	37
	Ortello - der Dritte im Bunde	38
Kapitel 5	Fahrergrößen der Nachkriegszeit	39
	Erste Begegnung mit Charlie Mills und Probst	53
	Reisefieber im Blut	55
	Siegzahlen und Titel der Anfangsjahre	56
	Besitzer von Rang und Namen	65
Kapitel 6	Große Rennen auch nach dem Derby	68
	Legende Stella maris	70
	Ein Faible für Guy Bacon	72
	Der Traber-Züchter Kurt Hörmann	82
Kapitel 7	Das Abenteuer Frankreich	84
	Mythos Charlie Mills	86
	Charlie war immer dabei	98
	Quosiris D wurde zum Glücksgriff	99
	Hamburger zieht es immer wieder an die Elbe	101

Kapitel 8	Frankreich-Importe wurden modern	102
	In Amerika war alles ganz anders	104
Kapitel 9	Ab 1965 Serien-Champion im Norden	113
	Krankheit unterbricht jede Karriere	117
	Immer wieder Frankreich-Gastspiele	119
	Frankreichs Cracks imponierten	120
Kapitel 10	Ausnahme-Traber bleiben in Erinnerung	145
	Von Shammy Tara bis Spice Island	152
	Corner	163
	Topo Pride	165
	Meadow Matt	168
	Spice Island	177
Kapitel 11	Traber-Trainer oder Familienleben	180
	Blick zurück - aber ohne Zorn	182
	Zukunft und Chancen der Traber?	193
Kapitel 12	Kurt Hörmann in Zahlen:	200
	Wichtigste Erfolge seiner Laufbahn	209
	Sieg- und Trainerpunkte	221
	Auslandserfolge - soweit belegbar	223

Zu den Bildern auf dem Umschlag:

Auf dem Titelbild grüßt der Schimmel Bister, der in der erfolgreichsten Zeit von Kurt Hörmann, in den 70er Jahren, startete. Auf der Rückseite drückt der Trabertrainer eines seiner besten Pferde, den mit einer Gewinnsumme von 469.885 DM besonders erfolgreichen und auch in den USA gestarteten Hengst Ginster. Die Fülle der aus der Hörmann-Zeit zur Verfügung stehenden Bilder führte dazu, dass so manches Foto nicht an der zum Thema gehörenden Stelle stehen kann.

Ein Derby-Sieg wirkt Wunder

Anlass zu einer Biographie findet sich in diesem Jahrtausend ja besonders schnell. Und wenn jemand vor genau 50 Jahren einen Derby-Sieg auf der Trabrennbahn Mariendorf vorweisen, mit Bildern belegen und eine Menge darüber erzählen kann, darf das vielleicht schon Anlass genug sein. Erst recht jedoch, wenn der Fahrer und Trainer der längst im Pferdehimmel weilenden Siegerstute Hindumädel eine danach folgende, mehr als bemerkenswerte Karriere hinter sich weiß und nach sechs Jahrzehnten Trabrennsport im Sulky immer noch als der auf Frankreichs Traber-Pisten gleichermaßen erfolgreichste wie auch beliebteste deutsche Akteur gilt.

Das 'Deutsche Traber-Derby' zu gewinnen, war immer schon für alle Trainer und Fahrer der Höhepunkt der Karriere - zumindest der erste Derby-Sieg. Viele hochklassige Fahrer sind an dieser Aufgabe sogar gescheitert - einige haben mit dem ersten Derby-Erfolg eine große Karriere starten können. Es ist müßig, darüber zu rätseln, ob der „Zweikampf" des Earl of Darby mit Sir Bunburry am 4. Mai 1780 bereits durch einen Münzwurf entschieden war, als sich die beiden Pferde der Herren auf dem grünen Rasen trafen, um darüber zu entscheiden, wie die wertvollste Prüfung der dreijährigen Vollblüter in England in Zukunft heißen dürfe. In jedem Fall war das Pferd des Earl of Darby schneller, die Abwandlung in „Derby" wird der Earl verzeihen.

Im deutschen Trabrennsport wurde die Idee, das beste dreijährige Pferd wie bei den Galoppern mit einem besonderen Titel auszuzeichnen, 1895 in die Tat umgesetzt. Da die „Oberste Behörde für Traber-Zucht und -Rennen" in der Hauptstadt Berlin ansässig war, kam auch nur die Metropole für die Austragung des Rennens in Frage. Die größere Tradition hatte man in Hamburg vorzuweisen, wo seit 1874 am Stadtrand in Groß-Jüthorn getrabt wurde. Zwar feiert man in Straubing den 1873 gegründeten Verein, doch die Rennbahnen (1895 Pfarrkirchen und Straubing 1900) nahmen deutlich später den Rennbetrieb auf. Am 20. Juni 1880 wurde die Bahn in Hamburg-Bahrenfeld (damals noch Altona zugehörig) eröffnet, die damit die älteste, heute noch betriebene Trabrennbahn Deutschlands ist.

Doch das erste „Derby" wurde 1895 in der vornehmsten Berliner Gegend, in Berlin-Westend gestartet. Diese Bahn blieb bis 1908 Austragungsort der Ausnahmeprüfung und wurde dann von 1909 bis 1914 von Ruhleben abgelöst. Während des ersten Weltkrieges kam das 1913 nur von Bruno Cassirer finanzierte Mariendorf erstmals in den Genuss, sich „Derby-Bahn" nennen zu dürfen. Die Jahre 1920 bis 1942 gehörten dann wieder Ruhleben. Die beiden Kriegsjahre 1943 und 1944 überstand das Derby in Mariendorf, ehe es 1945 ausfallen musste und 1946 bis 1949 in Berlin-Karlshorst durch die Hilfe des russischen Stadtkommandanten Bersarin auf einem ehemaligen Hindernis-Kurs mit planierter, 1600 Meter langer Schlackebahn wieder aufleben konnte.

Im Jahr 1949 kam es dann zum Kuriosum, dass es eigentlich durch die Austragung in Karlshorst wie in Mariendorf gleich zwei Derby-Sieger in Deutschland hätte geben können. Doch der damals übermächtige Gerhard Krüger wusste das zu verhindern und holte sich beide Rennen mit der Stute Stella bella, der ersten Stella maris-Tochter. Für zwei Jahre wurde das „West-Derby" noch in Ruhleben ausgetragen, bis ab 1952 Mariendorf endgültig als Austragungsort übrig blieb.

Es gibt sicher zahlreiche, bereits vielfach erzählte Derby-Geschichten aus dieser nun über 110 Jahre langen Historie der unwiderbringlich einzigen Prüfung, in der sich das „Blaue Band" erstreiten lässt. Also ist der Anlass zu einer Biographie immer noch nicht ganz perfekt.

Vielleicht sollte aber noch ein besonderer Glücksumstand hinzukommen. Als der schon im „Ruhestand" eingetroffene Trabertrainer Kurt Hörmann bei einem Umzug innerhalb seiner geliebten Heimatstadt Hamburg eine Dokumenten-Schallplatte fand, auf der sein Derby-Sieg im Original-Rundfunkkommentar festgehalten wird, wurde die Veröffentlichung dieses nun genau 50 Jahre alten Dokumentes fast zur Pflicht.

Nun sollte man den nachfolgenden Text und seinen damals als Star-Sprecher - in etlichen Sportarten - für den RIAS in Berlin tätigen Reporter Udo Hartwig nicht gleich überheblich an unseren heutigen Maßstäben messen. Es gab keine Rennverfilmung, keinen Bahnkommentar, der Reporter war kein ausgesprochener Spezialist im Trabrennsport, hatte nur sein Fernglas als Hilfsmittel, und das war's.

Per Gynt, der von Permit stammende Erstling der Derby-Siegerin Hindumädel, gewinnt hier mit Kurt Hörmann am 7.07.63 in Hamburg-Bahrenfeld souverän.

Die Original-Schallplatte ist nach 5 Jahrzehnten natürlich auch technisch von abenteuerlicher Qualität und so sind wir froh, dass hier nun der mitgeschriebene Text eines Jubiläums folgen kann: Der Derby-Sieg von Kurt Hörmann und Hindumädel aus dem Jahr 1955 per Rundfunk!

... „und außen kommt Hindumädel" *(Text der Schallplatte)*

„Dreizehn Dreijährige warten auf das Startkommando zum 60. Deutschen Traber-Derby über 3.200 Meter, das mit 30.000 DM dotiert ist. Die Pferde bekommen immer noch einmal einen kurzen 'Aufgalopp', einen kurzen heat. Drüben auf der Jacobi-Seite (= Tribünen-Gegenseite), die mir genau gegenüber liegt, in gut 250 Metern Entfernung ist der Start, aber die Pferde haben sich noch nicht aufgebaut. Ich habe Zeit, liebe Hörer, Ihnen zu sagen, dass in letzter Minute die Rennleitung auf Wunsch von Walter Heitmann entschieden hat, Wulf ohne Wetten laufen zu lassen, da sich Wulf an der rechten Hinterhand eine Infektion zugezogen hat.
Nun das Startkommando: '... an die Plätze, eins, zwei, ab!'

Der zweite Start zum Deutschen Traber-Derby über 3.200 Meter ist geglückt und an erster Stelle, die 'Stangen' hat sofort Hindumädel aus Hamburg mit Hörmann und an zweiter Stelle, außen fahrend, aber jetzt schon in die erste Position vorstoßend, Wulf mit Walter Heitmann aus Hamburg. An dritter Stelle, außen zweite Spur fahrend, Meister Flott, dahinter in vierter Position Eboli. Das Feld ist ungefähr auseinander gezogen auf 80 Meter. Letztes Pferd ist Moderne mit Trainer Witt und sie kommen jetzt zum ersten Mal in die Zielgerade hinein gefahren und ich muss schon sagen, in ganz großartiger Manier, im Stile eines Klasse-Hengstes kommt Wulf jetzt an den Tribünen vorbei. Wulf mit drei Längen Vorsprung, innen fahrend Meister Flott mit Gerhard Krüger, außen, zweite Spur fahrend, Johnny Mills mit Eboli, an vierter Stelle Johanniter und innen F.S. mit Rademacher. Nun kommen sie an uns vorbei - Wulf, Eboli, Hindumädel - so ist hier die Reihenfolge gewesen und in der Mitte des Feldes sieht man Hermann W und das Pferd aus Karlshorst, Doraga. Das ist die große Überraschung, dass sich Doraga immerhin in der Spitzengruppe aufhält. Es geht jetzt drüben in den Casino-Bogen hinein, sie haben ihn bereits im Scheitelbogen erreicht - immer noch die Spitze vorne Wulf mit Heitmann, an zweiter Stelle außen liegend Eboli mit Johnny Mills und Johnny Mills sagte nicht umsonst, dass er sich hier eine großartige Chance ausgerechnet hat. Innen liegend, allerdings etwas eingeklemmt, ungünstig fahrend, Hindumädel, und außen Johanniter - alles westdeutsche Pferde, mit Ausnahme von Eboli, die ja einem Berliner Stall angehört. An fünfter Stelle dahinter Hermann W, ebenfalls ein Vertreter der Berliner Stallfarben. Dann kommt Doraga, auch Moderne hat etwas Boden gutgemacht und ganz weit zurückgefallen Wind, so scheint es zu sein. Ja, Wind liegt an vorletzter Stelle und das Schlusslicht in diesem dreizehnköpfigen Feld bildet Eifriger. Ja, Eifriger ist es, der an letzter Stelle liegt und das kommt doch überraschend, denn wir haben nicht erwartet, dass der Berliner Hengst eine so schlechte Vorstellung abgeben würde. Doch noch ist das Rennen ja nicht entschieden. Nach wie vor hat die Spitze - die Pferde kommen jetzt wieder in die Zielgerade hinein - Wulf mit Walter Heitmann, und das Tempo ist sehr schnell. Johnny Mills hat beide Hände hoch genommen, um Eboli zu schonen. Jetzt kommt außen nach vorne gestoßen Johanniter mit Eddy Freundt - er lächelt zu Johnny Mills herüber. Und jetzt geht es in die letzte Runde hinein. Zwölfhundert Meter sind noch zu fahren im Deutschen Traber-Derby - großartig das Rennen! Weiterhin jetzt im Casino-Bogen Wulf an erster Stelle, hat die Stangen, an zweiter Stelle außen, zweite Spur fährt Eboli - innend fahrend Hindumädel, außen Johanniter aus Gelsenkirchen mit Eddy Freundt und jetzt geht nach vorne an fünfter Stelle Hermann W vor F.S. und abgeschlagen Moderne, zwei Längen Luft zu den abgeschlagenen Pferden. Nuntius will nach vorne mit Frömming, aber er kommt nicht mehr heran. Nuntius ist die Luft ausgegangen und die Stangen hat jetzt ganz überraschend auf der Jacobi-Seite Eboli übernommen. An zweiter Stelle hat sich Johanniter nach vorne gearbeitet - Wulf ist zurückgefallen, Dritte ist Hindumädel. Wulf liegt an vierter Stelle und F.S. kommt weiter nach vorne. Das übrige Feld mit Moderne, Eifriger, Doraga hat nichts mehr zu bestellen. Es geht zum letzten Mal in den Einlaufbogen hinein und großartig läuft Eboli, ruhig gehalten von Johnny Mills.

An zweiter Stelle, außen fahrend, zweite Spur, Johanniter mit Eddy Freundt, der dreijährige großartige Hengst aus Gelsenkirchen.
Dann kommt in vierter Position Hindumädel, nachdem Wulf vorbeigestoßen ist und jetzt geht es die letzten 350 Meter hinunter, jetzt geht es um Sekunden und Meter und um das Geld. Eboli an erster Stelle, es wird ein großartiges Rennen! Außen kommt Wulf - Johanniter ist nun mit Freundt an erster Stelle - Freundt greift zur Peitsche und da kommt Hindumädel. Hindumädel mit Hörmann! Großartiges Finish zwischen Hindumädel und Jonanniter - Hindumädel gewinnt! Hindumädel mit guter Länge vor Johanniter, Wulf, F.S. und Eboli. Dann Eifriger, dann Hermann W - das war der Einlauf im 60. Deutschen Traber-Derby 1955!
(nach kurzer Pause:)
Ein großartiges Derby haben wir hier in Mariendorf miterleben dürfen. Es war spannend vom Anfang bis zum Ende, wenngleich der Rundfunksprecher auch etwas auf die Folter gespannt worden ist. Derby-Sieger 1955 also Hindumädel aus Hamburg mit Kurt Hörmann im Sulky. Zweiter Johanniter, der schwarzbraune Hengst mit Eddy Freundt im Sulky. Dritter Wulf, der indisponiert ist, ich sagte es Ihnen liebe Hörer, es ist keine Schande für Wulf, dass er den dritten Platz belegt hat, nachdem er ja das Tempo diktiert hat für seine übrigen Kollegen. Vierter F.S., ein Vertreter der Berliner Farben, Fünfte Eboli mit Johnny Mills."

Nach diesem denkwürdigen Beitrag darf man vielleicht doch noch ein wenig ergänzen. Natürlich freut sich Kurt Hörmann heute noch diebisch, wenn er den Kommentar „innen eingeschlossen, ungeschickt fahrend" hört, und er hat sicher das Rennen aus seiner Sicht auch ein wenig anders in Erinnerung. Doch eine wesentliche - faire - Ergänzung seinerseits darf jedenfalls nicht fehlen: *„Als Wulf ein zweites Mal am Ziel vorbeikam, wollte er glatt anhalten. Er dachte wohl, das Rennen wäre nach zwei Zieldurchfahrten beendet. Walter Heitmann hatte alle Mühe, ihn auf der letzten Gegenseite wieder ans Vordertreffen zu führen und wollte dann an der Einlaufecke etwas verfrüht schon alles regeln, so dass Wulf am Ende doch wohl Reserven fehlten. Hindumädel und mich hatte keiner so richtig auf der Rechnung, deshalb war Hindumädel nach einem geschonten Rennen an der Innenkante auch mit ihrem Speed erfolgreich."*

Für ein schnelles Rennen sorgte Walter Heitmann im Traber-Derby 1955 mit Wulf, der auch „ohne Wetten" als Jahrgangsprimus gleich an die Spitze zog und nach einer Runde vor Eboli mit Johnny Mills (außen), der innen verdeckten Hindumädel und dem daneben trabenden Johanniter (Eddy Freundt) an den Tribünen vorbeikam.

Auch auf der zweiten Runde bestimmt weiter Wulf das Tempo vor der nach wie vor außen trabenden Eboli, Hindumädel, Johanniter, sowie den beiden Berlinern F.S. und Hermann W. Wenig später glaubt der offensichtlich „mitdenkende" Wulf, dass nach zwei Zieldurchfahrten das Rennen üblicherweise beendet ist und will gleich anhalten. Das kostete ihn vielleicht den Derby-Sieg.

In der Mariendorfer Endgeraden sah zunächst Wulf wie der Sieger aus, musste dann aber seinem Zwischenspurt Tribut zollen und Johanniter mit Eddy Freundt als Totofavoriten den Vortritt lassen. Doch dann kam „außen Hindumädel" im richtigen Moment als das geschonteste Pferd in einem schnellen Derby mit der größten Endgeschwindigkeit zum Sieg.

Ob der junge Trabertrainer Kurt Hörmann bei der Siegerparade am 24. Juli 1955 schon ganz begriffen hat, was ein Derby-Sieg nach nur 5 Berufsjahren bedeutet, ist nicht ganz sicher. In jedem Fall scheint er sich aber ganz „norddeutsch" unterkühlt zu freuen. Vielleicht sieht man ihm aber nur den Respekt vor der anstehenden Siegerehrung an, die dann zum „Stummfilm" wurde.

Schon ein Jahr vor seinem sensationellen ‚Prix d'Amerique'-Sieg 1953 sorgte Permit für Nachwuchs. Primus im ersten Jahrgang war Wulf, der seine Altersgefährten klar beherrschte. Das Siegerfoto vom ‚Buddenbrock'-Triumph 1955 mit Ohrenkappe und Bodenblender deutet an, dass der Fuchshengst nicht ganz problemlos zu fahren war, und so landete im Derby dann Hindumädel vor ihm.

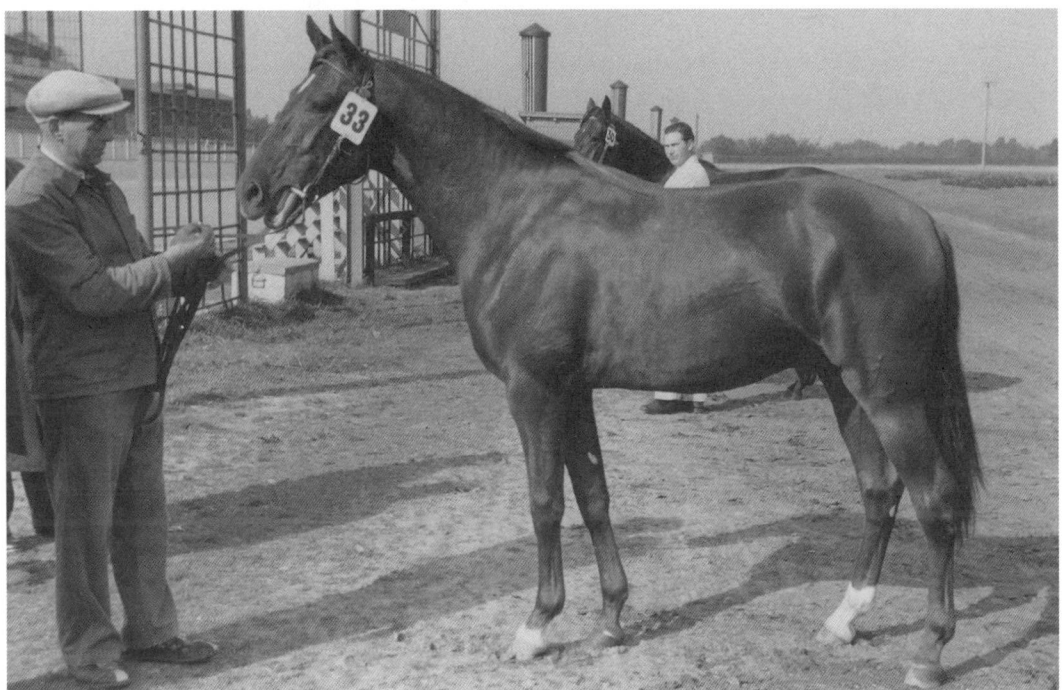

Bereits bei seinem ersten öffentlichen Auftritt 1953 machte der Permit-Sohn Wulf den besten Eindruck. Der Hengst gewann bei der Jährlingsschau wie so viele Produkte seines Züchters Walter Heitmann den Schönheitspreis.

Ein kaum anzüglich gemeintes Präsent erhielt Kurt Hörmann nach dem Derby-Sieg beim ersten Auftreten in Bahrenfeld: Einen Armleuchter. Der überraschende Erfolg in Mariendorf brachte dem jungen Trainer gleich regen Zuspruch bei den norddeutschen Besitzern, zumal er mit Horrido, Ortello, Cora T, Aref und Domgraf bis zum Derby in den ersten vier Trainerjahren bereits 20 Zuchtrennen gewonnen hatte.

Schon zweijährig lief Hindumädel der Konkurrenz davon. Hier gewinnt sie am 18.08.1954 in Hamburg-Farmsen. Erstaunlich, dass ein recht spät - im April 1954 - in den Longshaft gebrachtes Pferd bereits im gleichen Jahr ein renommiertes Zweijährigen-Zuchtrennen gewinnen konnte. Nach dem ‚Altonaer Zuchtpreis' kam die Stute auch in Recklinghausen 1955 noch vor dem Derby zu Zuchtrennen-Lorbeer.

Auch als Sechsjährige gibt Hindumädel der erstklassigen Schimmel-Stute Wonne (Walter Heitmann) noch das Nachsehen. Während Walter Heitmann mit Willy Weidner ein intensives „Gespräch" pflegt, ist Hindumädel bereits am Ziel. Die Stute musste mit ihrer hohen Gewinnsumme aus dem Derby in der besten Klasse antreten, gewann aber dennoch insgesamt 17 Rennen.

Der von Lord Pit aus der Hindumädel stammende Lord Astor gewann am 11.9.1977 in Mariendorf - wie auf Bestellung am Derby-Tag - ein Rennen gegen Sarablas und Jonas. Besitzer Abi Kluth saß in dem offenen Rennen selbst im Sulky des von zwei Derby-Siegern prominent gezogenen Braunen, der seine Rennlaufbahn mit 75.250 DM Renngewinnen abschloss und damit das zweitgewinnreichste Produkt seiner in der Zucht sehr erfolgreichen Mutter war.

Vielliebchen eröffnete 1954 eine Serie der norddeutschen Derby-Siege. Züchter und Trainer Walter Heitmann beglückwünscht hier Wilhelm Geldbach, den über 20 Jahre erfolgreichsten deutschen Traberbesitzer. Der Eigner des Stalles Kurier musste die erste Niederlage seiner Stute im St. Leger in Gelsenkirchen erleben, als die Derby-Siegerin mit leichtem Fieber angereist war und gegen Eventuell (Walter Dahl) unterlag.

Erst ein Jahr nach Hindumädels Derby-Erfolg wurde der Autostart eingeführt. Hier übt der spätere Hamburger Geschäftsführer Günter Weber mit dem ersten, noch improvisierten „Startwagen" in Mariendorf. Der damals noch überwiegend in Norddeutschland tätige Erich Speckmann gewann 1956 mit Corsaro aus dem Stall Westfalenland das „Blaue Band".

Einer der wenigen, die Norddeutschlands Derby-Pferde kurz nach dem letzten Weltkrieg bezwingen konnten, war 1957 der Hengst Marty mit Hermann Kraum. Der klug gesteuerte Riesenaußenseiter aus Recklinghausen hatte nach diesem Höhepunkt seiner Karriere nicht mehr allzu viel zu bieten und spielte in seinem Jahrgang später kaum noch eine Rolle.

Ein norddeutscher Hengst, der später mit Hans Frömming und am Ende seiner Karriere mit Kurt Hörmann erfolgreich war, begann seine große Laufbahn in der Hand des Hamburger Trainers Otto Vogt und gewann mit diesem 1959 das Deutsche Traber-Derby. Der eisenharte Epilog-Sohn Eidelstedter besaß auch enormes Stehvermögen und konnte in seiner besten Zeit sogar auf europäischem Parkett mithalten.

Von 1954 bis 1967 gewannen 10 Mal Traber aus norddeutschen Ställen oder Trainieranstalten das Derby in Mariendorf. In den Farben des Gestütes Lasbek dominierte 1966 bereits auf der ersten Runde der vom Franzosen Hairos II stammende Gesell, der mit Karl („Kalli") Heitmann sein hohes Tempo durchstand und in der bis dahin zweitbesten Siegerzeit von 1:24,1 über 3200 Meter gewann.

Die 1966 geborene Diana II war das sechste Produkt der Derby-Siegerin Hindumädel und mit 64.050 DM Renngewinnen sehr erfolgreich. Dass die Mutter Frühreife vererbt hatte, bewies Diana II bei ihren vier Auftritten als Zweijährige, da sie gleich dreimal gewann und auch noch ein weiteres Mal platziert war. Das Siegerfoto wurde am 4.8.68 in Bahrenfeld geschossen.

Ein „Schlachtpferd" findet seinen Käufer

Wie kommt man als Trabertrainer zu einem Derby-Sieger? Auf diese Frage haben schon viele erstklassige Profis nie eine erfolgreiche Antwort gewusst. Kurt Hörmann fand eine eigene Methode: *„Einer meiner Besitzer, der Malermeister Karl-Heinz Schulze, ließ ein Durchschnittspferd bei mir trainieren. Dieser Traber hieß Gospodin. Herr Schulze und auch seine Frau kamen öfter zur Bahn, wenn Gospodin angespannt wurde. Nach dem Training gingen wir dann immer zum Kaffeetrinken ins Rennbahn-Casino. Da fuhr eines Tages ein Pferde-Transportwagen vor, den Willy Wick, ein bekannter Pferdehändler, steuerte. Als er ins Casino kam, gab Wick erst einmal eine Runde aus und meinte dann beiläufig: "Von den drei Pferden, die ich da auf dem Wagen habe, fahre ich mit einem gleich durch zum Schlachter". Das war natürlich niemals ernst gemeint, als Einleitung zu einem Verkaufsgespräch aber recht erfolgreich. Denn Frau Schulze wollte nun die arme Stute, die zum Schlachter sollte, gleich retten. Hindumädel, wie das Pferd hieß, stammte von dem guten Vererber Hindu aus der Lore Linde, und diese Mutter war wohl das größte Unglück, das es überhaupt gibt, hätte ich damals gesagt. Die Stute wurde entladen und Karl-Heinz Schulze bezahlte sie mit 800 DM. Das war nicht gerade viel Geld, selbst wenn man bedenkt, dass die Mark damals weit mehr wert war.*

Hindumädel, die im April 1954 vor dem Schlachter „gerettet" wurde, war zweijährig, ging aber noch gar nicht im Wagen und wurde nun vorbereitet. Dabei zeigte sie schon bald viel Talent, war aber sehr nervig und hatte viel Drang nach vorne. Sie wollte unbedingt laufen und ich fuhr sie dann immer mit Ohrenkappe, sonst war sie kaum zu halten. Es gab ja noch keine Autostarts und wenn in den Bändern ein Pferd heftig ist und dann stark versammelt werden muss, kann es nicht richtig eintreten. An Zugwatte oder andere Feinheiten dachte man damals noch gar nicht. Zweijährig gewann Hindumädel, die erstaunlich schnell lernte, schon im Herbst den 'Altonaer Zuchtpreis' in Hamburg-Bahrenfeld. Sie hatte dann auch eine Nennung für das 'Deutsche Traber-Derby', doch dreijährig haben wir sie lange in Ruhe gelassen. Sie ging nicht zum 'Adbell Toddington-Rennen' und bestritt auch nicht das 'Buddenbrock-Rennen'. Hindumädel absolvierte nur drei Starts vor dem Derby, gewann dabei aber mit dem 'Fritz Hellmann-Erinnerungsrennen' in Recklinghausen ihr zweites Zuchtrennen. Dennoch waren wir krasse Außenseiter, als wir zum Derby nach Berlin reisten."

Derby-Sieg mit Überraschungen

Nicht nur der Rennverlauf im Traber-Derby 1955 überraschte Reporter, Gegner und Zuschauer. Auch der „Rahmen" passte zu diesem Außenseitersieg. Kurt Hörmann erinnert sich: *„Der Berliner Transporteur Alfred Engel holte die Stute sicherheitshalber schon drei Tage vor dem Derby-Sonntag nach Mariendorf. Die Anreise durch die DDR mit Tierarzt- und Zoll-Papieren war ja doch noch sehr kompliziert. Hindumädel kam mit ihrem Pfleger Werner Clasen im Stall von Trainer Theodor „Tetsche" Reiter unter, hatte aber ganz schlecht gefressen, so dass man eigentlich skeptisch sein musste.*

Uns kam allerdings entgegen, dass dieses Derby vom Start weg in einem Höllentempo gelaufen wurde, am Ende war es ohnehin das bis dahin drittschnellste in der Derby-Geschichte. Die erste flotte Runde sorgte dafür, dass ich Hindumädel an der Innenkante ruhig regulieren und aus der Frontlinie heraushalten konnte. Ich war von vornherein in das Rennen gegangen mit dem Ziel, ein gutes Platzgeld mitzunehmen. Und als in der Endgeraden der Favorit Johanniter mit Eddy Freundt nach der vielleicht doch zu flotten Fahrt nicht mehr zulegen konnte, waren wir plötzlich da und zur allgemeinen Überraschung gewann Hindumädel das Derby.

Alles im Stall war aufgeregt, denn damit hatte man ja nicht gerechnet. Zur Siegerehrung hatte man Mikrophone aufgebaut und wollte nun eine Erklärung hören, wie die Stute solch ein Rennen gewinnen konnte. Doch Frau Schulze kam etwas spät zu dieser Vorstellung, kam angerannt, stürzte über die Schnur, fiel hin und hatte das Kabel abgerissen. 'Ende der Durchsage', denn die Anlage gab keinen Ton mehr von sich, die öffentliche Siegerehrung fand lautlos statt. Auch unsere abendliche Siegesfeier entfiel, denn ich fuhr noch am Derby-Abend mit dem Ehepaar Schulze im Auto zurück nach Hamburg.

Pfleger Werner Clasen jedoch reiste mit Hindumädel selbstverständlich erst am Montag wieder nach Hamburg und hatte verdientermaßen einige Gläser auf den Erfolg seiner Stute genommen. Dabei fand er offensichtlich auch eine Braut für die feuchtfröhliche Nacht, denn nach 9 Monaten meldete sich eine Frau aus Berlin und präsentierte einen kleinen Werner. Das mussten wir erst einmal Werners Ehefrau erklären und das war nicht so einfach. Aber Werner Clasen war mein bester Mann, er war eigentlich nicht mit Geld zu bezahlen. Ich habe dann 18 Jahre die Alimente für ihn übernommen." Wahrlich ein Derby-Sieg mit Überraschungen an allen Fronten!

Hindumädel wurde 24 Jahre alt

Der Sieg im Deutschen Traber-Derby 1955 war ganz eindeutig der alles überstrahlende, ja fast einsame Höhepunkt in der Karriere von Hindumädel, die in 6 Rennjahren 78 Starts absolvierte, dabei 17mal erfolgreich war, sich weitere 30mal platzierte und insgesamt - bei den damals bescheidenen Rennpreisen - 115.913 DM gewann. Ihren Rekord von 1:20,6 erzielte sie vierjährig. Ihr Trainer sagt heute zur weiteren Laufbahn der Stute nach dem Derby-Sieg: „*Im 'St. Leger' in Gelsenkirchen war Hindumädel dann auch noch am Start, doch sie hatte als schlechtes Reisepferd noch weniger als sonst gefressen und viel Gewicht verloren. Ich wollte nicht einmal antreten, doch 'Nun sind wir schon einmal hier, nun soll sie auch mitlaufen', hieß es. Schließlich landete die etwas kraftlos wirkende Stute doch auf dem 5. Rang und lief damit sogar noch gut.*

Vierjährig gewann sie bei 14 Starts 6 Rennen, verlor aber - und das in jedem Jahr - gegen Ende doch ihre Frische. Hindumädel war kein ausgesprochen hartes Pferd. Als ich später, als sie sechsjährig war, Hindumädel in einer schwachen Phase Ruhe verordnen wollte, wechselte sie in den Stall von Hans Frömming. Aber auch da konnte sie sich nicht mehr verbessern und kam nur zweimal an den Start. Frömming schickte fairerweise die Besitzer mit ihrer Stute zu mir zurück. Siebenjährig hatte sie dann noch einen erfolgreichen Karriere-Abschluss und gewann fast 6.000 DM.

Karl Heinz Schulze hat dann später mit Hindumädel gezüchtet und schickte mir die Stute nach Henstedt, wo ich mit meiner späteren Frau Helga Heins ein kleines Gestüt aufgebaut hatte. Im Gestüt Vogelsang stand als Deckhengst zunächst der aus Holland gekommene Quintus Harvester, der sich durchschnittlich vererbt hat. Hindumädel ging später auch zu Permit und Lord Pit. Sie brachte von 1961 bis 1971 jedes Jahr ihr Fohlen, dabei gingen 1967 Zwillinge leider ein. Ihre Produkte waren durchweg sehr nützliche Pferde, von denen der Erstling Per Gynt (v. Permit), Diana II (v. Niha), Dorian Gray (v. Wulf) sowie die Lord Pit-Söhne Lord Derby und Lord Astor besonders erfolgreich abschnitten. Dann 'stellte sie den Betrieb ein'. Karl Heinz Schulze starb mit 60 Jahren am Herzinfarkt, Frau Schulze konnte für das Gnadenbrot von Hindumädel bald nicht mehr so leicht aufkommen und so erhielt sie das bei uns in Henstedt von mir. Hindumädel wurde dann noch 24 Jahre alt, war sehr anhänglich und die Kinder konnten sogar mit ihr spielen".

Mit einem Pony fing es an

Die Karriere des Hindumädel-Steuermannes hatte einst viel weniger spektakulär begonnen. Als Kurt Harry Bady am 26.03.1926 in Wandsbek geboren, war der einzige Sohn der Fabrik-Arbeiterin Gertrud Bady in recht bescheidenen Verhältnissen aufgewachsen. „Großgeworden" wäre hier zur missverständlichen Vokabel geworden, denn Kurt ist auch in seinen besten Zeiten nie über eine Körpergröße von 168 cm hinausgekommen und wog in jenen Tagen dann kaum mehr als 50 Kilo.

Der kleine Kurt hat seinen Vater nie kennengelernt. Er wuchs als Einzelkind bei seiner Mutter auf, ein Schicksal, das er mit einem seiner späteren Vorbilder, Johannes Frömming, teilen sollte. Die Mutter wurde so zum Dreh- und Angelpunkt seiner ersten Jahre. *„Meine Mutter war für mich die Größte. Sie hat praktisch nur für mich gearbeitet, war ständig besorgt um mich, weil ich zunächst so klein und schwach war. Ich hab' dann später versucht, ihr das zu danken. Nach jedem Rennen, zu dem es Blumen oder Ehrenpreise gab, waren die Trophäen für sie, nicht etwa für meine Freundinnen."*

Die Schule gefiel dem schmächtigen Kurt, der mit einem Jahr Verzögerung eingeschult wurde, nicht sonderlich. Viel lieber zog es ihn zu den Pferden. Seine Mutter, die aus dem Pferdeland Mecklenburg stammte, hatte inzwischen den gebürtigen Bayern Josef Hörmann kennengelernt. „Seppl", wie man ihn gemeinhin rief, konnte als Pferdepfleger in den Diensten von Gottlieb Jauß II in Berlin große Erfahrung sammeln und wechselte dann zu Hans Heitmann sen. nach Hamburg-Farmsen. Wenn seine Schulkameraden auf dem Weg zum „Dienst" ihren Kurt unterwegs verloren, war das keine Seltenheit, denn oft genug drehte der - wie beim Bänderstart - kurz bei und rannte zum Farmsener Stallgelände. Hier fragte dann Sepp Hörmann „Na, nicht zur Schule?", glaubte aber sicher selbst nicht an Ausreden wie „nee, der Lehrer ist krank".

Als beliebte Einlage an Volksrenntagen oder bei Großverstaltungen dienten den Trabern auch damals schon Ponyrennen. Der kleine Kurt merkte schnell, dass die Pferde vom Ponyhof Schneuer kamen und lernte dort bald das Reiten. Als ein Pony mit dem hochtrabenden Namen „Colour of Scotland" seine Reiter reihenweise abwarf, kam für den achtjährigen Kurt die große Chance. Er blieb im Rennen oben - und gewann. Wahrscheinlich hatte der „Schotte" das Leichtgewicht nicht einmal gespürt.

Auf keinen Fall Frisör

Nach acht Schuljahren („Da hab ich mich so durchgeschmuggelt") sollte eine Lehre folgen. Mutter Gertrud, die inzwischen mit Seppl Hörmann verheiratet war, wollte den nach wie vor untergewichtigen Jungen nicht schwer arbeiten lassen. Frisör sollte er werden. Doch Kurt wollte unbedingt zu den Pferden und hätte fast schon bei Josef Spieß als Lehrling seine Laufbahn gestartet. Doch der Bayer Spieß, der den gleichen Rufnamen wie „Seppl" Hörmann sowie seine bayerische Mundart und eine stoische Ruhe lebenslang als Markenzeichen trug, hatte wenige Tage zuvor die Lehrstelle an einen anderen Lehrling vergeben. Als Alternative bot sich

Bereits als Dreijähriger lieferte Horrido mit Kurt Hörmann Schlagzeilen. Hier gewinnt der Epilog-Sohn am 14.04.1952 in Hamburg-Farmsen.

der Trainer Otto Hofmann an, so dass auch noch 1941 ein Lehrlingsvertrag aktenkundig vereinbart wurde. Doch Kurt musste warten, denn Hofmann, der zeitweise nur ein Pferd in Training hatte, erhielt erst die Ausbildungserlaubnis, als sich sein Lot vergrößerte. So absolvierte Kurt Hörmann, wie er nach der Adoption durch seinen Stiefvater jetzt hieß, gegen Ende 1942 sein erstes Lehrjahr, in dem der Nachwuchs auch damals schon während der „Grundausbildung" keine Rennen fahren konnte. Der Dienst als Lehrling war damals hart genug. Er dauerte von morgens 6 Uhr bis zum frühen Abend um 18 Uhr. Zum „Aufwärmen" musste Kurt neben dem Fahrrad des Vaters zur Rennbahn traben. Nach der gleichen Prozedur auf dem Rückweg hieß es: *„Wir essen erst um 19 Uhr. Du gehst vorher noch Kaninchenfutter pflücken."* Kaninchen hielt zur damaligen Zeit fast jeder, der die beliebtesten Fleischlieferanten jener Jahre irgendwo unterbringen konnte.

Die eigentliche Karriere im Sulky startete also 1943, ein Jahr, in dem auch die Traber ständig damit rechnen mussten, dass jetzt Bomben fielen. Die OBT-Statistik - damals noch für ganz „Großdeutschland" in Berlin handschriftlich erstellt - meldet am Jahresende gleich 10 Siegfahrten, womit der inzwischen 17jährige Kurt Hörmann mit klarem Abstand Deutschlands erfolgreichster Lehrling wurde. Der nächstplazierte Helmut Görtz - auch später über viele Jahre auf den Hamburger Bahnen im Sulky ein Gegner von Kurt - brachte es in jenem Kriegsjahr auf vier Rennerfolge. Ein Start nach Maß - kein Frisör kann in seinem zweiten Lehrjahr Deutscher Champion werden.

Ein Lehrlingschampion geht zur Musterung

Eine Steigerung auf der Erfolgsleiter schien für den jungen Mann, der neben Pferden von Lehrherr Otto Hofmann auch für etliche andere Trainer tätig werden durfte, kaum möglich. Doch die Original-Akten der Obersten Behörde für Traber-Zucht und -Rennen weisen für 1944 unter den insgesamt 70 (!) Lehrlingsfahrern der letzten zwei Jahre für den Lizenzinhaber Kurt Hörmann eine Gesamtsiegzahl von 25 Rennerfolgen aus, was bedeutet, dass der Lehrlings-Champion der Vorsaison im Jahr '44 gleich 15mal gewann, also viel beschäftigt gewesen sein muss. Ihm am nächsten kam nur noch der ebenfalls in Norddeutschland aktive Lehrling Schmidhuber jr., der wie sein Vater und wohl alle Bayern zu jener Zeit Josef hieß und es trotz dieses wenig ausgefallenen Vornamens bis zum Jahresende auf insgesamt 21 Fahrererfolge - 12 davon 1944 - bringen konnte. Das zweite Lehrlings-Championat für Kurt Hörmann war perfekt - in einem Jahr, das Johannes Frömming mit seinem 10. Fahrer-Championat in Folge seit 1934 und mit bis dahin 2412 Geamtsiegen abschloss. Nur Charlie Mills lag mit 3591 Rennerfolgen in der ewigen Statistik noch klar vor ihm. Bescheiden nehmen sich dagegen die bis Ende 1944 erzielten 4 Amateurfahrer-Siege eines gewissen Anton Seibold aus, der den Trabrennsport später ohne Sulky dominieren sollte.

Einer der Nachwuchsleute und Mitschüler von Kurt Hörmann aus damaliger Zeit war Bodo Panschow, neben Helmut einer der Söhne von Trainer Paul Panschow, der später in Westdeutschland seine Karriere u.a. mit Erfolgen wie dem Sieg von

Oehmes im 'Großen Preis der Stadt Dinslaken' beschloss. Enkel Thomas als Sohn von Helmut Panschow sorgt heute für Schlagzeilen.

Zum 25. Gesamterfolg seiner bemerkenswerten Lehrlings-Laufbahn erhielt Kurt Hörmann noch ein Glückwunschschreiben der Rennleitung des Trabrenn-Vereins Hamburg-Farmsen e.V., dann ging es ab zur Musterung. Kurt wurde schnell eingezogen und kam nach Schleswig, um dort etwa drei Monate „ausgebildet" zu werden.

Der Krieg ist schneller da, als der Soldat denkt

Der „Traber", wie er schnell hieß, traf in der Ausbildung auf einen einarmigen Leutnant mit einem Reitpferd. Der verriet: *„Die besten 10 von Euch gehen nach Eutin zur Unteroffiziersschule"*. Das Gros musste gleich nach Frankreich. Durch die Tips des Leutnants gehörte Kurt zu den 10 „Auserwählten", die nach Eutin durften. Doch es ging zunächst nicht zur Kaserne, sondern dank Kurt nach Hamburg und da zur Rennbahn - nicht ungefährlich, doch die anderen 9 spielten alle mit.

„Im Hauptbahnhof gab's Fliegeralarm, dadurch kam die Gruppe unbemerkt 'raus und dann mit der Straßenbahn nach Farmsen zur Rennbahn. Ich hab' uns alle 10 einquartiert bei Trainer August Siemers auf dem Boden und da blieben wir rund 14 Tage. Mit Onkel Heinrich für Besitzer Darboven konnte ich dabei noch mein letztes Rennen vor der Kriegsteilnahme gewinnen."

Schon vor einigen Jahren hatte Seppl Hörmann immer wieder angekündigt: *„Dieser Krieg wird schlimm enden"*. Doch welche Lücken diese Katastrophe schlug, merkte der damals noch unerfahrene Kurt Hörmann erst später bei einem Klassentreffen, zu dem noch 8 von 42 Schülern erscheinen konnten. Richard „Riedel" Vogt, der als Amateur schon 21 Rennen gewonnen hatte und als Boxer durch seinen Schlusskampf mit Max Schmeling nach dem Kriege unvergessen ist, kam damals schon aus Gefechten im Kaukasus mit schwerem Rheuma zurück und wollte helfen. *„Sieh zu, dass Du da nicht hin musst, warnte er und wollte mir den Arm brechen. Aber wer lässt sich schon gerne den Arm brechen".*

Dann ging es mit 14 Tagen Verspätung doch nach Eutin. *„Da sind wir nachts am einzigen Posten vorbei, damit wir nicht aufflogen. Die waren froh, dass wir überhaupt ankamen, denn wir sollten schnell weiter. Wir 'durften' nach Russland und landeten in Ostpreußen. Die Front war aber schon gerissen und so kamen wir weiter nach Ungarn, wo gerade der Plattensee verloren war. Ein Kamerad aus Westfalen lag mit mir im Loch. Als er raus ging, um frische Luft zu schnappen, wurde er sofort von einem Scharfschützen erschossen. Wäre ich zuerst rausgegangen, hätte es mich erwischt."*

Auch eine stark blutende Schusswunde und Splitter im Knie konnten Kurt den Rest des Krieges nicht ersparen. Der Versuch, damit einen „Heimatschuss" abzuliefern, scheiterte.

Gefangenschaft - "unter Tage"

Das wechselhafte Kriegsgeschehen sah an der Front kurzzeitig die Wehrmacht vorn, immer häufiger aber die Russen. *"Und dann sollten wir ein ungarisches Dorf erobern, das hieß Barth. Wir rein mit Sturmgeschütz - Volltreffer - ich saß aber nicht drauf. Im Dorf waren auch noch Zivilisten, die uns sogar zu essen gaben. Als plötzlich die Russen kamen, hab ich mich im Schrank versteckt, wurde jedoch entdeckt und gefangen. Abends im Dunkeln bin ich dann geflitzt. Erst nach 300 Metern schoss der Russe, als er mich 'vermisste'. Bei der Flucht sehe ich in einem Familienhaus ein Fenster mit Licht - gehe rein und ein russischer Offizier kommt zur gleichen Sekunde von der anderen Seite ins Zimmer - neue Gefangenschaft. Nach reichlich Prügel wegen des Fluchtversuchs ging es nach Rumänien, dann in die Ukraine und schließlich nach Sibirien, mit allen, die einigermaßen kräftig aussahen. Bei der Arbeit im Bergwerk habe ich bald vor Hunger meine Jacke und Weste verkauft gegen Brot, doch dieser Handel wurde schnell gestoppt. Nach 2 Jahren gab es je einen Löffel Tabak und Zucker. Damit habe ich dann wieder handeln können. Wenn der Strom ausfiel, lief der Schacht im Bergwerk oft voll Wasser. Dann mussten wir über Leitern rund 800 Meter rauf."*

Der Kriegsgefangene Kurt Hörmann bekam schließlich nur noch Tauglichkeitsstufe 4, die letzte, als er zu schwach wurde. So wurde er verlegt in die Ukraine, blieb aber dort im Lazarett, weil er auch für den Transport nach Deutschland zu schwach war. Nach 14 Tagen traf er auf einen deutschen Lagerarzt, Dr. Schölski aus Essen, der oft nach Gelsenkirchen zur Rennbahn gegangen war.

Neben seinem 5. Platz mit Horrido im 'Graf Kalman Hunyady-Gedenkrennen' 1956 in Wien durfte Kurt Hörmann auf 3 Tagessiege stolz sein. Rechts neben ihm Robert Nowak sen.

„Dr. Schölski konnte viel für mich tun und hat mich wieder auf die Füße gebracht. Da ich kräftiger wurde, musste ich wieder arbeiten in einer Maschinenfabrik in Kiew, wo man Dreschmaschinen baute - unter russischer Bewachung. Trotzdem gelangen einige 'Nebengeschäfte', doch der lebensgefährliche Versuch, eine komplette Dreschmaschine zu verscherbeln, gelang auch mir nicht."

Warten auf die Entlassung

Seinen Retter Dr. Schölski hat Kurt Hörmann später in Gelsenkirchen noch einmal aufgesucht. Doch der ehemalige Lagerarzt hatte den Krieg nicht gut überstanden und war schon leicht verwirrt. Im November 1949 wurde Kurt Hörmann nach rund 5 Jahren kräftezehrender Kriegsgefangenschaft doch endlich Richtung Deutschland verladen. Die lange Reise endete für alle im Auffanglager Friedland.

„Meine Mutter hatte während der gesamten Kriegszeit und Gefangenschaft keine Nachricht von mir erhalten können. Erst in Kiew durfte ich die erste Postkarte schreiben. Diese Karte hat meine Mutter lebenslang aufbewahrt. Sie war ja schließlich auch sehr teuer. Über all die Jahre hatte meine Mutter dem Postboten versprochen: 'Wenn Sie mir eine Nachricht bringen, dass mein Sohn lebt, gibt's 100 Mark'. Das war damals eine Menge Geld, denn der Wochenlohn für einen Stallmann in Farmsen betrug in dieser Zeit 35 Mark.

In Friedland bei Helmstedt erhielt ich endlich dann meine Entlassungspapiere mit dem Datum vom 22.09.1949. In Hamburg fügten die Behörden später dem heute noch mit Fingerabdruck und zahlreichen Stempeln versehenen Dokument die Auskunft hinzu: 'Inhaber wurde versorgt mit einer Zulagenkarte. Verpflegt vom 23.9.49 bis 6.10.49.gez. Sonderdienststelle für Heimkehrer.'

Doch zunächst bekam ich eine Bahnkarte zum Hauptbahnhof in Hamburg, wo ich die Straßenbahn der Linie 2 nach Wandsbek nehmen wollte. Doch die Verkehrswege waren damals katastrophal. Erst gegen Mitternacht kam ich in Wandsbek an. Unser Haus war durch Bomben völlig zerlegt, keiner war da. Doch meine Oma wohnte ja nicht allzu weit weg, also musste ich zu Fuß da hin. Auf mein Klingeln gab es zunächst kein Echo, bis ich kräftig klopfte. Die tiefe Stimme von Seppl Hörmann, der schon aus französischer Gefangenschaft zurückgekehrt war, rief 'wer ist da?' und erst als ich das Stichwort 'Kurt' ablieferte, flog die Tür auf. Meine Oma war inzwischen gestorben, Opa lebte noch, meine Eltern waren bei ihm untergekommen und versorgten jetzt sein Haus. Wie sich meine Mutter freute, kann man sich wohl vorstellen."

Im Schnelldurchlauf zum Trabertrainer

Am nächsten Morgen nach der Rückkehr ging es sofort zur Bahn in Farmsen. Schlachter Kurt Ewald, der Besitzer des Stalles Alstertal, sagte gleich *„der Junge fängt bei uns an, und dann füttern wir den erst einmal raus."* Glatte 78 Pfund, besser, nur 39

Als dreijähriger „Buttje" schaute „Kurti", wie ihn die Mutter rief, noch recht fröhlich in die Welt. Der Optimismus sollte ihm bleiben, auch wenn er zur Schulzeit heute meint: „Das war nicht mein Ding". Viel lieber verbrachte er jede freie Minute - und auch so manche Schulstunde - auf der Trabrennbahn Farmsen. Noch vor Abschluss der Lehre rief man ihn dann zu den Soldaten.

Ein Erfolg im Pony-Reiten stand am Anfang so mancher Pferdesport-Karriere. Hier trägt „Colour of Scotland" die ganze Verantwortung und „Kurti".

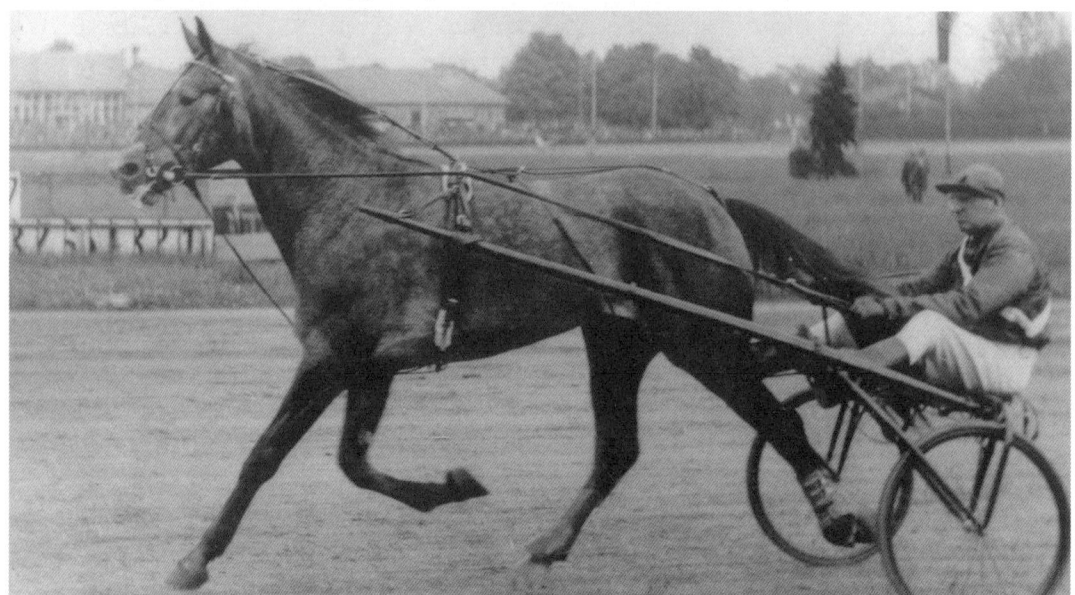

Zunächst noch als Grauschimmel präsentierte sich der 1939 mit Charlie Mills im Derby erfolgreiche Dachs. Der Hengst, mit dem Mills bereits den 5. Derby-Erfolg in sechs Jahren feierte, wurde später in höherem Alter schneeweiß und auf dem Gestüt Everswinkel bei Erich Speckmann Vater zahlreicher Klassepferde, denen er oft auch seine Farbe vererbte.

Ein stark dezimiertes Feld ging - bei zahlreichen Nichtstartern - mit dem Favoriten Manitu (Nr. 5) im Kriegsderby 1944 an den Start. Dass der Hengst aus dem bayerischen Gestüt Straßlach dann mit seinem Trainer Johnny Mills nur in der eher mäßigen Kilometerzeit von 1:27,7/3200 m gewann, kam wenig überraschend. Kurt Hörmann war zu diesem Zeitpunkt schon auf dem Weg zur Truppe.

Der Titel „Derby" für die wichtigste Prüfung der Traber missfiel in der Nazi-Zeit, so dass man das Rennen kurzerhand „Goldpokal" taufte. Der in Hamburg geborene Ire und Weltbürger Charlie Mills ließ sich dadurch nicht irritieren und gewann 1942 jenes Rennen mit Missouri in der neuen Rennrekordzeit von 1:24,9 über die klassische Distanz von 3200 Metern.

Nach seinen ersten Derby-Siegen mit Semper idem (1930) und Cicero (1931) legte Johnny Mills bis zum Erfolg mit dem hier die Linie überquerenden Manitu (1944) eine schöpferische Pause ein. Der „kleine Bruder", von dem der große Charlie oft behauptete, der sei ein wirkliches Talent, eroberte 1950 mit Riedel noch einmal das „Blaue Band".

Hamburg, den 1. Mai 1944

Wir sprechen dem Lehrling Kurt Hörmann in Anbetracht seines heutigen 25. Sieges unsere Anerkennung aus und wünschen ihm, dass auch für die Zukunft seine weitere Tätigkeit mit Erfolg gekrönt sein möge.

Die Rennleitung
des
Trabrenn-Vereins Hamburg-Farmsen e.V.

Im Kriegsjahr 1944 gratulierte die Rennleitung des ‚Trabrenn Verein Hamburg-Farmsen e.V.' dem Lehrling Kurt Hörmann zu seinem 25. Sieg. Da war der junge Mann bereits „großdeutscher" Champion des Fahrer-Nachwuchses. Nur wenige Wochen später kam die Einberufung, und die bedeutete eine Unterbrechung der so hoffnungsvoll begonnenen Karriere für glatte fünf Jahre.

Kurt Hörmann im falschen Dress: Bereits mit 18 steckte man den jungen Mann 1944 in die Uniform, die ihm dann später eine lange Kriegsgefangenschaft einbrachte. Diese unfreiwillige „Laufbahn" beendete Kurt als Unteroffizier. „Mein Kurti im Kriege", schrieb Mutter Hörmann auf die Bildrückseite. Bilder aus der Kriegszeit sind eher Mangelware, aber im Gedächtnis hat Kurt vieles tief verankert.

Der aus Bayern stammende Josef „Seppl" Hörmann hatte als Pferdepfleger bereits für Gottlieb Jauß II in Berlin gearbeitet, ehe er in den 30er Jahren nach Farmsen zu Hans Heitmann sen. wechselte. Der Ziehvater von Kurt Hörmann war in der Erinnerung seines Stiefsohnes ein Mann nach dem Motto „hart, aber immer gerecht". Am Ende seiner Berufslaufbahn betreute Seppl Hörmann u.a. Horrido.

Unmittelbar nach der Rückkehr aus der Kriegsgefangenschaft gelang Kurt Hörmann mit Dr. Duffy am 23.10.1949 in Farmsen der erste Nachkriegserfolg. Trainer des von Arion Gay stammenden Wallachs aus dem Besitz von J. Stenner war H. Steinberg. Die Mutter des Siegers hieß zwar auch Vielliebchen, war aber eine Peter Duffy-Tochter und nicht zu verwechseln mit der späteren Derby-Siegerin.

Nur wenige Tage nach seiner Rückkehr aus der Kriegsgefangenschaft saß Kurt Hörmann als ehemaliger Lehrlingschampion recht häufig im Sulky. Am 7.12.1949 beendete er mit dem fünfjährigen Hengst Festtag aus dem Stall Alstertal ein Farmsener Rennen unter spärlichem Flutlicht siegreich. Trainer waren gemeinsam Hans und Karl Heitmann. Der Spätheimkehrer fand schnell Zuspruch bei vielen Trainieranstalten.

Die Aktion lässt schon einiges Talent erahnen: Kurt Hörmann - bereits hier mit der später obligatorischen Mütze - steuert Horrido 1951 in der Morgenarbeit. „Wie alle Epilog-Söhne hatte der Hengst schon seinen eigenen Kopf", sagt sein früherer Trainer heute. Im Rennen war der spätere Crack - wie viele Pferde - stets eifriger als in der Arbeit.

Kilo brachte Kurt aus der Kriegsgefangenschaft nach Deutschland zurück. Die Lehre hatte er durch die plötzliche Musterung noch nicht ganz beendet, doch das letzte Teilstück wurde ihm nun erlassen.

„Ich sollte gleich die Berufsfahrerlizenz bekommen. Hermann Weber der Vorsitzende des Zentral-Verbandes für Traber-Zucht und -Rennen e.V. übergab sie mir im Büro Kleine Johannisstraße, nahe dem Hauptbahnhof. Der Besitzer Gringmut hatte zu jener Zeit ein Pferd Dr. Duffy, das durfte ich genau einen Monat nach meiner Rückkehr, also am 23.10.1949, gleich als erstes fahren. An der Einlaufsekke lag Dr. Duffy noch als letztes Pferd hinter dem Feld, doch ich gewann noch leicht und wusste gar nicht warum.

Damals kannte jeder auf der Rennbahn jeden. Man wurde weitergereicht und vorgestellt. So bekam ich schnell Pferde zu fahren, u.a. Monta von Hermann Weber. Dabei habe ich wohl auch viel Glück gehabt in dieser Anfangsphase, so dass die Leute sagten, 'mach doch den Trainerschein'. Ich war aber ja gar nicht vorbereitet, sollte es trotzdem versuchen und wollte schließlich auch selbst diesen Schritt wagen. Unter anderem musste ich natürlich auch zum Tierarzt Dr. Ernst Franzenburg. Der begann gleich: 'Wir hatten da ja mal ein Missverständnis, aber das ist nun vorbei und Du hast ja auch viel durchgemacht. Dies ist Deine Bescheinigung'. Ich wurde gnadenhalber gar nicht geprüft!

Das 'Missverständnis' war einst beim Lehrlingsunterricht passiert, den Dr. Franzenburg, der später jahrelang mein Tierarzt war, abhielt. Ich kam an einem Morgen zu spät, ging in den Unterrichtsraum und wollte mich gleich zu einer Entschuldigung melden mit 'Guten Morgen, ich habe..'

Aber da kam ich nicht weit, denn unser Lehrer brüllte gleich 'raus!!' und als ich die Tür von außen schloss, dann wieder 'rein!!'. Das passierte mir anschließend gleich noch einmal, bis ich sah, wie einer meiner Mitschüler die Hand vorsichtig zum Hitler-Gruß hob. Den hatte ich vergessen und durfte erst Platz nehmen, bis er mir wieder einfiel.

Dann musste ich zu Walter 'Hefe' Busch, der die schriftliche Prüfung abnahm. Man setzte sich gemütlich zu Kaffee und Kuchen an den Tisch. Auch hier fiel der Satz: 'Du hast ja nun auch viel mitgemacht.' Und am Ende hatte ich meine Bescheinigung - ohne jede Ahnung vom Steuerrecht.

Mit diesen beiden Bescheinigungen bin ich dann zu Hermann Weber, von dem ich ja annahm, dass er mein Gönner war und mich nicht unbedingt durchfallen lassen wollte. 'Würdest Du denn mein Pferd in Training nehmen, wo Du jetzt Trainer bist', fragte der gleich - das war dann schon meine Trainerprüfung."

Dieser abenteuerliche Schnelldurchlauf, den mancher heute nicht unbedingt als gerecht empfinden mag, hat sich wahrscheinlich in dieser Form auch für den einen oder anderen Spätheimkehrer ähnlich abgespielt. Im Falle des jungen Hamburgers Kurt Harry Hörmann musste keiner der Beteiligten das je bereuen.

Horrido kam zur rechten Zeit

Mit der Trainerprüfung allein lässt sich noch kein Hafer kaufen. Auch ein zweifacher Lehrlings-Champion musste zunächst ganz klein anfangen und hatte mit Startpferden wie Maikäferl und Vollmacht zunächst nur „hoffnungslose Fälle" zu betreuen.

„Ich hatte aber immerhin gleich 5 Pferde in Training. Unter anderen kam auch Horrido zum Einbrechen. Der Hengst gewann dann 1952 den 'Dreijährigen-Prüfungspreis', den der Altonaer Renn-Club e.V. noch in Farmsen austragen lassen musste, denn die Bahn in Bahrenfeld hatte sich erst 1953 wieder von den Kriegsschäden und Bombentreffern erholt. Damit hatte ich mein erstes Zuchtrennen gewonnen. Dass es am Ende mehr als 100 werden sollten, habe ich natürlich nicht geahnt."

Aber es sollte 1952 noch besser kommen. In Hamburg starteten nach dem Krieg - bedingt durch die Insellage Berlins - die mit Abstand besten Traber Deutschlands. So veranstaltete man sehr bald eine Prüfung, die man fast als „Konkurrenz-Derby" bezeichnen könnte. Schon 1949 wurde unter dem Titel „Das blaue Band der Tra-

Unglückliche Niederlage für Horrido und Kurt Hörmann im ‚Matadoren-Rennen' 1956: Scotch Harbour (Hans Frömming) wird durch Regelentscheid Gesamtsieger.

ber" eine Dreijährigen-Prüfung über 2.800 Meter ausgetragen, bei der dem Sieger mit 15.000 DM (!) der gleiche Preis winkte, wie ihn Hindumädel 1955 bei ihrem Derby-Triumph erhalten sollte. Der familieneigene Überraschungssieger Adio Guy mit Walter Hehemann sen. stellte sich dabei u.a. den in späteren Jahren so renommierten Gegnern Brino magnus, Alücke, Eldjehabet, Qualität und der in jener Saison ohnehin schon zu zwei Derby-Siegen (in Karlshorst und Mariendorf) trabenden Stella bella.

Das „blaue Band" hieß dann später „Dreijährigen-Preis der Bundesrepublik Deutschland" und war nun in Farmsen ebenso den in Norddeutschland gezüchteten Pferden vorbehalten wie in München das „Bayerische Traber-Derby" auch nur den bayerischen Dreijährigen eine Startchance bot.

In Farmsen konnte der später in Mariendorf mit Klaus Dickmann zum Derby-Sieg trabende Puramus somit nicht antreten, denn er war von Alfred Ruckhaber in Stendal gezüchtet worden. Das später auch auf westdeutschen Bahnen so erfolgreiche Aushängeschild der DDR-Traberzucht trabte 1953 als erster vierjähriger (!) Traber in Europa viermal an einem Tag unter 1:20 und gewann damit den als Stichfahren 2:3 ausgetragenen 'Großen Preis der Stadt Recklinghausen'.

In Farmsen triumphierte 1952 jedoch ein Hengst, auf den Puramus später in so mancher internationalen Prüfung noch treffen sollte. Horrido machte mit Kurt Hörmann (oder umgekehrt?) sein Meisterstück, sicherte seinem Trainer mit dem 'Dreijährigen-Preis der Bundesrepublik' die wertvollste Jahrgangsprüfung neben dem Derby, und Kurt Hörmann war nun auch über Hamburg hinaus bekannt.

Erfolg war also bald da, doch es fehlten Boxen. Die Pferde kannten noch keine Ranch oder ein anderes Trainingsquartier. Alle Traber - sofern sie trainiert wurden - waren auf den Rennbahnen untergebracht. Dem Jungtrainer Hörmann blieb zunächst nur eine provisorische Unterkunft in einem Einzelhaus, das nahe der Rennbahn in einer Siedlung lag. Die Pferde mussten „zu Fuß" über die Straßen, wenn sie zum Training oder Rennen sollten.

Ein kleiner Hengst wird zum großen Star

Die Boxen waren wenig später zu bekommen, als auch Bahrenfeld 1953 wieder eröffnen konnte und Pferde aufnahm. Kurt Hörmann blieb zunächst nur in Farmsen stationiert. Nach dem Überraschungssieg mit Hindumädel im Derby wuchs das Lot später jedoch an und er übernahm auch in Bahrenfeld ein Stallgebäude.

Dass der noch nicht 30jährige Kurt Hörmann bald selbst von Hans Frömming akzeptiert wurde, hatte sicher auch einige Gründe. Aus dem Klasse-Dreijährigen Horrido war inzwischen ein Star geworden, doch hatte er zunächst recht unscheinbar begonnen: *„Bernhard Thiel war Autohändler. Als zweite Farbe, die Walter Heitmann in einem Rennen anspannte, durfte ich einmal für Thiel die Stute Deflora fahren, die dann sogar gewann. Als Herr Thiel dann ein gutes jüngeres Pferd* kaufen wollte, sollte ich mitfahren zum Züchter Peter Schlatermund. Der bot einen Halbbruder zu Frieder an, der von Brother Hanover aus der Heidi stammte. Herr Thiel meinte zwar, dass der Hengst doch etwas klein wäre - er hatte nicht Unrecht - aber ich wollte natürlich gerne dieses Pferd in Training haben und so wurde Horrido gekauft. Da ich noch keine Angestellten hatte, konnte ich selbst viel Zeit verwenden, um dem hoffnungsvollen Epilog-Sohn die ersten Schritte beizubringen. Immerhin zeigte er schnell Talent und war bei 12 Starts als Zweijähriger (!) gleich sieben Mal im Geld. Horrido hatte gut überwintert, war aber wie die meisten Epilog-Nachkommen doch etwas schwierig, das heißt, er besaß seinen eigenen Kopf und brauchte deshalb schon eine starke Hand. Dreijährig begann bereits seine bemerkenswerte Karriere, denn ich konnte mit ihm ja die schon erwähnten ersten beiden Zuchtrennen meiner Laufbahn gewinnen. Bei nur sechs Starts war Horrido 1952 viermal siegreich und zweimal platziert. Vierjährig lief er gleich achtmal zum Sieg und gewann dabei in Gelsenkirchen das 'Josef Berlage-Erinnerungsrennen'. Als Fünfjähriger absolvierte er seine beste Saison mit vier Zuchtrennsiegen, von denen der Erfolg im Gelsenkirchener 'Elite-Rennen' und der Sieg im Farmsener 'Großen Alster-Preis' sicher die beiden wichtigsten waren. Im Elite-Rennen konnte der Hengst sogar den von Heinz Witt gefahrenen Ejadon hinter sich lassen, der - zwei Jahre älter als Horrido - praktisch die Nachfolge von Permit als bester aktiver Inländer angetreten hatte. Favorisiert waren zwei ausländische Pferde, der Holländer Mac Kinley, der aber schon am Start galoppierte, und der Franzose Emi-

Einer der größten Erfolge des legendären Ortello: Er gewann das ‚Gladiatoren-Rennen' 1956 in Hamburg-Farmsen, und Familie Balke freute sich mit Kurt Hörmann.

mile RL, den Charlie Mills steuerte. Mit dem als Dauerläufer bekannten Fuchshengst, der später in Deutschland bei Gottlieb Jauß (II) als Deckhengst aufgestellt wurde, suchte Charlie früh die Entscheidung und war schon in der Endgeraden in Front. Als Horrido dann im Endkampf besser ging, galoppierte Emimile RL nach harter Gegenwehr hinter Horrido über die Linie. Das 'Robert Großmann-Rennen' in Mariendorf stand zu jener Zeit den internationalen Großprüfungen allerdings kaum nach und auch der 'Hammonia-Preis' in Farmsen war ein echtes Zuchtrennen."

Durch Horrido erstmals nach Paris

Den Erfolg im 'Großen Alster-Preis' konnte Horrido ein Jahr später sogar wiederholen und wurde im 'Elite-Rennen' 1955 noch ehrenvoller Zweiter hinter dem mit der höchsten Zulage von 60 Metern in Rekordzeit (20,4/2560m) siegreichen Mac Kinley (Martin Vergay) und noch vor dem starken Franzosen Foudji Volo (Willi Müller).

Auch im 'Matadoren-Rennen' des Jahres 1955 trat Horrido an. In diesem 2:3 Stichfahren gewann zunächst Puramus mit Klaus Dickmann. Dann holte sich Horrido das zweite Stechen. Im 3. Stechen lag Puramus siegverdächtig in Front, verlor im Endkampf die Aktion, vergab den Gesamtsieg und wurde sogar disqualifiziert. Horrido wurde knapp von dem Riesen Scotch Harbour auf der Linie abgefangen. Da Puramus nun für das gesamte Rennen disqualifiziert wurde - da hatte jemand bei der Ausschreibung wohl kein Fingerspitzengefühl - wurde Scotch Harbor zum Gesamtsieger erklärt, da er angeblich das erste Stechen „gewonnen" hatte. Das an sich obligatorische vierte Aufeinandertreffen dreier im Stechen erfolgreicher Pferde entfiel und bei der Siegerparade musste Hans Frömming aufpassen, dass er nicht von den auf die Bahn geworfenen Stühlen der empörten Zuschauer getroffen wurde.

Übrigens waren solche Stichfahren 2:3, oder in noch früheren Jahren sogar nach dem Modus 3:5 (meist über 1600m oder 1609 m) ausgeschrieben, über Jahrzehnte das „Salz in der Suppe" des internationalen Trabrennsports. Dass sie später aus „Gründen des Tierschutzes" abgeschafft wurden, ist kaum mehr als eine faule Ausrede. Vielleicht waren die Totoumsätze bei drei startenden Klassepferden im Finale nicht mehr hoch genug, obwohl es auch noch später Gegenbeweise gab. Im Dreikampf Tidalium Pelo / Simmerl / Eileen Eden am 9.08.1970 in Hamburg-Bahrenfeld betrug der Totoumsatz nur auf Sieg- und Einlaufwetten mehr als 28.000 DM. Wenn man diese Summe relativiert (durch Euro und Geldwert-Entwicklung) wäre damit heute jeder deutsche Veranstalter gut bedient.

Gut „bedient" wurden zu jener Zeit vor allem die Traber älterer, auf A-Bahnen meist ausjähriger Jahrgänge. Sie mussten vereinzelt sogar dreimal an einem Tag auf B-Bahnen wie Mönchengladbach antreten. Nicht in Stechen, sondern in stets neuen Rennen mit Bänderstartzulagen und fast immer über Mitteldistanzen. Dass ein 14jähriger Hengst Burgmanes - von der A-Bahn in Mariendorf ausrangiert - dann zweimal Zweiter wird und einmal siegt, stellt den Tierschutzgedanken wohl wirklich auf den Kopf. Wenn heute dreijährige Traber zweimal im Derby über die

Mitteldistanz Kilometerzeiten von 1:14 oder gar 1:13 traben müssen, lassen die fast „humanen" Stichfahren 2:3 früherer Tage nach wie vor grüßen.

Solche Überlegungen trieben Traber-Besitzer 1955 nicht um. Nach den „internationalen" Vorstellungen seines Hengstes wollte Bernhard Thiel unbedingt mit Horrido nach Paris zum 'Prix d'Amerique'. Doch Kurt Hörmann erinnert sich: *„Da hingen die Trauben allerdings deutlich zu hoch, denn wir konnten nur über eine gewisse Strecke mithalten, dann setzten sich die größeren und robusteren Franzosen auf ihrer speziellen Berg- und Tal-Bahn mit der von Charlie Mills gefahrenen Super-Stute Gelinotte an der Spitze doch deutlich durch. Unter den Geschlagenen waren auch der fünftplatzierte Scotch Harbor, der Italiener Oriolo, die Amerikanerin Princess Rodney mit Hans Frömming sowie die beiden renommierten Schweden Gay Noon und Tampiko. Einen seiner wichtigsten Siegpunkte buchte Horrido 1956 nach seinem Prix d'Amerique-Versuch im Mariendorfer 'Matadoren-Rennen', das er souverän in zwei geraden Stechen gewann. Als Horrido achtjährig war, wechselte Bernhard Thiel mit ihm zu Hans Frömming. Man hatte ihm geraten, dass er dahin müsste, um vielleicht doch noch den 'Prix d'Amerique' zu gewinnen. Doch in den letzten drei Rennjahren gewann Horrido bei 21 Starts nur noch drei Rennen, dabei achtjährig aber immerhin die 'Championship von Bahrenfeld' gegen Gelinotte. Vererbt hat sich dieser Epilog-Sohn - im Gegensatz zu Permit und anderen - allerdings nicht."*

Soweit Kurt Hörmann zu Horrido, der ihm zu erstem Zuchtrennlorbeer verhalf und ihn das erste Mal nach Paris führen sollte. An Horrido hat der Altmeister - ebenso wie an Paris - auch heute noch beste Erinnerungen.

Ortello - der Dritte im Bunde

Eines der beliebtesten Rennpferde der 50er Jahre verhalf Kurt Hörmann über Norddeutschland hinaus zu besonderer Popularität.: *„Der Fuchs-Hengst Ortello hatte, bevor er zu mir kam, zwei andere Trainer. Bruno Pahl und Hermann Heitmann sen. bekamen ihre Mühe mit ihm, denn er war ein rechter Flegel und trabte nicht. Dann wurde er gelegt und bekannte sich in unserer Trainieranstalt 1952 doch zum Handwerk. Bei insgesamt 27 Starts gelangen ihm gleich 11 Siege. Ortello wurde in Hamburg in jenem Jahr wohl zum Lokalmatador. Ich hatte auch vorher schon einen rechten Bruder zu Ortello von Herrn Balke in Training, das war Oleander, den Bruno Pahl als Trainer an mich weitergegeben hatte. Ortello war zwar kein großes und starkes Pferd, wir haben ihn aber dennoch unter dem Sattel bewegt und ihm so ein wenig Ordnung beigebracht. Der Fuchs war kein Trainingspferd, der brauchte keine Arbeit, - die er auch nicht mochte - der lief sich fit in den Rennen. Und immer mehr entwickelte Ortello das, was man einen 'Rennkopf' nennt. Nur am Start war das Eindrehen im Band nicht unbedingt nach seinem Geschmack. Er hat es dennoch leidlich gelernt.*

Als wir dann mit ihm fünfjährig 1953 auf Reisen gingen, gewann er in Recklinghausen den 'Westfalen-Preis' und die 'Schwarzen Diamanten', zwei Zuchtrennen mit besonders starken Feldern. In den 'Schwarzen Diamanten' trug er die Startnummer 22. Die Bahn in Recklinghausen lag dem Fuchs ganz besonders. In Gelsenkirchen langte es 1954 nur zum Sieg im 2. Lauf zum 'Westdeutschen Pokal', doch in Recklinghausen kam er in zwei geraden Stechen zum Erfolg im 'Großen Preis'.

Als Ortello siebenjährig war, musste ich ihn mehrfach hinter Horrido zurückstellen. Das hat ihn sicherlich den einen oder anderen Start in einem Zuchtrennen gekostet, er gewann aber immerhin 6 Rennen in bester Klasse. Doch Ernst Balke sah da keine große Zukunft mehr für sein Paradepferd und zog mit ihm zu Erich Speckmann. Dort trabte er zwar mit 1:18,5 die schnellste bis dahin für einen Wallach aus deutscher Zucht je gemessene Kilometerzeit, es gelang ihm aber kein Sieg und so war er 6 Wochen vor dem 'Gladiatoren-Rennen' wieder bei mir. In dieser Saison 1956 gelangen uns nun mit dem überraschenden Sieg im 'Gladiatoren-Rennen' in Farmsen gegen den Italiener Cirano sowie den Schweden Lord Scotch und dann mit dem Gelsenkirchener 'Nienhausen-Rennen' über die lange Distanz von 3000 Metern die spektakulärsten Erfolge von Ortello."

Neunjährig kam der Fuchs noch einmal zu 8 Siegen und 11 Platzierungen bei 23 Starts, zehnjährig langte es noch zu zwei Siegerparaden, dann kam der Abschied von Hamburg. Auf westdeutschen B-Bahnen, wo zahlreiche Cracks aus Berlin und Norddeutschland nach Erreichen der Altersgrenze für A-Bahnen damals auftauchten, wurde der Held vieler internationaler Schlachten noch bis 13jährig in insgesamt 58 Rennen eingesetzt. Der Weg führte ihn nach Mönchengladbach in die damals übermächtige Trainergemeinschaft von Horst Bandemer und Berni Burgheim, wobei er in der von Burgheim geführten Abteilung stationiert war. Ortello siegte 1959/60 auch noch in insgesamt 11 Rennen, gewann dabei für B-Bahn-Niveau beachtliche 6.950 DM und hatte sich damit seinen Ruhestand fern vom Rennbetrieb mehr als verdient. Der Fuchs genoss diesen letzten Teil seiner ruhmreichen Karriere offenbar ganz besonders. Sein ausgiebiges Gnadenbrot bekam er schließlich bei den Geschwistern Angermann und Trainer Peter Holbek, denen er bis zu seinem 28. Lebensjahr erhalten blieb.

Mit 53 Siegen - auch in vielen schweren Rennen - bei genau 200 Starts und weiteren 93 Platzierungen war der mit einem Rekord von 1:18,5 zu seiner Zeit schnellste Wallach der deutschen Traberzucht die Nr. 2 hinter dem vom gleichen Trainer betreuten Horrido. Ortello war eines der bemerkenswertesten Rennpferde der 50er Jahre.

Fahrergrößen der Nachkriegszeit

Von den Großen jener Zeit durfte Kurt Hörmann ja bereits Josef Spieß kennenlernen, als er seine Lehrlingsstelle bei ihm knapp verpasste.

Der Bayer hatte sich bereits 1931 das - für ihn einzige - Berufsfahrer-Championat geholt und schon Ende 1944 insgesamt 1172 Rennen gewonnen. Er lag damit an

Solch ein Förderer des Trabrennsports täte Deutschland heute gut. Wilhelm Geldbach (Stall Kurier), für den auch Kurt Hörmann trainierte, 1974 mit Derby-Sieger Alsterhof.

Der erste ganz große Erfolg für Horrido und Kurt Hörmann: Sie gewinnen 1954 das Gelsenkirchener „Elite-Rennen" gegen internationale Konkurrenz wie u.a. Emimile RL (Charlie Mills), Mac Kinley (Wim H. Geersen) oder Ejadon (Heinz Witt). Das war bereits der siebente Zuchtrennen-Erfolg des eher kleinen Hengstes, der sogar erst fünf Jahre alt war.

Ein großer Gegenspieler des im Derby leider nicht genannten Horrido war später Puramus, der hier mit seinem Trainer Klaus Dickmann nach dem Erfolg im Karlshorster ‚Bruno Cassirer-Rennen' 1953 auf die Siegerparade geht. Der von Alfred Ruckhaber in Stendal selbst gezüchtete Hengst durfte damals als „Ostberliner" auch den Westen bereisen und tat das mit spektakulärem Erfolg auf allen Distanzen.

Die berühmte Großmutter von Horrido, die von Conny Weidmüller trainierte Mary H, gewann 1923 das damals in Ruhleben ausgetragene Derby. Die Halbfranzösin erhielt später den Amerikaner Legality zum Partner und fohlte danach mit Epilog den Vater von Horrido. An dessen Zuchterfolge konnte Horrido später leider nicht annähernd anschließen.

Ein Jahr nach Horrido holte sich Mac Kinley (hier mit Trainer Wim H. Geersen in Holland) vor Horrido und Foudji Volo das Gelsenkirchener ‚Elite-Rennen'. Der „fliegende Holländer", der auch in Schweden und Frankreich erfolgreich auftrat, war eines der wenigen Pferde, die Horrido 20 Meter vorgeben konnten. Der spätreife Hengst war auch kurze Zeit in der deutschen Zucht tätig, in Holland aber ungleich erfolgreicher.

„Horrido 1:18,1 (gegen Zeit 1:17,6) v. Epilog - Heidi. Sieger zahlreicher Zuchtrennen, u.a. im ‚Elite-Rennen', im ‚Großen Alster-Preis' (2 Mal), im ‚Matadoren-Rennen', im ‚Gladiatoren-Rennen' und in der ‚Championship von Bahrenfeld'. Das As des deutschen Trabrennsports 1954 - 1957." So hieß die damalige Bildunterschrift im Original. Der Schützling von Kurt Hörmann gewann von 1952 bis 1956 insgesamt 9 Zuchtrennen.

Sam Williams, ein USA-Import, der später großen Einfluss auf die französische Traberzucht nehmen sollte, kam 1929 in Ruhleben mit Charlie Mills in Begleitung der von Otto Schmidt gerittenen Stute Koritza auf eine Zeit von 1:14,3/1000 m. Kurt Hörmann versuchte sich mit Horrido in Begleitung der Stallgefährtin Cora T (Christian Petersen) auf der Meile. Doch „Horrido nahm das Ding nicht ernst", meinte sein Trainer nach dem Schnitt von 1:17,6.

Einen „Volkshelden" ließ Horrido am 2.08.1953 in Bahrenfeld nur nach Zielfoto-Entscheid gewinnen: Der aktuelle ‚Prix d'Amerique'-Sieger Permit wäre ein halbes Jahr nach seinem Triumph fast an der Aufgabe gescheitert, dem erst vierjährigen Horrido 100m vorzugeben. Heute sind Bänderstartrennen mit solchen Zulagen für die Pferde der besten Klasse in Deutschland nicht mehr denkbar.

Als der deutsche Trabrennsport noch florierte, ließ man sich auch auf Schaukämpfe mit den stärksten Pferden der inländischen Zucht ein. Gegen Deutschlands beste Traberstute damaliger Zeit scheiterte Permit knapp. In der Hand von Willy Weidner bezwang Opera 1954 den „Gladiator" in einem Zweikampf. Permit nahm die „Schau" im Gegensatz zu seinem Trainer Walter Heitmann wohl nicht ganz ernst.

Ein Mann, seine Mütze und ein Fuchs mit markantem Kopf: Kurt Hörmann hat dem allzeit populären und zur damaliger Zeit schnellsten Wallach Deutschlands (1:18,5) viel zu verdanken. Vor allem in Westdeutschland wurde das Paar von der Konkurrenz gefürchtet, nachdem ihm 1953 gleich zwei Zuchtrennen-Siege gelangen. Der absolut trabsichere Fuchs Ortello wurde stolze 28 Jahre alt.

Als Querulant fiel der in der Ausbildung recht schwierige Ortello auf, bis er unter dem Sattel geritten wurde. Schon in der zweiten Saison wurde er zum Seriensieger und Publikumsliebling. Hier gewinnt Ortello am 23.07.1952 mit Kurt Hörmann in Farmsen, wo er zwangsläufig seine meisten Siegpunkte machte, denn Bahrenfeld konnte erst 1953 wieder den Rennbetrieb aufnehmen.

Den ersten Zuchtrennen-Erfolg feierte Ortello am 19.04.1953 im ‚Westfalen-Preis' auf seiner späteren Lieblingsbahn Recklinghausen. Über 2120 Meter genügte damals noch ein Kilometerschnitt von 1:24,1. Die eigentliche Schwierigkeit jener Zeit bestand aus der Tatsache, dass oft aus 6 Bändern gestartet wurde und mehr als 20 Pferde in solchen hochdotierten Rennen am Start waren.

Bei seinem letzten Rennsieg auf der Farmsener Bahn am 10.12.1958 bedankt sich Trainer Kurt Hörmann noch vor dem Ziel bei seinem Erfolgspferd, dem die Startnummer 13 offensichtlich kein Unglück brachte. Das Hamburger Publikum verabschiedete sich hier von einem der populärsten Traber in der Hansestadt.

Neben Horrido und Ortello verfügte Kurt Hörmann Mitte der 50er Jahre mit dem aus der Zucht von Otto Nagel stammenden Aref über ein weiteres Pferd der „internationalen" Klasse. Der Hengst gewinnt hier in Farmsen die ‚Silberne Peitsche' 1954 und startete auch in Schweden bei einem Städtekampf Solvalla - Hamburg. Gleich zweimal gewann Aref das an seinen Züchter erinnernde ‚Otto Nagel-Rennen' in Bahrenfeld.

Ein echtes Klassepferd formte Kurt Hörmann aus der Miramus-Tochter Cora T. Die Stute gewann mit ihm drei bis fünfjährig insgesamt 5 Zuchtrennen, darunter den ‚Münchener Pokal' und den ‚Großen Preis von Recklinghausen' 1956. Hier bezwingt sie am 11.7.1954 den gutklassigen U.S.A. nach schönem Endkampf.

Obwohl er zahlreiche Siege verbuchen konnte, war der später sogar in der Zucht eingesetzte Domgraf zunächst ein Problempferd, denn er wollte sich nicht von den am Anfang nötigen Stegeisen trennen. Auch die Experimente von Hans Frömming konnten da nicht helfen, so dass der den Hengst wieder zu Kurt Hörmann zurückschickte. Hier gewinnt Domgraf am 23.03.1958 in Bahrenfeld.

Mit Arnulf, einem Permit-Sohn, gewann Kurt Hörmann 1958 den ‚Germania-Preis' in Farmsen. Der Hengst hinterließ später in der Zucht einige Produkte, von denen der Fuchs Mofet wohl über das größte Können verfügte. Nachdem die ersten Permit-Nachkommen großartig einschlugen, kamen auch etliche seiner Söhne in die Zucht. Selbst die DDR importierte einige Permit-Söhne wie Wulf, Wandervogel und Pirat.

Position 5 der nur 6 Aktive umfassenden Liste, die bis dahin bereits mehr als 1000 Rennen gewinnen konnten.

Sein Handwerk erlernt hatte „Seppl" Spieß in Süddeutschland bei Conny Weidmüller, der seinerseits als Trainer der berühmten Mary H mit dieser Stute 1923 das Derby gewonnen hatte. Das Gestüt Bardenhagen von Otto Kloss wurde für Josef Spieß der Glückstreffer. Hier erlebte der Wahl-Hamburger seine Glanzzeit, seine bayerische Mundart legte er jedoch nie ab.

Zu Hans Frömming war der Kontakt nicht ganz so einfach. Der war mit seinen Kollegen normalerweise nicht befreundet, schließlich war man im Rennen und Alltagsgeschäft ja Konkurrent. Aber man konnte viel von ihm lernen und ihn auch bei einem speziellen Pferd um Rat fragen. *„Bei Hans Frömming habe ich immer die Augen aufgemacht. In unserem Beruf muss man zuschauen und auch einiges abschauen können. Als ich zu ihm kam und erzählte ihm, dass ich Domgraf nicht ohne Stegeisen fahren kann, weil er sonst rollte und sein Geläuf nicht fand, sagte er: 'Lass das Pferd man rauskommen', testete den Hengst und meinte:'Den müsste ich einige Zeit in Training haben, ehe ich was ändern kann.' Mit Domgraf hatte ich trotz Stegeisen bereits mehr als 10 Rennen gewonnen, auch den 'Dreijährigen Prüfungs-Preis' 1955 in Bahrenfeld. Hans hat es mit leichten Eisen probiert, sagte aber ganz fair nach 6-7 Wochen: 'Hol' ihn wieder ab und mach es, wie Du denkst'. Mit zunehmendem Alter ging Domgraf dann doch immer leichter und schließlich auch ohne Stegeisen. Man muss unterscheiden, ob ein Pferd Gewicht braucht oder Halt. Domgraf brauchte als kleines, leichtes Pferd kein Gewicht, aber Halt."*

Dass der noch nicht 30jährige Kurt Hörmann selbst von Hans Frömming bald akzeptiert wurde, hatte sicher auch einige andere Gründe. Die ersten beiden hießen wohl Horrido und Ortello. Erst seit 1949, also kurz bevor Kurt Hörmann aus der Kriegsgefangenschaft zurückkehrte, war Hans Frömming „Hamburger" geworden. Da waren sich beide - nicht nur wegen der 16 Jahre Altersunterschied - doch recht fremd.

Als Kurt Hörmann 11 war, gewann Hans - oder Johannes Wilhelm Arthur, wie er getauft wurde - Frömming sein erstes Zuchtrennen, den 'Großen Preis von Berlin 1931' mit Lu-Lo. Bis der junge Hörmann das erste Mal im Rennen antreten konnte, hatte Frömming bereits 38 Zuchtrennen gewonnen, darunter dreimal das 'Deutsche Traber-Derby' und einmal das 'Österreichische Traber-Derby' in Wien. Der deutlich ältere Berliner war inzwischen neunmal Champion und für Kurt Hörmann unerreichbar weit weg, denn Frömming suchte sich ja erst nach dem Krieg - zunächst am Stadtrand - dann an der Alster eine Wohnung.

Der Respekt vor Frömming war natürlich besonders groß, zumal dieser sich seinen Trainerkollegen gegenüber doch deutlich zurückhielt. Über die Pferde - und vor allem die schnellen Hörmann-Erfolge - fand man dann bald zueinander. Am Ende ihrer Karriereleiter angelangt, waren Frömming und Hörmann wie ein verschworenes Schauspieler-Ehepaar doch dann dicht beieinander. Hörmann machte jede Woche seinen Frömming-Besuch in der Wohnung An der Alster 36 und wurde dabei lange auch vom inzwischen ebenfalls in das Rentenalter vorgestoßenen Ex-Geschäftsführer Günter Weber begleitet. Gemeinsam mit dem als Neugebauers Erben mit Damsbrück verwandten Horst Reuschel, der u.a. viel über Stella maris erzählen konnte, traf man sich zum Kaffee bzw. Frömming-Tee. Da konnte man dann gemeinsam fachsimpeln oder auch auf die neueste Entwicklung im deutschen Trabrennsport schimpfen...

Beschaulicher dürfte es zugegangen sein, wenn Kurt Hörmann im Abstand von 2 oder 3 Wochen am Sonntag um Punkt 10 Uhr Hans Frömming abholte. Die Herren Trabertrainer ließen sich im Alster-Pavillion ein gepflegtes Frühstück servieren und saßen anschließend auch gerne auf einer Parkbank in der Sonne.

Zu Walter Heitmann hatte „Kutti", wie ihn die Hamburger bald nannten, früh einen guten Kontakt. Ein Jahr nach Heitmanns erstem Derby-Sieg 1954 mit Vielliebchen hatte ja Hindumädel ihr Derby gewinnen können, so etwas verbindet. Nachdem früher die Ställe aus Berlin das Derby beherrscht hatten, gewannen von 1954 an in zehn aufeinanderfolgenden Jahren gleich achtmal norddeutsche Trainer bzw. Rennställe das „Blaue Band", wie man es nun wieder nennen durfte, nachdem das „Braune" aus der Mode gekommen war.

Walter Heitmann war im Grunde der Hamburger „Altmeister" der Nachkriegszeit, stieg er doch schon einige Jahre vor Hans Frömming in den Sulky. Der damals prominenteste der Heitmänner konnte sich bei seinem ersten Fahrersieg am 13.6.1923 viel Zeit lassen, denn die sechsjährige Sphynxlandtochter benötigte auf tiefer Bahn einen Schnitt von 1:44,5 über 2445 Meter. Diese Zeit und die eher seltene Distanz ließen noch nicht ahnen, dass hier ein ganz Großer die Erfolgsspur betreten hatte.

Nach 12 Jahren fuhr der spätere Züchter, Trainer und Fahrer von Permit bereits seinen 1000. Sieger, Ende 1943 waren es bereits unglaubliche 2058. Alle übrigen sechs „Heitmänner" - Hans + Hans jr., Hermann + Hermann jr., Karl und Richard - brachten es bis dahin auf zusammen 752 Fahrererfolge. Als Züchter begann Walter Heitmann auf dem Gestüt Haidhöhe nahe Hittfeld als Erster mit einem Franzosen-Hengst. Der mit Charlie Mills 1941 im 'Matadoren-Rennen' siegreiche Messidor hinterließ mit Fritz Messidor, Ostermesse und Symphonie Klassepferde, an die sich auch Kurt Hörmann in seinen jungen Jahren noch erinnert.

Messidor wurde dann natürlich bei weitem von Permit übertroffen, dessen Geschichte ein ganz eigenes, umfangreiches Kapitel füllen kann. Der als Epilog-Sohn zunächst nicht einmal besonders frühreife Hengst gewann in seiner Laufbahn insgesamt 23 Zuchtrennen in 6 Ländern und vererbte dann seinem Nachwuchs nicht nur sein Können, sondern auch ausgesprochene Frühreife. Mit Permit-Nachkommen feierte auch Kurt Hörmann zahlreiche Erfolge. Der Gesprächsstoff mit Walter Heitmann ging nie aus.

„Man saß ja nach der Arbeit auch im Casino zusammen - nicht nur die Derby-Siegfahrer - und unterhielt sich. Der Neid gegenüber dem Konkurrenten war weit

geringer als heute. Auch wenn ein Pferd zum nächsten Trainer ging, wurde dem gratuliert. Erich Speckmann, der seine Laufbahn als Amateurfahrer begonnen hatte und ein besonders fairer Sportsmann war, kam jedenfalls gleich nach dem Sieg von Ortello im 'Gladiatoren-Rennen' 1956 zu unserem Stall, nachdem Ortello noch 6 Wochen vorher von ihm trainiert worden war. In diesem Jahr gewann dann Erich Speckmann mit Corsaro sein Derby.

Corsaro hätte ich übrigens kaufen können. Ich hatte nur - wie so oft - kein Geld. Der von Miramus aus der Coronia gezogene Hengst gehörte Bruno Hartkäse, der mit meinem Besitzer Hübner befreundet war. Wir sahen uns zwei Pferde an, die bei Hartkäse zu kaufen waren. Ich kaufte die rechte Schwester zu Corsaro, die Cora mia hieß. Beide Pferde sollten 5000 DM kosten. Ich nahm die ein Jahr ältere Stute auch deshalb, weil ich später mit ihr züchten wollte. Gerade in der Zucht aber war nicht Cora mia der Volltreffer, sondern vielmehr ihr Bruder, der später ein toller Vaterpferd-Champion wurde.

Cora mia tröstete mich immerhin mit dem Sieg im Mariendorfer 'Stuten-Prüfungs-Preis' 1957. Sie sah blendend aus und erinnerte in vielem an ihren Großvater Muscletone, den man zwischen 1935 und 1938 wohl zu Recht für den besten Traber der Welt hielt."

Erich Speckmann - als besonders fair eben schon gelobt - war ein gutes Beispiel dafür, dass unmittelbar nach dem Krieg der Umgang im Kreis der Profis wohl ein anderer war als heute. Kaum ein Akteur hätte den bösen Satz von Wilhelm Busch unterschrieben: „Gewinn anderer wird fast wie Verlust empfunden".

Der Münsterländer Speckmann steuerte seinen ersten Sieger mit dem Fuchshengst Faun I auf einer Bahn in Warendorf, wo heute Galopper ihre Runden drehen. Mit dem auf der Grasbahn fast unschlagbaren Hengst Dugout, einem US-Import, und dessen Tochter Circe, die er 1933 selbst gezüchtet hatte und die mit ihm bei einem damals sagenhaften Rekord von 1:20,7 auch etliche Zuchtrennen gewann, wurde er bald überaus bekannt. Sein erstes Paradepferd Circe brachte in der Zucht schließlich 1942 noch den Muscletone-Sohn Lessing und da hatte sich Erich Speckmann bereits vom erfolgreichen Amateur (3 Championate 33,36,37) zum Profitum bekannt. Hier wurde er ebenso erfolgreich wie als Züchter, der durch Lee Nelson, Petermann und vor allem Dachs-Produkte zahlreiche Zuchtrennsieger stellte. Nach dem 2. Weltkrieg war er auf der damals noch Grasbahnrennen veranstaltenden Bahn in Bremen mit zahlreichen Schimmeln wie Simba, Seute Deern, Wiedehopf u.a. der unumschränkte König. Sein Derby-Sieg mit Corsaro war schließlich einer der überzeugendsten der Nachkriegsjahre.

Wer 1955 zum Derby nach Berlin fuhr, traf zwangsläufig dort auch auf Berlins Spitzenprofis. Nur ein Jahr älter als Kurt Hörmann war der am 5.3.25 geborene Gerhard Krüger, der später verhindern sollte, dass Kurt Hörmann je ein Fahrer-Championat in Deutschland erobern konnte. Krüger kam als 14jähriger zu Bonny Schuller in die Lehre und beendete diese bei Kurt Schön 1943. Bis er Ende '43 Soldat wurde, hatte er insgesamt 17 Rennen gewonnen. Obwohl er Ende '45 an

Krücken aus der Kriegsgefangenschaft zurück kam, war er bald Berlins Champion. Dazu holte er sich sogar gegen Hans Frömming 1949 sein erstes deutsches Championat, das er insgesamt achtmal für sich buchen durfte. Dann wurde er von seinem mehrjährigen Weggefährten Eddy Freundt abgelöst, sah im Berliner Rennsport keine Zukunft für sich und ging ins Ausland. Hier erkannte man in Gerhard Krüger einen der stärksten Fahrer der Welt, der sich in Frankreich durchsetzen konnte, in Amerika erfolgreich war und schließlich seine Zelte endgültig in Italien aufschlug. Namen wie Elaine Rodney, Ozo, Dashing Rodney, Narvick DJ, Martini II, Pick Wick, Top Hanover oder Florestan tauchten in den internationalen Spitzenrennen auf und schrieben mit ihm Schlagzeilen.

Krügers „Kompagnon" aus der Berliner Nachkriegszeit begann seine Laufbahn eigentlich zweimal. Der Aufschwung des Trabrennsports in Westdeutschland ist nicht nur zu einem großen Teil dem in Hamburg geborenen elffachen Titelträger und einstigen Weltrekordler Eddy Freundt zu verdanken, der absolute Trainings-Spezialist profitierte selbst auch am meisten aus der Tatsache, dass es ab 1954 durch Dinslaken im Westen noch eine vierte Trabrennbahn der A- oder B-Klasse gab und die Zahl der ausgetragenen Rennen ständig stieg. Deutscher Champion wurde man nicht mehr in Berlin, wo man in Mariendorf bald durch die Mauer praktisch auf einer Insel sitzen sollte. Aussichtslos war auch der Punktekampf für die norddeutschen Profis, die in Bahrenfeld oder Farmsen immer nur jeweils ein Meeting veranstalteten, maximal also zwei Renntage pro Woche nutzen konnten.

Eddy Freundt war nur 3 Jahre jünger als Kurt Hörmann. Der Toto-Favorit im Derby 1955 hatte bis vor 12 Monaten in Berlin mit Gerhard Krüger gemeinsam eine Trainieranstalt in vorher nie erlebtem Umfang und auf höchstem Niveau unterhalten, denn beide waren ja große Könner. Nachdem der Unmut über ihre gewaltige Dominanz mit einer „Kaffee und Kuchen"-Affäre endete, zog Eddy in den Westen, begann dort mit vier Pferden - und dazu noch schlechten - in einer Ecke der letzten Gelsenkirchener Tribüne eine Trainieranstalt und war doch bald wieder ganz oben. Die damals noch mit Ost-Erlaubnis in den Westen reisenden Traber aus dem Stall und der Zucht von Otto Book sorgten in seiner Hand für Schlagzeilen und Riesenerfolge, die auch nicht an Kurt Hörmann vorbeiliefen. Ab 1956 westdeutscher Champion, als er Ernst Jung ablöste, und ab 1959 erfolgreicher als der dann abwandernde Gerhard Krüger war Eddy Freundt unumstritten 15 Jahre lang der erfolgreichste Mann im Sulky. Doch auf seinen einzigen Derby-Sieg sollte er lange warten, obwohl er gerade 1955 doch schon so nahe schien. Nach der Niederlage mit Johanniter 1955 gegen die mit Kurt Hörmann im Endkampf überraschend stärkere Hindumädel musste der in Hamburg geborene Berliner bis 1969 bei etlichen Anläufen Geduld haben, ehe er in der Stadt, in der er schon früh ein ganz Großer war, mit Violine das „Blaue Band" erobern konnte. So schwer gefallen ist auch manch anderem der Ausnahme-Trainer und Fahrer immer wieder ein Sieg im „Rennen der Rennen".

Wenig Kontakt konnte Kurt Hörmann bis 1955 zu Johnny Mills haben. Obwohl der „kleine" Bruder, der mit seinen fast 1,90 Meter Körpergröße immerhin rund 8 Zentimeter größer war als der 5 Jahre ältere Charlie, bereits viermal Derby-Siege feiern konnte - den letzten mit Riedel 1950 - war Johnny nach dem Krieg doch eher eine „lokale Größe". Vorher war das anders, denn Pferde wie Florentiner, Augias, Alwa, Stella maris, Dietlinde, Liszt und sein berühmtester Schimmel Karneval führten den Lehrmeister von Fritz Perk und Eddy Freundt quer durch das Land. Kurt Hörmann lernte diesen gerade mit jungen und auch schwierigen Pferden immer wieder großartig abschneidenden Top-Mann erst deutlich nach seinem eigenen Derby-Triumph kennen. *„Als ich ihn besuchte, fiel mir sofort in einer der Zimmerecken die große Staffelei auf. Johnny bot die Bilder auch recht erfolgreich an und war bei seiner Vorliebe für gutes Essen nicht böse, wenn jemand bei ihm kaufte."*

Mit Eddy Freundt, Walter Heitmann, Johnny Mills, Gerhard Krüger und Hans Frömming waren fünf der damaligen Fahrergrößen in dieser Reihenfolge im Derby 1955 hinter Kurt Hörmann und Hindumädel mit ihren Pferden im Ziel.

Erste Begegnung mit Charlie Mills und Probst

Ein besonderes Kapitel im Leben des Trabertrainers Kurt Hörmann wurde durch Charlie Mills geprägt, der schon zu einer Legende im europäischen Trabrennsport geworden war, ehe der Jüngling Kurt seine Berufslaufbahn begann. *„Die großen Trainer jener Zeit, die damals in Hamburg stationiert waren, hatte ich ja zwangsläufig aus der Nähe kennen gelernt.*

Mit Charlie Mills traf ich das erste Mal zusammen, als ich noch gar keine Lizenz hatte. Schon als Schuljunge war ich bei Otto Hofmann im Stall 'am Start', weil ich später einen Lehrvertrag bekommen wollte. Ich war 1939 noch keine 14 Jahre alt und lernte nun Probst kennen durch einen Zufall. Bei Karl Krüger, einem Stallmann aus der Trainieranstalt gegenüber, holte ich mir manchmal Rat, wenn Trainer Otto Hofmann nicht im Stall war. Genau da zog nun Charlie Mills mit seinem Probst ein. Stallmann Krüger und der Pfleger von Probst, Karl Will, gingen morgens Kaffee trinken und versackten dann ganz fürchterlich. Um 13 Uhr konnte keiner mehr laufen und keiner mehr stehen. Charlie Mills kam an, um Probst zu bewegen und fand nur noch mich vor. 'Junge, kannst Du mir helfen, das Pferd fertig zu machen?', fragte Charlie. Ich war stolz und habe Probst dann mit angespannt, der übrigens gerne seine Unarten zeigte, biss und schlug. Der Pfleger von Probst war längst entlassen, als der Hengst in neuer Rekordzeit von 1:17,8 über 2080 Meter am Nachmittag den 'Großen Alster-Preis' gewonnen hatte. Sein vermeintlich großer Gegenspieler Muscletone war am Ende seiner so ruhmreichen Laufbahn nur noch ein Schatten früherer Tage, führte sogar noch mit Erreichen der Endgeraden, ging dann aber völlig unter und wurde Sechster in 1:20,2. An dieses Rennen kann ich mich natürlich noch ganz besonders erinnern, denn ich durfte Probst hinterher trockenführen."

An diese erste Begegnung mit einem Trabertrainer, von dem er erst später erfuhr, dass er der allergrößte war, sollte Kurt Hörmann sein großes Vorbild später in Frankreich noch einmal erinnern.

Der „kleine Bruder" von Charlie Mills durfte hier bereits 1958 sein 50jähriges Berufsjubiläum feiern. Johnny Mills verdiente sich den Beinamen „Professor".

Reisefieber im Blut

Mit den drei Klasse-Pferden - Horrido, Ortello, Hindumädel - hatte Kurt Hörmann, wie er selbst sagt, „eigentlich einen Lotto-Gewinn" gelandet. Er war viel auf Reisen zu Zuchtrennen in anderen Trainingszentralen und merkte damals schon, dass ihm das Reisen im Blut lag. *„Wenn ich auf Reisen war, fühlte ich mich wohl. Ich war nie gerne zu Hause. Doch nach einer Weile, wenn ich länger weg war, kam das Heimweh, und ich musste wieder zurück nach Hamburg."*

Von Hamburg aus auf Reisen ging der Jungtrainer Kurt Hörmann erst nach 1951, denn in diesem Jahr wurde der Führerschein gemacht. *„Ich fand einen Fahrlehrer, bei dem ich den Führerschein machen durfte, da er sich bei mir oft Rennbahn-Tips holte. Autohändler Bernhard Thiel, der dann Horrido zu mir in Training gab, verkaufte mir einen gebrauchten Volkswagen und dabei wurde ich gleich über's Ohr gehauen. Bruder Jo Thiel erklärte mir später, dass der Wagen, den ich für 3.600 DM gekauft hatte, über zwei Wochen lang schon für 2.800 DM angeboten worden war. Ich hab' aber nichts dazu gesagt, denn ich konnte den Wagen nur mit 1000 DM anzahlen und dann später mit Trainingsgeld abarbeiten."*

Die Reisen mit Horrido und Ortello begleitete der Trainer nun im eigenen Auto und - vor allem mit Schlips und Kragen. *„Sonst kam man früher als Trainer gar nicht auf die Rennbahn. Das ist ja nun heute alles anders geworden. Trotz Auto und Führerschein fuhr ich später nach Paris zunächst immer mit dem Zug. Da kam es auch zum ersten Treffen nach dem Farmsener Auftritt von Probst mit Charlie Mills. Immerhin war das mehr als 20 Jahre her, so dass er sich erst erinnerte, als ich von Probst sprach. Nach dem früheren Standort Senlis war Charlie Mills mit seinen Pferden nach Chamant gezogen. Auch die anderen Trainer hatten eigene Trainieranstalten, denn das Trainingszentrum Grosbois war - mit staatlicher Hilfe - noch nicht gebaut. Als ich Frankreichs Traberszene zum ersten Mal sehen konnte, wusste ich gar nicht mehr, wo die Sonne aufgeht."*

Später ging für den Trabrennfahrer Kurt Hörmann doch in etlichen Ländern mit Trabrennsport-Tradition die Sonne auf. Den weitesten Weg nahm er 1971 mit Ginster, der zum 'International Trot' um 437.000 DM, dem internationalen Treffen der weltweit besten Traber, nach New York auf Roosevelt Raceway eingeladen war. Hinter Größen wie Une de Mai, Fresh Yankee, sowie den beiden Prix d'Amerique-Siegern Dart Hanover und Tidalium Pelo langte es zwar nicht zur Platzierung, doch in einem Lauf zum 'Roquepine-Trot' belegte Ginster eine Woche später einen ehrenvollen vierten Rang.

In Holland wurde Hörmann mit seinem Orloff-Schimmel Veterok Dritter im 'Großen Preis der Niederlande', nach Schweden führte ihn schon 1953 ein Städtekampf Stockholm - Hamburg, den er mit Aref bestritt, und auch in Dänemark und Österreich (*„Da habe ich drei Stück an einem Tag gewonnen, eines der Hauptrennen mit Frechdachs"*) stieg Hörmann in den Rennwagen. In bester Erinnerung hat der Globetrotter noch seinen Auftritt mit Topo Pride, der im europäischen Zirkelrennen in Finnland beim 'Europachampionat der Fünfjährigen' Zweiter wurde und auch

Ada (5.) dabei hinter sich ließ. Einen besonderen Platz an der Wand der Hörmann-Wohnung nimmt heute eine Plakette ein, auf der er als Sieger im „Treffen der weltbesten Fahrer" am 8.07.1972 auf Mallorca gefeiert wird. *„Wo eine Hochzeit war, da habe ich mitgetanzt",* sagt Kurt heute. Nur nach Moskau hat es ihn nie getrieben. Kurze Begründung: *„Ich hatte die Nase voll vom Osten".*

Siegzahlen und Titel der Anfangsjahre

Zu seinen Anfangsjahren sagt der damalige Senkrechtstarter aus Wandsbek heute: *„Die großen Drei haben zwar die Weichen gestellt. Doch die Karriere muss auch erarbeitet werden. Training nahm damals viel mehr Raum ein als das Rennenfahren. Der heutige catchdriver war noch nicht aktuell. Auch nach den drei Ausnahmepferden trat bei mir keine Flaute ein. So bekam ich z.B. aus der Trainieranstalt von Erich Speckmann mit Protektion ein Klassepferd. Die gewaltige Stute hatte nur eine 'Macke', sie fraß zuviel, ja beinahe alles und wurde deshalb auf Torf gestellt."*

Im Jahr 1954 - als Horrido schon das Gelsenkirchener 'Elite-Rennen' gewinnen konnte - hatte in Norddeutschland Walter Heitmann bei den Fahrern Kurt Hörmann noch mit 89:80 hinter sich gelassen und auch den Titel des norddeutschen Trainer-Champions gewonnen.

Als der 29jährige „Nachwuchsmann", dem ja durch Krieg und Gefangenschaft etliche (fast sechs) Berufsjahre fehlten, dann 1955 in Mariendorf seinen Überraschungssieg im Derby landete, hatte er bis dahin erst 294 und am Ende dieser Saison 319 Rennen in seiner Laufbahn gewinnen können. Ein Derby-Siegfahrer, der vor seinem Triumph noch keine 300 Siegerparaden fuhr, ist in den letzten 50 Jahren nur einmal aufgetaucht: Kurt Hörmann.

Das konnte den in der Saison 1954 mit insgesamt 10 Zuchtrennen-Erfolgen ein weiteres Ausrufezeichen setzenden Jung-Profi nach dem Derby-Tag nur noch weiter anspornen. Am Ende des Jahres 1955 stand mit 83 Fahrersiegen der erste norddeutsche Titel vor Erich Speckmann (66), der damals noch überwiegend im Norden aktiv war, und Walter Heitmann (65). Auch bei den Trainern ließ der neue Champion (101 Siege) Walter Heitmann und Josef Spieß (jeweils 87) hinter sich.

Hinter dem übermächtigen Gerhard Krüger, der mit Mariendorf und Karlshorst ja zwei Bahnen zur Verfügung hatte (in Hamburg veranstalteten Farmsen und Bahrenfeld mit weniger Renntagen nur abwechselnd ihr Meeting) gelang Kurt Hörmann 1956 erneut das Deutsche Vize-Championat bei den Fahrern (110) und auch bei den Trainern (140 Siege). Die Hörmann-Ausbeute in den Zuchtrennen: sieben Siege!

Hinter dem nach Hamburg zurückgekehrten Hans Frömming (130) wurde Hörmann 1957 norddeutscher „Vize", behielt aber bei den Trainern den Titel (137) vor Frömming (128).

Die ersten Deutschland-Auftritte des inzwischen in Frankreich großartige Erfolge feiernden Charlie Mills beobachtete Kurt Hörmann nach dem Krieg mit besonderem Interesse. Hier stellte der berühmteste Trainer seiner Zeit den Hengst Chambon im Farmsener ‚Großen Preis der Hansestadt Hamburg' 1952 vor. Der im gleichen Jahr im ‚Prix d'Amerique' hinter der Superstute Cancanniere und Cyrano II Drittplacierte konnte in Hamburg allerdings auch nur Dritter werden.

Zwei Größen der Traberszene in ungewohnter Rolle: Charlie Mills und Walter Heitmann verfolgen die Konkurrenz als Zuschauer während eines der stets viel bejubelten Gastspiele des Wahl-Franzosen in Deutschland. In dem ‚Prix d'Amerique', den Walter Heitmann 1953 mit Permit gewann, saß Charlie Mills hinter dem italienische Farben tragenden US-Import Scotch Thistle, der auf dem 7. Platz landete.

Erich Speckmann, einer der erfolgreichsten Traberzüchter Deutschlands, kam nach einem Start im Amateurlager später als Trainer und Fahrer ein Jahr nach Kurt Hörmanns Hindumädel-Triumph durch Corsaro zum Derby-Erfolg. Mit Doublee (hier nach dem Buddenbrock-Sieg) verpasste er 1961 das erwartete zweite „Blaue Band". Einhelliges Urteil seiner Konkurrenten: „Ein feiner Kerl und Kollege".

Auf einem Trainerausflug im Herbst 1963 präsentieren sich hier in der hinteren Reihe vor rechts nach links: Gottlieb („Jackl") Grosse, Hans Heitmann jr., Hans Lehmkuhl, Horst Spieß, Harald von Borstel, Alfons Hellmann, Carl-Heinz Walter, Günter Hörmann, Werner Haacker, Günter Schipmann, Hans Marcussen, Felix Döhring, Werner Bassenberg - mittlere Reihe von rechts nach links: Willi Weidner, Gerhard Valtera, Johnny Mills, Karl Heitmann, (stehend der Barkassenführer, der St. Pauli-Torwart „Luden" Alm) - vordere Reihe von rechts nach links: Otto Vogt, Kurt Hörmann, Paul Dahl, Heini Losse, Gottlieb Gerhard. Es „fehlen unentschuldigt" in der norddeutschen Mannschaft: Hermann Heitmann sen. + jun., Walter Heitmann, Fritz Hoeck, Janis Morkis, Christian Petersen, Helmut Peulecke, Lorenz-Dieter Schütte und Josef Spieß, der nicht Mitglied des Trainervereins war. Kurz darauf folgte Kurt Hörmann dem ersten Ruf von Charlie Mills nach Frankreich.

Auch ein Weltstar muss durch den Schlamm: Deutschlands bester Botschafter des Trabrennsports Hans Frömming suchte keine Entspannung bei Trainerausflügen, sondern orientierte sich ins Ausland und ging damals für 6 Jahre nach Italien.

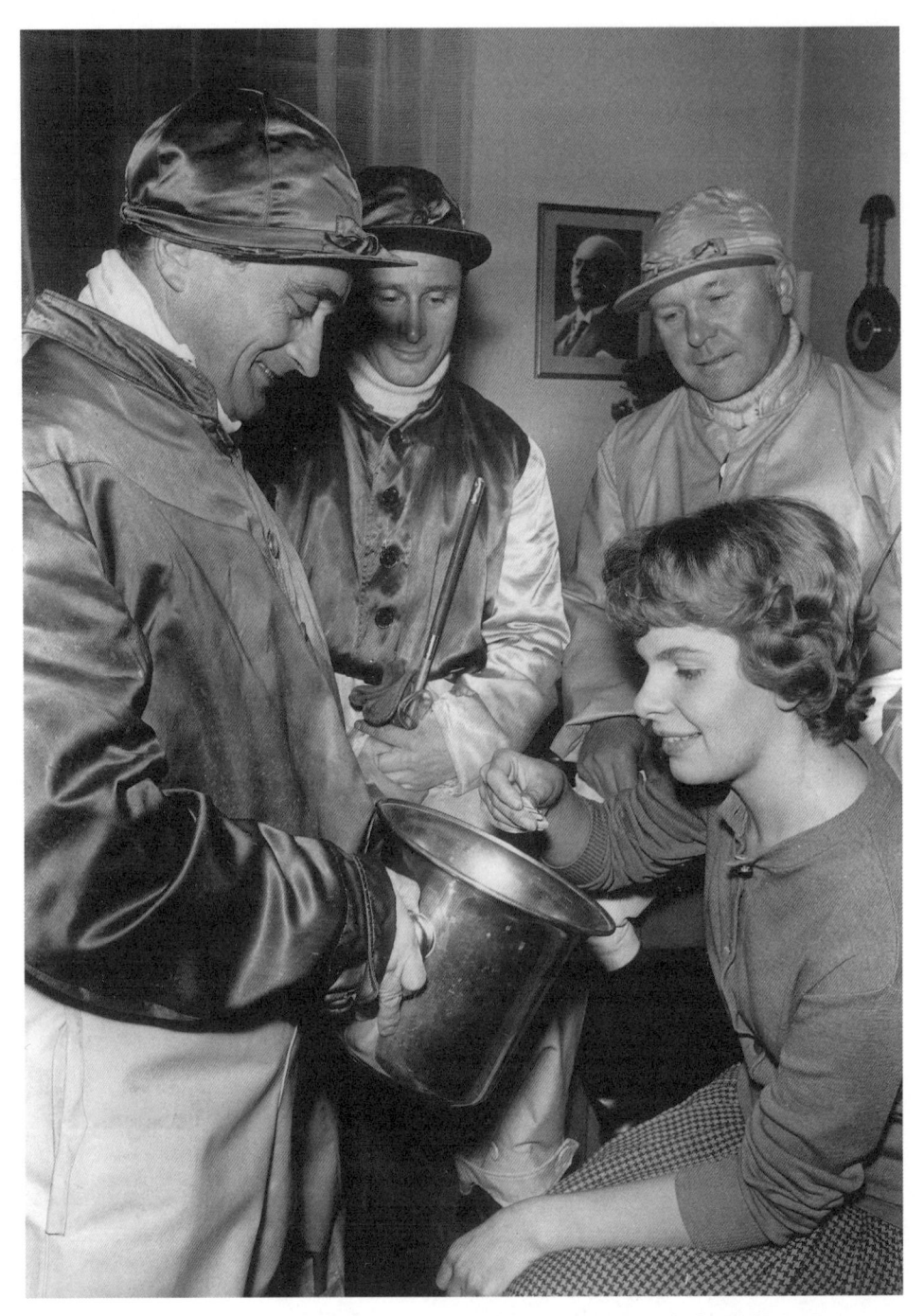

Fahrer-Prominenz bei der Auslosung zur Berufsfahrer-Meisterschaft 1957 in Farmsen: Erich Speckmann (rechts) und Kurt Hörmann (die beiden Derby-Siegfahrer der vorhergehenden Jahre) warten auf das ihnen zugeloste Pferd. Hans Frömming bietet der jungen Dame gleich seine Hilfe an. Diese drei Profis beendeten die Saison mit jeweils mehr als 100 und zusammen 346 Siegen. So landeten sie im norddeutschen Championat dicht beieinander auf den Plätzen zwei, drei und eins.

Nur an Gerhard Krüger kam der Trabrennfahrer Kurt Hörmann nie vorbei: In den Jahren 1955 und 1956 wurde er jeweils Deutschlands Vize-Champion hinter dem in Berlin unantastbaren Spitzenfahrer, der später auch seine internationale Klasse beweisen sollte. Gerhard Krüger kam auch nach seinem Abschied von der Berliner Traberszene immer wieder zu einem Abstecher in seine Vaterstadt. Der Weltenbummler, der in Frankreich und den USA mit großem Erfolg tätig war, fand schließlich in Italien seine jetzige Wahlheimat. „Schnurrbart", wie ihn seine Kollegen nannten, strahlt hier den Hengst Zubo an.

Hans Lehmkuhl zählte in Hamburg lange Jahre zu den in der Spitzengruppe etablierten Trainern, die oft genug zu Kurt Hörmanns stärksten Gegnern im Endkampf gehörten. Lehmkuhl saß durch einen soliden Besitzer-Stamm immer fest im Sulky und war durch seine rationale Fahrweise erfolgreich. Ausgerechnet mit einem Pferd aus der Zucht von Kurt Hörmann wurde er später höchst populär. Mit Hans Lehmkuhl, der 1975 auch norddeutscher Champion war, avancierte der Seriensieger Schwarzer Steward zum Bahrenfelder Publikumsliebling.

Peter Kwiet dominierte den Berliner Trabrennsport seit 1964 und wurde insgesamt 12mal Fahrer- sowie 16mal Trainer-Champion in Mariendorf. Seinen Berliner „Flachs" wusste auch Kurt Hörmann stets zu schätzen. Da der Spree-Athener seine Laufbahn sehr früh als 16jähriger mit einem spektakulären Zuchtrennen-Erfolg 1956 mit Haddy im ‚Großen Preis von Mariendorf' (4.300m/24,4) begann, zählte er recht bald zu Hörmanns Konkurrenten in den großen Rennen. Hier sitzt er hinter Skipper, der zweijährig 1977 „Traber des Jahres" wurde.

Der gebürtige Bayer Josef Spieß, der seine Muttersprache zeitlebens nie verstecken wollte, fühlte sich in Norddeutschland über Jahrzehnte so wohl, dass er 1931 die Serie von Charlie Mills unterbrach und Deutschlands Champion der Berufsfahrer wurde. Als Trainer holte er sich das deutsche Championat 1948 vor Erich Speckmann. Ein Jahr später langte es - wie 1953 - noch zum norddeutschen Vize-Champion. Hier siegt er am 14.4.1952 mit Märzjunge im ‚Hammonia-Preis' vor Cäsaro.

Als Heinrich Losse hier am 1.6.1969 in Mariendorf mit dem Hörmann-Schützling Heidespuk hinter dem von Kurt Hörmann selbst gesteuerten Minisink Hanover Zweiter wurde, war er auf dem Weg zu seinem ersten und einzigen Fahrer-Championat in Norddeutschland. Hörmann musste in jenem Jahr nach vier Titeln in Folge durch lange Krankheit seine Serie unterbrechen, kam aber bald wieder und wurde von 1971 bis 1973 wieder Norddeutschlands Champion.

Als 1958 der in den Westen abgewanderte Eddy Freundt (290) erstmals bei den Fahrern Gerhard Krüger (267) ablöste, blieb es in Norddeutschland bei dem „Volkseinlauf" Frömming vor Hörmann. Die gleiche Reihenfolge galt in den Jahren 1959 bis 1961, dann drehte Kurt Hörmann den Spieß um, ließ auch Frömming hinter sich.

Rechtzeitig vor seinem ersten Frankreich-Gastspiel gelang der 1000. Fahrererfolg am 7.04.1963 mit Hoisbüttelerin. Dass dann 1963 und 1964 keine Titel heraussprangen, war nur allzu verständlich, denn da fehlten jeweils die in Frankreich bei Charlie Mills verbrachten Monate. Die große Zeit des norddeutschen Serien-Champs Kurt Hörmann von 1965 bis 1973 sollte ja noch kommen.

Über die fahrerische Klasse des amtierenden Nordmeisters las man nach dem 26.11.1962 zahlreiche Kommentare. An jenem Tag gelangen ihm in Farmsen bei acht Fahrten sieben Siege. Diese Zahl hatten vor ihm nur Charlie Mills, Hans Frömming und der Holländer Wim H. Geersen erreicht. So etwas erinnert Kurt Hörmann - zu Recht - noch heute mit viel Genugtuung. In Anspielung auf seinen Wehrmachtsrang 1945 möchte man mit den Aphorismen von Lichtenberg sagen: „Die kleinsten Unteroffiziere sind die stolzesten".

Besitzer von Rang und Namen

Keine glorreiche Trainerlaufbahn ohne gute Pferde und - vor allem gute Besitzer! Da wurde Kurt Hörmann bereits Ende der 50er Jahre geradezu verwöhnt: *„Eine gut geführte Trainieranstalt musste früher unbedingt bewährte Pferdepfleger einstellen. Ich setzte auf Männer wie Luten Hagedorn, Werner Clasen oder Walter Sibbert - um nur einige zu nennen - und lag damit immer richtig. Pferdepfleger, wenn sie Erfahrung und einen gewissen Ruf hatten, nannte man damals 'erster Stallmann'. Ein Pfleger bekam zu Beginn der 50er Jahre 35 DM die Woche - der Sack Hafer kostete 6 DM. Trainingsgeld wurde pro Tag berechnet und betrug zunächst 6 DM, dann 6,50 DM, bei Hans Frömming nun 7 DM. Reisespesen - vom Verein oder Besitzer - lagen bei 5 DM pro Tag. Trainerprozente wurden noch vom Besitzer an den Trainer ausgezahlt - oder auch nicht. Erst mit Hilfe von Johannes Kluth, dessen Sohn Alfred („Abi") später auch als Amateurfahrer erfolgreich war, wurde das 1958 geändert, als ich Vorsitzender der Hamburger Traber-Trainer wurde. Seitdem fließen die Trainerprozente - wenig später dann auch überall in Deutschland - gleich auf ein Trainerkonto. Der Status eines Trabertrainers hatte damals ein ganz anderes Ansehen, wobei Hans Frömming diesem Bild in der Öffentlichkeit sehr geholfen hat. Sein überaus wichtiges Talent, öffentlich aufzutreten, ist ja wohl unbestritten. Auch die Presse war auf diesen Sport neugierig und vor allem vom Grundsatz her positiv eingestellt, was man heute leider oft vermissen muss. Hamburger Derby-Sieger wurden in Bahrenfeld wie in Farmsen jeweils groß vorgestellt und geehrt. Das ging an der Presse nicht vorbei.*

Als Bahrenfeld 1953 nach Behebung der Kriegsschäden wieder aufmachen konnte, blieb ich zunächst nur in Farmsen. Doch wenn man mithalten wollte, musste man auch einen Stall in Bahrenfeld haben. Da traf man dann morgens um 6 Uhr bereits Arthur Brümmer, der alle Ställe, ja sogar einzelne Boxen inspizierte und stets gefürchtet war. Ich hatte glücklicherweise ein recht gutes, auch persönliches Verhältnis zu Arthur Brümmer, denn er war befreundet mit Otto Nagel und mit Dr. Ernst Franzenburg, der zu jener Zeit mein Tierarzt war. Und für Otto Nagels Stall, er selbst starb ja allzu früh, trainierte ich Pferde, die dann auch Arthur Brümmer erfolgreich im Rennen fuhr. Otto Nagel war gemeinsam mit Arthur Brümmer damals im Vorstand des Altonaer Renn-Clubs. Für seine Witwe habe ich dann 1953 und 1954 das 'Otto Nagel-Rennen' in Bahrenfeld mit Aref gewonnen. Der gewann auch noch die 'Silberne Peitsche' 1954 in Farmsen."

In jedem Stall sind neue Besitzer und seine Pferde gerne gesehen. Frei nach der Wilhelm Busch-Erkenntnis: „Ein Onkel, der Gutes mitbringt, ist besser als eine Tante, die bloß Klavier spielt."

Kurt Hörmann hatte da offenbar wenig Schwierigkeiten, den guten Onkel zu finden. Zu den Besitzern in seiner Trainieranstalt gehörten 1958 u.a. der Stall Münsterland, der als Privatstall eigentlich bei Trainer Walter Dahl trainieren ließ und direkt an der Gelsenkirchener Geläuf-Auffahrt ein prächtiges Stallgebäude vorweisen konnte. Durch seine erfolgreichen westdeutschen Auftritte kam der Hambur-

Ein Beispiel für den Erfolg von Johnny Mills mit jungen Pferden lieferte Semper idem, Derby-Sieger 1930. Vierjährig trabte er über einen Kilometer 1:16,4, zweijährig bereits 1:22,7.

ger Trainer zu einigen Pferden, die er für diesen westdeutschen Stall in Norddeutschland vorbereiten und anspannen konnte. Zum westdeutschen Stall Efing wuchs die lange andauernde Beziehung, als Ortello bei seinen ersten Auftritten dort in Recklinghausen angespannt wurde. Neben dem Besitzer des Fuchswallachs, dem Pelzhändler Ernst Balke, gehörten auch die Familie Gierga, deren Söhne Hans und Carsten Meyer noch heute erfolgreiche Spuren im Trabrennsport hinterlassen, das Gestüt Großensee von Jo Closius, der Stall Blankenese, der Stall Alstertal und Frau Luise Köster zur „Kundschaft". Deren verstorbener Gatte stellte ja bereits 1929 mit Signal einen Derby-Sieger, hinter dem Paul Finn im Sulky saß. Kurt Hörmann hatte 1957 insgesamt 62 Pferde in Training.

Hier die Besitzer mit dem jeweils prominentesten Pferd:

Besitzer	Prominentestes Pferd
Stall Alstertal (6)	Annepermit
E. Balke (5)	Ortello, Ortolan
Stall Münsterland (5)	Malvolio
Gestüt Großensee (4)	Vitus Bush
Frau L. Köster (4)	Friese, Frohsinn
K.H. Schulze (4)	Hindumädel
Stall Matador (4)	Mara Terry
K. Gierga (3)	Arias Eifer
K. Könnecke (3)	Wikinger
B. Ansorge (2)	Goldküste
Frl. C. Niessen (2)	Mambrino
K. Peters (2)	Karlemann
Fr. Timmermann (2)	Frühlingskind

(je 1 Pferd:)

W. Hübener	Domgraf
W. Barmbrock	Daxworth
Fr. R. Busch	Wieland
W. Mausolf	Rita St.
Fr. M. Hehemann	Distanz
J. Kröger	Rakete
Stall Kirschenland	Geo B
Frl. Nötzel	Stella allegro
Fr. E. Selle	Prothus
K. Fassbender	Coeur Bube
W. Töpfer	Nixe
Stall Blankenese	Jonny
H. Engelke	Tantris
K. Engel	Ontario
Frl. H. Heins	Anode
K. Hörmann	Cora mia

Große Rennen auch nach dem Derby

Auch wenn man sich nach einem Derby-Erfolg sonnen will, erinnern die Pferde jeden Trainer an die tägliche Arbeit. Über einige der Zuchtrennen-Erfolge der Nach-Derby-Zeit sagt Kurt Hörmann heute: *„Als ich auch in Bahrenfeld Boxen bezog, wurde ich 1957 Nachbar von Helmut Peulecke. Werner Clasen war von mir dort fest engagiert. In Farmsen hatte Vater Sepp Hörmann zur gleichen Zeit die „Oberaufsicht" über die Trainieranstalt. In Farmsen trainierte ich zunächst auch mehr Pferde und gewann dort dadurch mehr wichtige Prüfungen. Für mich war Farmsen die eigentlich schöner gelegene Bahn, ich war dort ja auch in meine Laufbahn gestartet. In Bahrenfeld wurde das Geläuf von Arthur Brümmer, der ein absoluter Fachmann war, sogar zwei oder dreimal im Jahr überarbeitet. Zu jener Zeit waren die erzielten Kilometerzeiten in Bahrenfeld ja auch schneller als in Farmsen. Dagegen gefiel mir die Trainingsbahn in Farmsen besser.*

Wer in Bahrenfeld zu Beginn der langen Endgeraden auf der 1250 m-Bahn losfuhr, wurde meistens wieder eingefangen. Die Renntaktik war hier oft besser umzusetzen. Wir hatten ja nur Bänderstarts und häufig hohe Zulagen auszugleichen. Das war in Bahrenfeld natürlich besser zu schaffen.

Ein Pferd, an das ich gerne zurückdenke, ist die Progus-Tochter Progusta, die ich für das Gestüt Großensee trainierte. Sie war zunächst von Josef Spieß vorbereitet worden. Jo Closius, der noch nicht lange im Trabrennsport zu Hause war, später aber sogar auf seinem Gestüt Großensee selbst züchtete, wollte ein gutes Pferd kaufen, und ich schlug Progusta vor. Die wurde dann zum Volltreffer, arbeitete sich in Normalrennen durch einige Klassen und gewann neben dem 'Germania-Preis' auch den 'Hanseaten-Preis' 1959.

Eher ein Zufallstreffer wurde der Sieg von Blau Bush im 'Westfalen-Preis' in Recklinghausen. Diese Prüfung war seit Ortello eines meiner Lieblingsrennen. Eine Bänderstartprüfung mit meistens sehr vielen Teilnehmern, das lag mir.

Es gab auch Siege, die sich nicht lange im Gedächtnis festhalten ließen. So hatte der Stall Jeanette einen Permit-Sohn, den Fuchs Arnulf, der war aber - wie alle Pferde des Stalles - nie lange bei einem Trainer. Er zog nach den von mir mit ihm gewonnenen Zuchtrennen 'Germania-Preis 1957' und 'Hanseaten-Preis' 1958 auch bald wieder weiter.

Ein eisenhartes Rennpferd war die Stute Abendlicht. Sie ließ sich nie einen Check aufsetzen, trug nur einen Zaum und ein Gebiss. Das ist heute ja sogar modern, doch damals wagte kaum ein Trainer ohne Check zu fahren. Die Stute versuchte auch, nach hinten kräftig auszuschlagen und in der Boxe durfte man sicher sein, dass sie auch beißen wollte. Einer unserer Pfleger, mein Vetter Werner Bady, verstand sich jedoch mit ihr und fuhr Abendlicht erst einmal ab, so dass sie zum Rennen doch eher brav war. Ihr Training bekam sie praktisch in kleineren Rennen, denn in der Arbeit war sie einfach nicht auszustehen. Mit höherem Alter wurde sie immer besser und gewann schließlich gegen international erprobte Pferde die 'Cham-

pionship von Bahrenfeld', lange Jahre eines der Vorzeigerennen des Hamburger Trabrennsports."

Große Erwartungen hat fast jeder Besitzer, wenn er von seinen Pferden spricht. Oft reicht schon die Abstammung des Lieblings, um einem Traber große Erfolge vorherzusagen. *„Die kleine Fuchs-Stute Orelia war eine Permit-Tochter und ihre Mutter Orelia Hanover ließ als rechte Schwester zum eisenharten Ortello Hoffnungen aufkommen. Doch Orelia war zunächst ein fast zierliches Pferd, dem wir Zeit ließen. Damals konnte man zweijährig noch nicht solche Riesensummen verdienen wie in den späteren Jahren, so dass es sich anbot, ein Rennpferd erst dreijährig zu belasten. Man „verlor" ja nicht soviel Geld. Die kleine Fuchs-Stute dankte die Schonung und wurde immer besser, holte sich 1961 den 'Hammonia-Preis' in Farmsen und verabschiedete sich nach einer soliden, ja sogar recht erfolgreichen Rennlaufbahn mit einem damals respektablen Rekord von 1:20,5 von der Rennbahn.*

Die aus der Schimmelstute Timoka gezogene Thesis war dreijährig eines der besseren Pferde im Jahrgang. Nicht nur im 'Pokal der OBT' in Mariendorf hat sie das 1962 bewiesen.

Ein ganz anderer Typ war Hurrikan, der als eisenharter Steher 1962 den 'Großen Deutschen Traber-Preis' in Bahrenfeld gewinnen konnte. Als Sohn des Franzosen

Neben Besitzerin Gudrun Bruhn freut sich Werner Clasen, einst Pfleger der Derby-Königin Hindumädel über den Zuchtrennen-Sieg von Ginster 1973.

Adonis II besaß er das entsprechende Stehvermögen und war neben Pernoll, der ein Jahr später den 'Bahrenfelder Zuchtpreis der Vierjährigen' gewann, eines der besten Pferde aus dem Stall von Buchmacher Ottfried Scharfs. Das war ein Besitzer, der dem Trainer völlig freie Hand ließ, und so konnte man auch mit den Pferden gezielt nach seinen eigenen Eindrücken auf ein Zuchtrennen hinarbeiten. Das hat dann auch in beiden Fällen funktioniert."

Legende Stella maris

Eine Stute, die als Rennpferd wie als Mutter im nach dem Krieg geteilten Trabrennsport Deutschlands auf beiden Seiten Geschichte schrieb, fand 1961 zu Kurt Hörmann: „*Stella maris kam 1960 zu Walter Heitmann auf das Gestüt Buchenhof und sollte Permit aufsuchen. Doch die Stute war krank, hatte Streptokokken und das Gestüt Damsbrück konnte sie nicht zurückholen, denn die Mauer war plötzlich da und Familie Neubauer als Besitzer bekam auch für eine kranke Traberstute keinen Passierschein. Die bereits 20jährige Stute sollte eigentlich gegen eine Fohlenrückgabe bei Walter Heitmann bleiben und dann am Ende ihrer Zuchtlaufbahn dort das Gnadenbrot bekommen. Walter Heitmann lehnte dieses „kranke Geschenk" nun ab. Herr Reuschel, der als Stiefsohn zur Familie Neubauer gehörte, zählte schon seit 1950 zu meinen Freunden. Er fand in Henstedt einen Tierarzt, der die Stute behandeln wollte und so kam sie zu mir. Die Behandlung dauerte längere Zeit, doch noch einmal Mutter werden wollte Stella maris offenbar nicht mehr. Dann lief die Stute mit meinem damaligen Deckhengst Quintus Harvester auf der Weide und wurde prompt tragend. Das erste Fohlen, ein kleiner Hengst, musste abgeliefert werden und wanderte nach Berlin, ohne je ein Rennen zu bestreiten oder gar den Zielrichter zu grüßen. Stella maris blieb nun bei mir und ich hatte Glück, dass sie nach Quintus Harvester doch noch ein Stutfohlen bekam, da war die Derby-Siegerin von 1943 bereits 22 Jahre alt. Das war dann ihr letztes Fohlen und sie bekam ihr Gnadenbrot. Doch nach wie vor lief sie auf der Weide wie ein junges Pferd, bis sie 28jährig im Winter in ihrer Box nicht mehr aufstand. Das war ihr friedliches Ende.*"

Stella maris war 1943 die erste Stute, welche die „dreifache Krone" gewinnen konnte. Geboren am 15. März 1940 in Damsbrück bei Falkensee, gezüchtet von Franz Neubauer, der das Gestüt von dem vor den Nazis nach England geflüchteten Bruno Cassirer übernommen hatte und auch Traber aus Italien importierte. Die aus den USA stammende Mutter Stella Brewer kam durch die Empfehlung der Hamburger Trabrennsport-Expertin Gretel Carmohn zu Neubauer und fohlte nach Muscletone (zweifacher Prix d'Amerique-Sieger und mit 1:16,7 Europa-Rekordler) als Erstling Stella maris, zwei Jahre später Stella magna (1:25,5) und 1943 den späteren Deckhengst Stellatus (1:21,1). Bereits zweijährig konnte Stella maris drei Zuchtrennen gewinnen, im nächsten Jahr die „Dreifache Krone" und insgesamt brachte sie es auf 106.100 Mark Renngewinne.

In den letzten Kriegsjahren wurde sie fast von Panzergranaten getroffen und auf der Weide vom ebenfalls von Muscletone stammenden Hengst Leno (3j 1:29,1) zur Mutter gemacht. So musste die Rennlaufbahn zunächst unterbrochen werden. Das Zufallsprodukt wurde Stella bella (1946 - 5j. 1:27,8) - Im Gestütsbuch findet sich übrigens nur noch ein Leno-Nachkomme. der Hengst Lenosch 1948, Rek. 4j. 1:30,1.

Die „zufällige" Tochter der Stella maris profitierte von der Tatsache, dass 1949 im Streit zwischen Mariendorf und Karlshorst gleich zwei Derby-Austragungen (auf verkürzten Distanzen) in die Siegerlisten Eingang fanden und die von Gerhard Krüger gefahrene Stella bella als doppelte Derby-Siegerin berühmt machten. Später schickte die Zuchtstute Stella maris jedoch weit schnellere Produkte auf die Rennbahnen. Nach erfolglosen Versuchen mit Epilog kamen dann vier Produkte von Allegretto: Stella dubia (1951), Stella magis (1952 - 18,6), Stella allegro (1954 - 22,6 und Mutter von Pit Pan 15,4 - 428.500 DM) - sowie Stentor (1957 - 19,1).

Der nächste Partner war Epos, nach dem 1959 Stellit 25,6 und 1960 Stepp 20,7 gefohlt wurden. Das DDR-Gestütsbuch meldet dann wie alle DDR-Statistiken und Statistiker nur die halbe Wahrheit. Es stellt lapidar fest: *„1960 ausgeführt".* Wir wissen es besser. *„Nicht wieder reingelassen",* hätte den Punkt getroffen.

Stella maris kehrte Ende 6jährig noch einmal auf die Rennbahn zurück und zeigte hier als zweimalige Zweite im 'Matadoren-Rennen' 1946/47, Siegerin in Farmsen ('Gladiatoren-Rennen' 1947) und Mariendorf ('Großer Preis v. Berlin' 1946, 'Großer Preis von Mariendorf', 'Großer Jubiläumspreis von Berlin', 'Stuten-Prüfungspreis' jeweils 1947) und insbesondere als erste Gewinnerin des 1947 gegründeten 'Elite-Rennens' in Gelsenkirchen ihre absolute Klasse, die sie als beste Nachkriegsinländerin jener Tage auswies.

Als 1961 ein gewisser Ulbricht die für DDR-Maßstäbe ehrlichen Sätze: *„Niemand hat die Absicht, eine Mauer zu errichten"* aufsagte, war Stella maris ebenso wie ihre Tochter Stella magis bereits in Holstein und als die Mauer wenige Tage später stand, gingen auch die Besitzer von Damsbrück in den Westen. Das Gestüt wurde „unter Treuhandverwaltung" gestellt. Die Verstaatlichung zum VEB Damsbrück setzte einen vorläufigen Schlusspunkt unter die von Bruno Cassirer einst eingeleitete, ruhmreiche Geschichte, in der für die aus Damsbrück stammenden Traber insgesamt 6 Derby-Siege (durch das Doppel von Stella bella eigentlich sogar 7) gefeiert werden durften.

Das letzte, in Holstein geborene Fohlen von Stella maris nannte Traberzüchter Kurt Hörmann Stella quinta. *„Ich habe sie bereits zweijährig trainiert. Doch die recht kleine Stute konnte nur etwa 1:28 traben und damit wollte ich sie nicht vorzeigen. Dreijährig lief sie immer noch nicht schneller und da brachte mich Pferdehändler Willy Wick auf die Idee, die gut gezogene Stute decken zu lassen. Nach Eidelstedter brachte Stella quinta dann den recht erfolgreichen Steppke."*

Danach kam die letzte Tochter der Stella maris doch noch in den Rennstall und bestritt in fast drei Rennjahren insgesamt 50 Rennen, wobei sie 47mal im Geld und dabei 33mal siegreich war. Sie gewann 87.900 DM und in ihrem letzten Rennjahr auch den 'Großen Preis von Bahrenfeld' 1972. Mit ihrem Rekord von 1:20,2 war sie genau so schnell wie einst ihre Mutter Stella maris, und ihr Sohn Steppke brachte es sogar zu einer Gewinnsumme von 222.669 DM und einem Rekord von 1:16,1.

Wer der beste Traber in seiner Hand war, will Kurt Hörmann heute nicht entscheiden. Doch dass Stella quinta für alle Zeiten sein Lieblingspferd war und ist, darauf besteht er. *„Ein besonderer Tag ist mir noch in Erinnerung, als die Stella maris-Tochter Stella quinta und ihr Sohn Steppke 1972 bei der gleichen Rennveranstaltung erfolgreich waren."*

Auch wenn Steppke als Zuchthengst nicht gerade besonders erfolgreich war, ist der „Nachlass" von Stella maris auch in Norddeutschland doch mehr als beachtlich. Die im Derby 1943 mit Hans Frömming in der bis dahin zweitbesten Siegerzeit von 1:25,3/3200m siegreiche Muscletone-Tochter, die später zu Johnny Mills wechselte und mit ihm ja auch das 'Elite-Rennen' in Gelsenkirchen gewonnen hatte, war auf der Rennbahn ohnehin schon lange vorher eine Legende.

Ein Faible für Guy Bacon

Eine Legende war in den Kinderjahren des späteren Trabertrainers Kurt Hörmann auch ein Pferd, dessen Name über Deutschland hinaus von der Konkurrenz gefürchtet und vom Publikum mit Hochachtung zitiert wurde. Im Jahr 1925 importierte der Holländer Bartholomäus Jacobus Alkemade aus den USA den Hengst Guy Bacon, einen Traber, dessen Kampfesmut ihm nach wenigen Jahren auf den deutschen Bahnen zu einem bis dahin einmaligen Ehrennamen verhalf. Sein Ruf als „Löwe" war selbst nach dem 2. Weltkrieg für alle noch so greifbar, dass der Hauptverband für Traberzucht und -Rennen e.V. auf der Titelseite seiner Jahres-Statistiken von 1952 bis 1973 eine Abbildung der vom berühmten Albert Hinrich Hussmann geschaffenen Guy Bacon-Bronzeplastik zeigte. Ein Abguss dieser Plastik wurde 1985 noch einmal in kleiner Zahl aufgelegt und ziert nun - rund 30 Pfund schwer - den einen oder anderen Sammler-Schreibtisch. Kurt Hörmann ist stolz auf eine Porzellanfigur in ähnlicher Größe, mit der Albert Hinrich Hussmann den populären Fuchshengst noch einmal verewigte.

Guy Bacon war der erste Traber, dem es gelang, die über alle Zeiten international bedeutendste Prüfung des Berliner Trabrennsports, das 'Matadoren-Rennen', dreimal hintereinander zu gewinnen. Dass diesem Rennpferd ein solcher Karriere-Höhepunkt beschieden sein würde, war seinerzeit dem 1920 in Philadelphia/USA geborenen Fuchs als Fohlen der mit einem Rekord von umgerechnet 1:25,9 notierten Stute Aileen Bacon gewiss nicht anzusehen. Der Guy Axworthy-Sohn bestritt zweijährig auch noch kein öffentliches Rennen. Dreijährig begann Guy Bacon seine Rennkarriere zunächst mit einigen Erfolgen auf Halbmeilenbahnen, trat dann noch einmal über eine Meile gegen Zeit an und erzielte dabei seinen offiziellen US-Rekord von umgerechnet 1:19,4 Min./km. Der Hengst wurde jedoch vierjährig zur

Als Dreijährige wurde die von Hein Detlefs gezüchtete Halali-Tochter Thesis bei Kurt Hörmann zu einem Erfolgspferd. Die Stute gewann bei 12 Starts 5 Rennen und dabei mit dem ‚Pokal der OBT' in Mariendorf ein Entlastungsrennen zum ‚Buddenbrock'. Hier siegt sie am 21.10.1962 in Bahrenfeld weit vor der Konkurrenz.

Ein ungewöhnliches Pferd trainierte Kurt Hörmann mit der eisenharten Abendlicht. Die Abend-Tochter gewann 1961 die stark besetzte ‚Championship von Bahrenfeld' und verabschiedete sich siebenjährig mit 5 Jahressiegen - hier am 4.11.1962. Ob ihr Trainer im Endkampf noch den „Durchblick" hat, bleibt zweifelhaft. Die mit dem Schweif schlagende Stute hatte auch sonst alle Unarten, die man an einem Traber nicht schätzt.

Ein Muster an Zuverlässigkeit war die von ihrem Besitzer Prinz von Schönaich-Carolath selbst gezüchtete Permit-Tochter Grandiosa. Die Stute gewann bei insgesamt 59 Starts 28 Rennen, war weitere 17 Mal platziert und holte sich einen Rekord von 1:19,8. Hier gewinnt sie in ihrem Paradejahr (14 Starts, 10 Siege, 3 Plätze) am 16.5.1965 mit Kurt Hörmann auf der Bahn in Bahrenfeld.

Als einer nahen Verwandten zu Kurt Hörmanns Erfolgspferd Ortello galten Orelia einige Erwartungen. Die kleine Stute siegt hier auf der Bahrenfelder Bahn, die am 30.02.1963 mit weißer Schneedecke glänzte. Zwei Jahre vorher holte sich Orelia in Farmsen den ‚Hammonia-Preis'. Die ganz großen Erwartungen konnte die „kleine Nichte" dann aber doch nicht erfüllen.

Adel verpflichtet: Aus der Zucht von Friedrich Timmermann gewinnt hier Königliche Hoheit, die mit Kurt Hörmann in der besten Hamburger Klasse bestehen konnte. Die Weikko-Tochter nahm 1963 als Siebenjährige mit einem Rekord von 1:20,9 erfolgreich Abschied und hinterließ gleich mit ihrem ersten Produkt Prinz Joachim (4j. 1:21,9) ein nützliches Rennpferd.

Als ein besonders hartes Pferd präsentierte sich oft der Waywise-Sohn Elvon, der 1966 zu den Erfolgstrabern von Kurt Hörmann zählte, ab und an aber auch gerne einmal am Bahnausgang das Geläuf verlassen wollte. Der Wallach gewann in jener Saison als Fünfjähriger nicht weniger als 9 Rennen. Besitzer Ottfried Scharfs überließ seinem Trainer voll Vertrauen das gesamte Management.

Zu einem Hamburger Publikumsliebling avancierte der Rich Colby-Sohn Elves, der bis ins hohe Alter Klasseleistungen ablieferte und hier bereits als Dreijähriger am 1.07.1966 mit Kurt Hörmann in Farmsen überlegen gewinnen kann. Der Stall Lugewa gehörte zu Hörmanns treuesten Besitzern und hatte an dem Seriensieger Elves viel Freude, gewann er doch 1971 noch das ‚Otto Nagel-Rennen' und in Gelsenkirchen das ‚Iltis-Rennen'.

Mit dem typischen Hals seiner Vorfahren Miramus und Muscletone präsentiert sich hier Miras, der sich 1966 sowohl in der ‚Bahrenfelder Meile' wie auch im ‚Münchener Pokal' durchsetzen konnte und damit bereits fünfjährig zu einem der besten Sprinter in Deutschland wurde. Der achtmal in jener Saison erfolgreiche Hengst sorgte 1966 mit den beiden einzigen Zuchtrennen-Erfolge dafür, dass die 1952 begonnene Hörmann-Serie in solchen Prüfungen nicht abriss.

Als ein Pferd mit außergewöhnlichem Stehvermögen ist Heidespuk in bester Erinnerung geblieben. Hier siegt er 1967 auf dem Bahrenfelder Schneegeläuf. In der gleichen Saison gewann er achtjährig den ‚Westfalen-Preis' in Recklinghausen und den über 4200 Meter führenden ‚Großen Preis von Mariendorf'. In der Siegerliste zu Deutschlands längstem Zuchtrennen finden sich auch Probst (1936), Epilog (1940), Stella maris (1947), Fritz Messidor (1951), Garbe (1969) und Denar (1970).

Nicht nur der volkstümliche Name „Onkel Wilhelm" machte einen Hengst populär, der in den Farben seines Züchters Hans-Werner Brammann hier am 4.6.1967 in Farmsen mit Kurt Hörmann den ‚Germania-Preis' gewinnt. Der Weikko-Sohn war da erst dreijährig und gewann bei 17 Starts nicht weniger als 12 Rennen. Onkel Wilhelm war auch noch in vier weiteren Rennen dieser Saison platziert und blieb nur einmal ohne Geld.

Pernoll absolvierte 1967 seine beste Saison und setzte sich dabei auch im ‚Bahrenfelder Zuchtpreis der Vierjährigen' durch. Der von Isidoro stammende Rappe holte sich im gleichen Jahr auch seinen Rekord von 1:20,4. Besitzer Ottfried Scharfs, Harry Schneuer jr. und Carl-Heinz Walter (am Kopf) freuen sich über den Lorbeerkranz. Kurt Hörmann wehrt sich ausnahmsweise mit einer dunklen Brille gegen die Sonne.

Ein Pferd besonderer Güte setzt sich hier am 4.06.1967 mit Kurt Hörmann in Farmsen durch. Der später nach Holland verkaufte Bibijunge-Sohn Heres aus der Helenenhof-Stute Bünzer Mädel wurde in unserem Nachbarland zum Vaterpferd-Champion. Heres lieferte dort zahlreiche Klassepferde, von denen einige auch in Deutschland Gastspiele gaben.

Es gab von 1962 an wohl keine Hauptprüfung auf Hamburgs Bahnen ohne Pferde aus dem Stall Hörmann. Hier siegt der wie Heres auf dem Gestüt Helenenhof gezüchtete Irrwind (Bibijunge - Resolute) am 15.04.1968 auf dem 1250 Meter langen Geläuf in Bahrenfeld mit dem Trainer im Sulky.

Mit Kerr, einem Permit-Sohn - wie Irrwind aus dem Stall von Ernst Krogmann -, gewann Kurt Hörmann 1967 das damals noch für dreijährige Pferde ausgeschriebene ‚Goldene Pferd' in Dinslaken. Hier siegt das Gespann am 19.05.1968 auf der Bahn in Farmsen. Züchter des Hengstes war übrigens mit Oskar Sima ein in jeder Beziehung gewichtiger Schauspieler, der Siege seiner eigenen Pferde meist mit einigen Flaschen Wein belohnte.

Die Rich Colby-Tochter Mariet wurde mit zunehmendem Alter immer besser. Im letzten Jahr ihrer Rennlaufbahn - damals traten die Stuten noch am Ende des 7. Lebensjahres ab - gewann Mariet 1970 für ihren Besitzer Peter Schlatermund noch 16 Rennen und 71.800 DM. Hier siegt die Fuchsstute mit Kurt Hörmann am 11.02.1968 in Farmsen.

Zur Klasse-Stute entwickelte sich die Lieuvin-Tochter Berna, die 1973 schon in Mariendorf ein „Entschädigungs-Rennen" zum Derby gewonnen hatte, ehe sie hier mit Kurt Hörmann auf dem neuen Bahrenfelder Geläuf am 31.03.1974 von Züchter Bernhard Frahm und dem Geschäftsführer des Altonaer Rennclubs geehrt wird. In der Zucht landete die Stute durch Ifram gleich einen Volltreffer.

großen Enttäuschung für seine Besitzer, als gleich der erste Saisonstart mit einem Niederbruch endete, der eine weitere Rennlaufbahn kaum wahrscheinlich werden ließ. So konnte 1925 der Holländer Bartholomeus Jacobus Alkemade, einer der größten Europa-Importeure amerikanischer Traber, Guy Bacon zu Zuchtzwecken kaufen.

Der Hengst wurde wegen seiner noblen Abstammung und seines respektablen Rekordes an das renommierte Gestüt Damsbrück verpachtet, wo ihn Bruno Cassirer auch anderen Züchtern zur Verfügung stellte.

Nach Ablauf der Decksaison 1926 versuchte man jedoch noch einmal mit dem Import-Traber die Rückkehr in den Rennstall und dort fand Guy Bacon in Charlie Mills den richtigen Betreuer. Der sechsjährige Hengst bestritt in diesem Jahr insgesamt neun Rennen, gewann davon vier und war immer platziert. Die Beine jedoch hielten, und so nahm der Fuchs nach der Decksaison 1927 noch einmal Anlauf zu einer Rennkarriere.

Bei 25 Starts gelangen ihm zwölf Siege, darunter der Erfolg im 'Deutschland-Preis' in Ruhleben. Dabei trabte der Schützling von Charlie Mills in vier Stechen über jeweils 1609 Meter Kilometerzeiten von 1:19,4 - 1:18,7 - 1:19,1 und 1:19,2. Wer nach dem Kriege sah, wie selten in Europa - bis zur Abschaffung dieser Stichfahren - solche Leistungen erzielt wurden, kann in etwa ermessen, wie stark dieses Pferd 1927 war.

Zu seinem ersten Sieg im 'Matadoren-Rennen' benötigte Guy Bacon in der gleichen Saison nur drei Stechen, um sich gegen St. Roberts durchzusetzen. Im geschlagenen Feld befanden sich Größen wie die Französin Valeur und Mary H, die Derby-Siegerin des Jahres 1923, die später Mutter des legendären Epilog werden sollte.

Das Rennjahr 1928 begann für Guy Bacon erneut erst nach einer anstrengenden Decksaison und brachte ihm bei sechs Siegen in neun Rennen zwei Erfolge von besonderem Rang. Die 'Internationale Meisterschaft zu Kopenhagen' holte sich der Hengst mit Charlie Mills in zwei geraden Stechen und auch im 'Matadoren-Rennen' musste der Favorit nicht häufiger antreten, um die ebenfalls aus den USA importierten Harrison Dillon und Peter Speedway zu halten.

Noch spektakulärer begann der Ausnahme-Traber die Saison 1929, nachdem er in Damsbrück rund 40 Stuten auf Mutterglück hoffen ließ. Kugelrund kehrte er erst im August in den Rennstall zurück und begann nun das Training für das zum 1. September ausgeschriebene 'Matadoren-Rennen'. Im ersten Stechen musste sich Guy Bacon nach so langer Rennpause zunächst „warmlaufen" und belegte mit seinem vor dem Rennen äußerst skeptischen Trainer einen dritten Rang in 1:19,4 hinter Peter Speedway 1:19,1 und Lebenskünstler. Im 2. Stechen war „der Löwe" schon wieder voll da und gewann in 1:19,2 gegen Peter Speedway, den er auch im dritten Stechen nach mörderischem Endkampf mit Kopf-Vorsprung hinter sich ließ. Das war der dritte 'Matadoren'-Sieg hintereinander, ein Kunststück, das später nur noch dem ebenfalls von Charlie Mills trainierten USA-Import Walter Dear (1931 - 1933) und dem Inländer-König Permit (1950 - 1952) mit seinem Züchter Walter Heitmann im Sulky gelingen sollte.

Aus welchem Holz der Traber Guy Bacon geschnitzt war, zeigte sich immer bei extremer Belastung. Charlie Mills wollte nach dem dritten Matadoren-Triumph die Rennlaufbahn des Hengstes eigentlich beenden. Doch wenig später zeigte sich der Fuchs so frisch, dass man mit ihm einen Start im Bahrenfelder 'Deutsche Meilen-Rennen' wagte. Bei der Grunddistanz von 7.500 Metern musste Guy Bacon heute unvorstellbare 475 Meter Zulagen aufnehmen. Hinter einer Stute namens Monika, die 400 Meter vor dem Hengst an den Start ging, und hinter dem von der Marke 7525 Meter eingreifenden Hengst Mephisto, der den Ausnahmetraber auch noch durch eine Galoppade behinderte, belegte Guy Bacon mit Charlie Mills in neuer Weltrekordzeit von 1:29,0 für die so lange Distanz von 7.975 Metern einen großartigen dritten Rang. Sein Besitzer B. J. Alkemade stellte Guy Bacon ab 1930 in seinem eigenen Gestüt Elten auf, verpachtete ihn dann aber an den Budapester Trabrenn-Verein. Guy Bacon, der in seiner fünfjährigen Laufbahn 27 Rennen auf höchster Ebene gewann und damals bei einem deutschen Rekord von 1:18,4 sensationelle 116.866 Mark zusammentrabte, ging in Ungarn überraschend 1931 ein, hinterließ der deutschen Traberzucht aber eine Reihe erstklassiger Nachkommen. Sein Sohn Prolog wurde später selbst zu einem viel beachteten Vererber und stellte mit dem von Gerhard Krüger gesteuerten Rudolf R sogar den Derby-Sieger 1957.

Gäbe es heute noch Härteprüfungen wie die Stichfahren oder auch Steherprüfungen früherer Tage, so müsste die schwierigste von ihnen vielleicht 'Guy Bacon-Cup' heißen. Die Trainerlegende Charlie Mills war so begeistert, dass der Meister in den USA völlig überzeugt äußerte: *„Guy Bacon hatte einen längeren Speed als irgendein anderes Pferd in Deutschland, und ich weiß genau, was ich sage, wenn ich behaupte, dass er bei einer besonderen Vorbereitung auf den besten amerikanischen Meilenbahnen ein Zwei-Minuten-Traber geworden wäre."*

Das war also der legendäre Guy Bacon, an den nicht nur Kurt Hörmann durch sein schneeweißes Porzellan-Abbild des „Löwen", sondern auch wegen vieler Fotos, Geschichten und Ölgemälde sein Herz verloren hat. Das Skelett des Hengstes wurde im Wiener Museum aufbewahrt, die Erinnerung der Rennsportfans aus jener Zeit haben noch bis heute überlebt.

Der Traber-Züchter Kurt Hörmann

Nicht nur Stella maris hatte den Trabertrainer Kurt Hörmann gereizt, unter die Züchter zu gehen. Die ersten Züchterprämien - in bescheidenem Rahmen - notieren die Jahresstatistiken des HVT aus den Jahren 1962 und 1963 für die beiden Schwestern Reelle (v. Emden) und Reane (v. Forges). *„Zumindest bei Reelle hat sich das Franzosen-Blut ihres Vaters bewährt, denn ihre Nachkommen Assab (1:17,8 / 148.200 DM), der als Derby-Zweiter hinter Kurio mir beinahe einen zweiten*

Derby-Erfolg beschert hätte, und Boss zeigten sich als ausgesprochene Jahrgangs-Cracks. Der Fuchs Boss, für den dann Hermann-Friedrich Bruhn als Züchter und Besitzer zeichnete, gewann zweijährig bei 9 Starts 4 Rennen darunter den 'Altonaer Zucht-Preis' und das 'Walter Eckelmann-Gedächtnisrennen', die der Altonaer Renn-Club in Farmsen austragen musste, als die Bahrenfelder Bahn umgebaut wurde. Boss war in den übrigen fünf Rennen platziert, und seine Gewinnsumme von 107.800 DM in dieser Saison sorgte schon für Aufsehen. Leider waren beide Eidelstedter-Hengste in späteren Jahren nur schwer zu regulieren und ausgesprochene Schläger."

Der Glückstreffer Stella Quinta ist ja schon Bestandteil der Stella maris-Legende. Die siebenjährig ihre besten Leistungen zeigende Stute und ihr Sohn gewannen im Jahr 1972 zusammen 106.750 DM und 24 Rennen, sicher eine wohl einmalige Bilanz für Mutter und Sohn.

Das beste Stuten-Produkt aus der Stella Quinta war Stella Volita, die trotz ihres (allerdings nur heute) bescheidenen Rekordes von 1:21,0 insgesamt 52.900 DM zusammentrabte. Erfolgreicher war für den Züchter Hörmann die Stute Stefanie (1:21,6) mit 69.200 DM.

Der eisenharte Speedy Eidel, 1975 von Eidelstedter aus der Phaedra gezogen, brachte es auf 292.896 DM Gewinnsumme bei einem Rekord von 1:15,9 und füllte das Züchterkonto von Kurt Hörmann ebenso wie der mit Hans Lehmkuhl in Hamburg wegen seiner Siegesserien zum Publikumsliebling avancierende Schwarzer Steward. Der 1979 geborene und von Keystone Steward stammende „Schwarze" verließ die Rennbahn mit einem Rekord von 1:15,5 und 261.725 DM an Renngewinnen.

Die Mutter von Schwarzer Steward, die ihre Farbe prompt vererbende Schwarze Arabeske, sollte anderen Zuchtstätten später noch größeren Lorbeer einbringen. Die Tatsache, dass Schwarze Arabeske 1980 von Kurt Hörmann an die Familie Frahm verkauft wurde, müsste er eigentlich zutiefst bereuen. Denn 1985 brachte die Stute nach Keystone Voyager die Stute Irisante, die vierjährig mit Gewinnen von 564.627 DM und einem Rekord von 1:14,5 abtrat. Als Züchter zeichneten hier noch die Brüder Dirk und Volker Frahm. Zu übertreffen war das nur noch mit dem von Niton stammenden Derby-Sieger des Jahres 1995, dem Hengst Pik König, der 7jährig mit einer Bestleistung von 1:12,1 und 1.741.437 DM Gewinnsumme der bei diesem Produkt eingetragenen Züchterin Rosemarie Frahm eine Menge Prämien sicherte. Doch Kurt Hörmann erklärt: „Ich war fest überzeugt, dass ich mich 1981 für immer in Frankreich niederlassen würde und habe darum meine drei Zuchtstuten verkauft. Praktisch hatte ich in Deutschland schon alle Zelte abgebaut, wobei bei Schwarze Arabeske noch hinzukam, dass der von mir gezüchtete Schwarzer Steward erst spät sein Können zeigte. Da war ich aus Frankreich sogar schon wieder zurück."

Einige der von ihm gezüchteten Traber ließ Kurt Hörmnn auf den Namen seiner Mutter eintragen. Die dürfte sich am meisten über die „Rente" gefreut haben, die der Hengst Topo Pride ihr einbrachte. Mit einer Gewinnsumme von 439.411 DM in 5 Rennjahren war der Keystone Pride-Sohn hinter der mit Peter Heitmann 1978 im Derby erfolgreichen Ada ein absoluter Jahrgangs-Crack und zuweilen - wie in Finnland bei Europas Fünfjährigen-Criterium - auch vor ihr im Ziel.

Bei stets nur kleinem Lot - er hatte fast immer nur zwei, drei Stuten - sind die Spuren, die der Pferdemann Kurt Hörmann in der Traberzucht hinterließ, sehr prägnant zu verfolgen und mit so manchem heute noch prominenten Namen verbunden.

Das Abenteuer Frankreich

Bisher hatte Kurt Hörmann alle wichtigen Siege in Zuchtrennen mit Inländern - in Deutschland gezogenen Trabern - erzielt. Diese Serie wurde nun durch den Hengst Niha, mit einem nicht einmal französisch anmutenden Namen, durchbrochen.

„Zwei meiner Skatbrüder, Eduard Heene und Eckhard von Heyden waren mit Max Herz befreundet. Durch den russischen Grafen Alex Ignatieff, den ich durch meinen Auftritt mit Horrido 1956 im 'Prix d'Amerique' kennenlernte, hatte ich auch schon vor meinem ersten Frankreich-Engagement 1963 immer Kontakt nach Paris. Das führte dazu, dass ich durch Ignatieff 1962 Niha - Preis 35.000 DM - kaufen konnte. Der gewann in seinem ersten „deutschen" Rennjahr für Lasbek gleich

Über den langen Weg von 2600 Metern holte sich der vom Franzosen Adonis II stammende Hurrikan mit Kurt Hörmann 1962 den 'Großen Deutschen Traberpreis'.

mehr als 56.000 DM, auch den 'Münchener Pokal' und stellte damit seinen Besitzer wohl zufrieden, so dass ich noch zwei weitere Pferde in Training bekam, obwohl ja für Max Herz traditionell Walter Heitmann arbeitete. Als ich dann Ende 1963 zu Charlie Mills ging, meinte Max Herz: ‚Wenn so ein Pferd noch einmal auf dem Markt ist, ruf an, ich bin bereit, so einen noch einmal zu kaufen.' Niha war zwar ein ganz sympathischer Kerl und für Deutschland sicher gut genug, doch eher ein Pferd für kurze Distanzen. Da die Rennen in Frankreich doch für ihn zu lang waren, blieben die Erfolge in Paris dann später auch aus, als ich ihn dort anspannte. Der Sportjournalist Graf Alex Ignatieff hatte immer wieder versucht, mich an Charlie Mills zu vermitteln, der ja - nun bald 74jährig - auch einen jüngeren Mann an seiner Seite suchte. Bei einem Vorstellungsgespräch wollte ich mich gleich nur auf das Winter-Meeting in Vincennes einlassen, was der große Charlie auch ganz vernünftig fand.

Als ich also Anfang November 1963 zu Charlie Mills 'auswanderte', nahm ich als einziges Pferd Niha in seine 'Heimat' mit. Bei Charlie auf seinem Anwesen, einem Schloss in Chamant, das früher dem weltbekannten Tennisspieler Borotra gehört hatte, befanden sich rund 40 Traber, von denen etwa ein Dutzend als Startpferd einzustufen waren. Ich hatte keineswegs einen Einstieg nach Maß, die ersten 14 Tage lief nichts. Die Pferde waren durch den vorher bei Charlie Mills tätigen Fahrer in keinem guten Zustand, was den Altmeister selbst am meisten ärgerte. Als ich dann meinte, dass wir mit diesem Lot wohl kaum etwas gewinnen würden, beruhigte mich Charlie und baute mich weiter auf. Doch Mitte Dezember wollte ich schon heimwärts flüchten, traf aber bei Charlie Mills auf energische Gegenwehr. Er meinte, die Pferde wären bald soweit. Zu Weihnachten kam Hans Frömming mit seiner Frau zu Besuch. Auch Frömming riet mir, auf jeden Fall zu bleiben. Das beste ältere Pferd im Stall hieß Morlant D, der mir dann zu Weihnachten in einem besseren Rennen einen Sieg brachte, der selbst mich aufbaute. Von da an lief es immer besser und dazu kam noch der Ankauf von Quosiris D durch Max Herz.

Morlant D gewann im gesamten Meeting insgesamt vier Rennen und ich konnte mit ihm sogar Dritter werden in einem 'Prix d'Amerique' 1994, den der Riesenaußenseiter Nike Hanover mit Hans Frömming im Sulky für den italienischen Stall Manuela gewann. Als Zweiter glänzte hinter dem amerikanisch gezogenen 'Italiener' zwar mit Nisos H ein französischer Hengst, doch im Sulky saß mit Roman Krüger ebenfalls ein deutscher Fahrer. Und ich war mit Morlant D der 'Dritte im Bunde'."

Im geschlagenen, 19 Starter umfassenden Feld fanden sich Pferde und Fahrer wie Minarelle H (Jan Kruithof), Olten L (J.R. Gougeon), Pastourelle VIII (Hans Sasse), Duke Rodney (William R. Haughton), Pluvier II (Gunnar Nordin), Brogue Hanover (Walter Baroncini), Elaine Rodney (Gerhard Krüger), Ozo (Roger Massue) und Patara (Bernard Simonard).

Der dritte Platz in solch erlesener Gesellschaft war sicher die beste Leistung, die Morlant D, mit acht Jahren schon einer der ältesten Teilnehmer im Feld, je ablieferte.

Mythos Charlie Mills

Das war für Kurt Hörmann der Einstieg als „second trainer" oder gar Nachfolger eines Mannes, der - jetzt 74jährig - schon rund 6 Jahrzehnte Trabergeschichte geschrieben hatte und dabei - ganz der Tradition seiner Familie folgend, viel „unterwegs" war.

Als drittes Kind einer großen Familie - er zählte 5 Brüder und 2 Schwestern - wurde Charlie am 23. November 1888 im alten Waagegebäude in Bahrenfeld geboren. Vater Anthony, ein damals schon weitgereister Ire und Pferdemann in vielen Sparten, z.B. auch im Springsport, war als Vereinstrainer eingestellt worden und zog mit seiner Frau Susanne aus praktischen Gründen gleich auf die Rennbahn. Die letzten Stationen der Mills-Familie vor Hamburg waren Holland und Frankreich.

Die Geschichte kommt uns vertraut vor, wenn Charlie auf alten Ponie-Fotos auftaucht und berichtet wird, dass er im August 1903 erstmals Sieger in einem Trabreiten in Bahrenfeld war. Gleich darauf zog die reisefreudige Familie nach Berlin-Weißensee.

Charlie Mills gab sein Debut im Sulky als Amateurfahrer am 11.10.1903, die Vermerke „dis." und „gdZ" ließen Böses ahnen. Doch nach dem erstem Sieg mit

Den 1.500. Fahrersieg seiner Karriere landete Kurt Hörmann am 7. Januar 1968 auf schneebedeckter Piste in Bahrenfeld mit der Permit-Tochter Erbin.

Norica am 18.10.1903 beschloss Charlie, doch Berufsfahrer zu werden. Schließlich hatten Vater Anthony (1896) und Bruder Willi (1899) bereits Derby-Sieger gesteuert. Was auf die Konkurrenz zukam, konnte man schon ahnen: Beim ersten Sieg blieben von 18 Konkurrenten des noch nicht einmal 15jährigen Charlie Mills gleich 14 „hinter der Flagge".

Im ersten Profi-Jahr gelangen dem 16jährigen Charlie 1904 bei 85 Fahrten 11 Siege. Der erste Erfolg in seiner Heimatstadt Hamburg war fällig in Bahrenfeld 1904 mit einem seiner Lieblingspferde, dem Schimmel Schauspieler. Die Karriere nahm bald einen rasanten Verlauf: Von 1907 (19jährig!) bis 1914 war Charlie Mills bereits Champion in Deutschland.

Im 1. Weltkrieg als Ire in Ruhleben interniert, durfte Deutschlands bester Trabrennfahrer wenigstens als Trainer weiterarbeiten. Die Steuerung der von ihm vorbereiteten Derby-Sieger Baron Watts (1916) und Bedelia Todd (1917) musste er allerdings Eugen Treuherz bzw. Otto Dieffenbacher überlassen. Nach dem Krieg zog es Charlie Mills nach Österreich, wo er bis 1924 höchst erfolgreich war, insgesamt 630 Rennen, 20 Zuchtrenn-Prüfungen, dabei zweimal das Derby gewann, fünfmal Champion wurde und mit Baka einen internationalen Crack formte.

In Deutschland dominierte Charlie nach seiner Rückkehr ab 1925 wie kein Sulky-Akteur vorher. Bei seinen sechs Tagessiegen am 23.8.1939 in Ruhleben betrug die höchste Siegquote 17:10. Grenzenloses Vertrauen war offenbar selbstverständlich.

Diese Erfolge waren vor allem das Ergebnis der von Mills in Amerika bereits als richtig erkannten Trainingsmethoden. Mehrere Heats, auch über längere Distanzen, waren in Deutschland erst üblich, nachdem Charlie Mills allen vormachte, dass nur so Erfolge zu erzielen waren. Lange Renndistanzen verloren nun ihre Schrecken, denn die Kondition stimmte. Mit dem erstklassigen Dr. Heinrich D gewann Charlie u.a. ein 5km-Rennen in Farmsen.

Als Züchter wurde der Champion erst ab 1927 registriert, doch vorher war er seit der ersten Amerika-Reise 1912 - da kam er zurück mit Black Jim - bereits als Importeur tätig. Bei insgesamt acht Amerika-Reisen bis 1950 hatte Charlie Mills mehrfach „eingekauft".

Pferde wie Walter Dear, Peter Ford, Warren Guy, Calumet Bush, Sturdy oder Challenger hinterließen später ihre Spuren in der deutschen Traberzucht. Nicht weniger als 31 US-Stuten wurden von Mills importiert mit Probable, der Mutter von Probst und Prolog an der Spitze.

Der Züchter Charlie Mills begann seine „Karriere" als Pächter von Lasbek, das er aber schon bald weiterreichte, als sein Betätigungsfeld doch in erster Linie die Berliner Trabrennbahnen waren. Im Havelland, nicht weit von Berlin, fand er in Staffelde ein Anwesen, mit einem Schloss, altehrwürdigem Eichenbestand, rund 80 Morgen groß und damit jedenfalls groß genug, um 11 Koppeln einzurichten.

Wir entnehmen alten Schilderungen, dass die von Mills erbaute Trainingsbahn 1026 Meter lang und 10 Meter breit war, in den Kurven sogar überhöht, im Zuschnitt aber als Dreiecksbahn gestaltet werden musste. Die 800jährigen Eichen mochte selbstredend niemand fällen.

Die Glanzzeit von Staffelde war auch die Erfolgszeit von Charlie Mills auf allen Bahnen, die Trabrennsport boten. Die Vertreibung des Retters von Mariendorf, größten Förderers, Züchters und Importeurs Bruno Cassirer und seiner Rennfarben (silber, goldene Ärmel und Kappe) aus dem deutschen Trabrennsport zwang Charlie Mills nahezu - selbst wenn beide nicht freundschaftlich eng verbunden gewesen wären - in Lindenhof und Damsbrück den Cassirer-Nachlass zu übernehmen.

Ein solches Züchter-"Imperium" hatte es wohl in Deutschland noch nicht gegeben. Das wertvollste Zuchtmaterial, die besten Rennpferde waren auf drei, später zwei Gestüten in einer Hand, wobei jedermann über diese für den Sport so förderliche Konstellation nur glücklich sein musste. Charlie Mills war nie jemand, der nur auf eigenen Vorteil bedacht war, dieser Mann konnte teilen.

Dass diese Ansammlung wertvollster Traberzucht bei Kriegsende mit einem Schlag vernichtet wurde, beschreibt die schwärzeste Stunde des deutschen Trabrennsports. Jeder andere Idealist wäre wohl daran zerbrochen, denn Charlie Mills verlor neben Spitzenhengsten wie Walter Dear, Probst und Sturdy auch mehr als 30 Stuten mit der Probst-Mutter Probable, der Dachs-Mutter Dahlie, der Ethawa-Mutter Ethelinda und vielen anderen Klassepferden durch die russische Befreiung.

Dass dieser Mann mit irischem Blut, weltweiter Bedeutung und weltoffener Einstellung dann noch einmal einen Neuanfang in einem früher „feindlichen" Land suchte, begründet seinen eigentlichen Mythos und kennzeichnet seinen Mut.

Zunächst behauptete sich der Profi, der alle seine Ehrenpreise vieler Jahre verloren hatte, noch zweimal als Champion im Rest-Deutschland. Dann wurde er mit 60 Jahren noch einmal „reisefreudig" wie es seiner irischen Tradition wohl zustand und wie sein späterer „Schüler" Kurt Hörmann es ihm nachzumachen versuchte. Verloren war Charlie Mills seit dem August 1947, als er nach Paris reiste, für Deutschland allerdings noch nicht, das sollte er später bei zahlreichen Gastspielen beweisen. Er hatte Hans Frömming in Deutschland seinen Platz überlassen, sich in Frankreich „angemeldet", doch zunächst ging er für ein halbes Jahr in die USA.
Nach der Rückkehr wurde er in Frankreich Kompagnon von Jonel Chyriacos, den er schon aus Wien bestens kannte. Erst 1950 erhielt er in Frankreich seine Trainerlizenz, war aber schon ein Jahr vorher Fahrer-Champion in seiner Wahlheimat und verteidigte diesen Titel nun auch als Trainer.

Nach Bahrenfeld, auf seine „Heimatbahn" kehrte er nach der Wiedereröffnung der vom Krieg gebeutelten Anlage am 5. Juli 1953 mit dem erst vierjährigen Fortunato II, der zwei Jahre später gegen die Trainingsgefährtin Gelinotte den 'Prix d'Amerique' gewann, zurück. Diesen mit 10.000 DM dotierten „Bahrenfelder Eröffnungspreis"

Der Derby-Sieger, den Kurt Hörmann als ersten zu Gesicht bekam, war kein Geringerer als Probst, der 1939 dann schon siebenjährig war. Als Dreijähriger stand der von Charlie Mills geformte Sohn des ‚Prix d'Amerique'-Siegers Walter Dear klar über dem Jahrgang, sollte allerdings nach einer Kolik am Vortag eigentlich gar nicht antreten. Doch als der Tierarzt grünes Licht gab, konnte Probst bei seinem souveränen Derby-Erfolg in 1:25,1 sogar einen neuen Rekord aufstellen.

Der Rotschimmel Leo war 1938 der erste von zwei „Schimmel-Siegen", die Charlie Mills kurz vor dem Krieg feiern konnte. Der von Bruno Cassirer gezüchtete Hengst vererbte später seinen Nachkommen zwar die Farbe dominant, das Können jedoch nicht. Da schlug der ein Jahr später erfolgreiche Dachs ganz anders ein. Er wurde wohl der in der Zucht erfolgreichste „Derby-Schimmel" unter den Siegern in dieser immer seltener werdenden Farbvariante.

Wie Charlie Mills wurde Eddy Freundt in Hamburg geboren, galt aber überall als „waschechter" Berliner. Der ehemalige Weltrekordler mit 6.366 Siegen musste lange warten, bis er 1969 mit Violine seinen ersten und einzigen Derby-Sieg feiern durfte. Dabei verbesserte die Stute des Stalles Cortina den Derby-Rekord auf 1:23,4, und der wurde auf der traditionellen Derby-Distanz nur noch 1975 unterboten.

Walter Heitmann, der große Pferdemann aus Holstein, zeigt seinem Crack und späteren Derby-Sieger Hadu nach dem Sieg im ‚Präsidenten-Preis' 1962 die berühmte Skulptur des legendären Probst, die vor dem Mariendorfer Sekretariat steht. Auch wenn der „Gegner" hier als Fohlen dargestellt wird, scheint Hadu doch einigen Respekt zu zeigen. Den legte er beim überlegenen Derby-Erfolg '63 dann glatt ab.

Mit Alsterhof landete Hans Frömming 1974 für den Stall Kurier den 11. und letzten Derby-Sieg in Berlin. Neben Alsterhof gingen Kurio ('72), Salesiana ('65), Dithmarsia ('61), Dom ('53), Docht ('51) und Stella maris ('43) in Mariendorf auf die Siegparade, Avanti war 1947 in Karlshorst siegreich und Alwa ('41), Adriatica ('40) sowie Xifra ('33) triumphierten auf dem Geläuf in Ruhleben.

Stets im weißen Geschirr antretend, sorgte Manzanares auch nach seinem Derby-Sieg 1968 für Schlagzeilen, bis er zehnjährig seine Laufbahn in den Farben des Stalles Zimmermann beendete. Hier geht Peter Kwiet mit dem Hengst am 29.8.1971 in Farmsen auf die Siegerparade, nachdem Manzanares trotz 60 Meter Zulagen den „Deutschland-Pokal" (80.000 DM) gewonnen hatte.

Helmut Obermeier absolvierte rund zwei „Lehrjahre" in der Trainieranstalt von Hans Frömming und traf dabei auch auf dessen Konkurrenten Kurt Hörmann. „Der Junge war immer fröhlich und zuvorkommend", erinnert sich Kurt heute. Den ersten seiner zwei Derby-Siege erzielte Obermeier mit einem Pferd aus norddeutscher Zucht. Der Ex-Lasbeker Patrizier gewann 1975 auf der damals noch langen 3200-Meter-Distanz im nie unterbotenen Kilometerschnitt von 1:23,1 Min.

Die erste Gewinnerin des „Blauen Bandes" nach dem neuen Modus der Vorlaufsrennen war 1979 Onore aus dem Gestüt Aschau, die sich mit ihrem Trainer Richard Haselbeck im Finale in 1:20,0 über 2000 Meter durchsetzte, nachdem sie im Vorlauf noch Babesia vor sich dulden musste. Ab 1987 werden Vorläufe und Finale in Mariendorf über 1900 Meter ausgetragen, was eine faire Startphase erlauben soll.

Den ersten seiner beiden Derby-Siege feierte Willi Rode 1984 mit Athos Duke. Selten war der Beifall bei der Siegerparade so lautstark wie bei dem Mann aus Recklinghausen. Ein Jahr vorher gewann mit Volo Pride (Heinz Wewering) ein Pferd aus Norddeutschland. Besitzerin des Hengstes war Rosita Manke, Tochter von Kurt Hörmann, die in frühen Jahren als Rosita Hörmann sogar die Trainerprüfung ablegte.

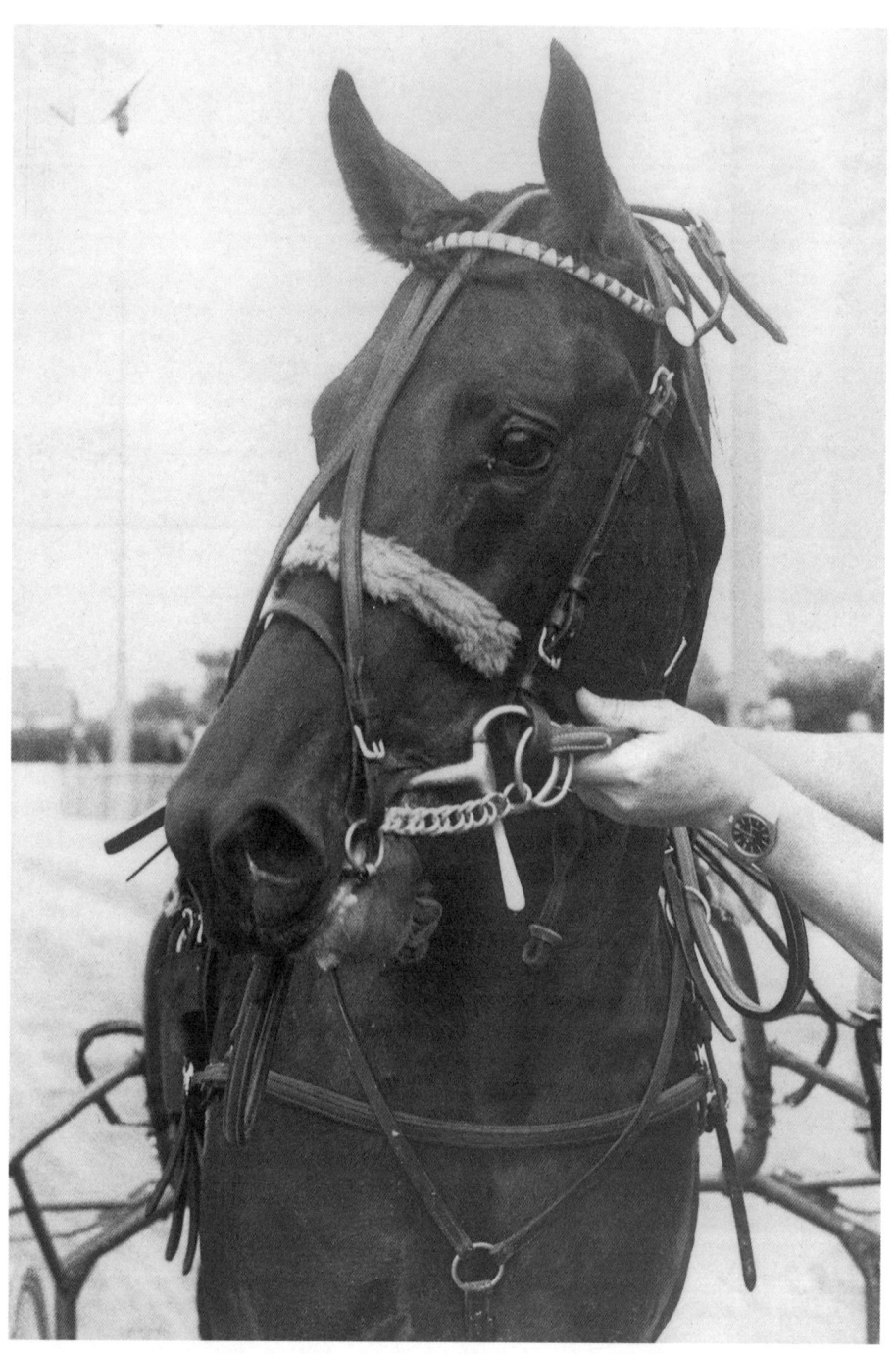

Ein Pferd mit überragender Bedeutung für die deutsche Traberzucht wurde der 1985 mit Heinz Wewering als Derby-Sieger gefeierte Diamond Way. Der Hengst dominiert inzwischen fast zwei Jahrzehnte als erfolgreichster Deckhengst des Landes und wird in dieser Überlegenheit kaum noch einen Nachfolger finden. Bis 2005 wurden von dem bei Alwin Schockemöhle stationierten Super Way-Sohn insgesamt 1.202 Produkte registriert, die auch in Rennen antraten.

Bereits auf der ersten Runde zum Finale im ‚Deutschen Traber-Derby 1988' zeigte Tornado Hanover mit dem 16fachen Berliner Champion Gottlieb Jauß dem Feld den Weg. Mit ausgewogener Taktik reichten Klasse und Kraft des Hengstes bis zum Ziel und so setzte Gottlieb Jauß die Familientradition von Vater und Großvater fort, die mit gleichem Namen in der Liste der Derby-Sieger stehen. Berlins langjähriger Champion hat Kurt Hörmann mehrfach in Frankreich besucht.

Ein Mariendorfer Zielfoto mit Seltenheitswert: Erst dreimal hatte nach der Wiedereröffnung der Bahn im Süden Berlins 1953 ein Berliner Pferd das Derby gewonnen, als 1988 Tornado Hanover aus dem Stall Candoit mit Gottlieb Jauß III. vor Heaven, Irisante und Corbett triumphieren konnte. Wie Tornado Hanover waren auch seine Berliner Vorgänger Rudolf R ('57), Manzanares ('68) und Maler ('70) Hengste.

Ein Derby-Sieger, der nie mit dem „Blauen Band" geschmückt wurde, gewinnt hier mit Peter Heitmann 1989 seinen Vorlauf und blieb im Finale hinter dem siegreichen Lisas Boy (Heinz Wewering) vermeintlich Zweiter. Der von dem allzu früh verstorbenen Carsten Heitmann vorbereitete Hengst aus dem Gestüt Lasbek wurde dennoch zum Derby-Sieger 1989, als sein Bezwinger wegen der Verwendung einer auf der Dopingliste stehenden Substanz disqualifiziert werden musste.

Chergon war 1990 bereits der fünfte Derby-Sieger, den der 28malige Deutsche Champion Heinz Wewering steuern durfte. Der mit annähernd 16.000 Fahrersiegen erfolgreichste Trabrennfahrer der Welt unterbot mit dem Hengst des Gestütes Forstwald dabei erstmals die Schallmauer von 1:15,0 Min/km über die jetzige Derby-Distanz von 1900m. Das Paar setzte sich im Finale als unantastbarer 12:10-Favorit durch.

holte sich Fortunato II mit Mills in 1:21,1/2240m mit einer guten Länge gegen den tapfer mithaltenden „fliegenden Holländer" Mac Kinley (Wim H. Geersen). Kurt Hörmann, der sich schon deshalb nicht intensiv an diesen Tag erinnert, weil er noch nicht in Bahrenfeld Boxen bezogen hatte, kam bei dieser Veranstaltung zu einem Trainersieg durch Astor Watts mit Besitzer Ernst Gerbaulet sen. im Sulky. Fast wie in Deutschland wurde Charlie Mills auch in Frankreich zum Senkrechtstarter. Die ersten Schritte waren sicher schwierig, doch der Mann hatte auch Freunde auf der ganzen Welt. Der in Deutschland in Kriegsgefangenschaft geratene Marcel Perlbarg konnte bei Mills in dieser Zeit auf dem Gestüt arbeiten und erinnerte sich später daran. Wer 1934 mit einem Walter Dear den 'Prix d'Amerique' gewonnen und mit Probst 1939 Zweiter geworden war, durfte auch hoffen, dass sich Frankreich an ihn erinnerte - positiv.

Die Jagd nach Siegpunkten war Charlie Mills in Frankreich, wo es eher darum geht, wer die hochdotierten Prüfungen gewinnt, absolut fremd. Siegzahlen, ja selbst Landes-Championate - insgesamt 25 (in Österreich 5, Frankreich 2, Deutschland 18) schienen ihm nicht so wichtig wie manchem seiner Konkurrenten.

Seinen Rekord von 4361 Fahrersiegen verlor er erst am 19.5.1963, als ihn Hans Frömming mit dem Epilog-Sohn Kehraus bei seiner 4362. Siegfahrt überbot. Danach gewann Charlie Mills - 75jährig - nur noch 3 Rennen bis zu seiner 4364. und letzten Siegerparade.

Einfluss auf die Traber-Zucht Frankreichs hatte Mills bereits unbewusst genommen, als er 1931 - nach einer Pause von 24 Jahren - in Deutschland dem Publikum wieder einen Rekordversuch präsentierte. Der US-Import Sam Williams, wegen seiner explosiven Grundschnelligkeit bei einem amerikanischem Rekord von umgerechnet 1:15,7 bekannt, versuchte sich in Ruhleben über den Kilometer und schaffte in Begleitung der von Mills-Freund Otto Schmidt gerittenen Vollblüterin Koritza einen Kilometerschnitt von 1:14,3 Min., den man damals als sensationell bezeichnete. Nicht zuletzt durch diesen Beweis enormer Spitzengeschwindigkeit fand Sam Williams dann Eingang in die französische Traberzucht. Die Besitzerin der später 1952 im 'Prix d'Amerique' erfolgreichen Cancanniere, Madame P. Bancilhon, ermöglichte ihrem Hengst immerhin eine Karriere in der Zucht, nachdem man ihn zu Rennen in Frankreich nicht zuließ. Heute taucht Sam Williams in fast jedem Pedigree der Top-Traber auf.

Bei der gleichen Veranstaltung bot auch Johnny Mills den Besuchern ein Schauspiel besonderer Art, als er den Europarekordträger der Zweijährigen Semper idem (22,7) - inzwischen vierjährig - ebenfalls über 1000 Meter in Begleitung des von Paul Finn gefahrenen Friese testete. Der in 1:16,4 gemessene Kilometer war - wie bei Sam Williams - die in Europa bis dahin schnellste je erreichte Zeit in seiner Altersklasse.

Ob erfolgreicher Trainer, Fahrer, Züchter oder Importeur - Mensch war Charlie Mills, dessen Leidenschaft das Sammeln der Bilder holländischer Maler war, schließlich auch.

Dem Ruf, dass der „große alte Mann" pro Tag 15 Zigarren geraucht habe, widerspricht Kurt Hörmann: *„Seine Marke 'post festum' habe ich für Charlie oft in Hamburg eingekauft. Doch Mengen davon hat er wohl selten hintereinander geraucht. Der Tag hatte immer einen festen Ablauf. Nach dem Frühstück und später am Nachmittag, nach dem Kaffee, war die Zigarre immer da. Am Abend, nach dem pünktlich um 19 Uhr beginnenden Essen, waren noch eine oder vielleicht auch zwei Zigarren fällig. Doch erst auf der Rennbahn, da wurde die 'post festum' immer schon vor dem Haupteingang angesteckt, war die Zigarre sein Markenzeichen.*

Das Billiardspiel nutzte Charlie abendlich manchmal zur Entspannung, aber er spielte keine Karten. Ein Hund war immer an seiner Seite, früher kleine Bull-Terrier - zuletzt ein großer Setter. Auch Katzen gab es reichlich auf dem Gut in Chamant, wo er auf seiner 1200 Meter langen Trainingsbahn übrigens darauf achtete, dass in den Bögen nicht zu schnell gefahren wurde. 'Das geht auf's Knie', meinte er sicherlich zu Recht. Charlie war übrigens nie - anders als sein Vater - ein passionierter Reiter. Im Trabreiten war vor allem sein früherer 'Kriegsgefangener' Marcel Perlberg für ihn im Sattel. Urlaub hat der Mann nie gemacht. Seine kleinen Freuden waren englischer Plumpudding und er aß gerne Geflügel. Charlie kleidete sich gerne auffällig oder gar 'bunt', doch das Wichtigste war für mich sein Humor. Charlie Mills hatte - man glaubt es vielleicht nicht - den Schalk im Nacken."

Charlie war immer dabei

Bei diesem Mann mit einer heute kaum noch vorstellbaren Bedeutung war Kurt Hörmann nun „gelandet", und dabei war klar, dass der Einstieg nicht ganz ohne Probleme ablief:

„Der Umgang mit den Kollegen gestaltete sich für mich schon allein deshalb schwierig, weil ich ja der Sprache nicht mächtig war, und die Franzosen hatten zu jener Zeit auch den Krieg noch nicht vergessen. Ich war zudem der erste deutsche Trainer, der sich mit einem bekannten Namen fest etablieren wollte. Vielleicht habe ich ja der deutsch-französischen Freundschaft innerhalb des Trabrennsports die erste Brücke gebaut. Heute ist die Kontaktaufnahme von beiden Seiten aus kein Problem mehr. Hans Frömming, der ja dreimal den 'Prix d'Amerique' gewinnen konnte, trat dabei ja stets in einem internationalen Rennen an, in dem es eigentlich immer glatt zuging. Wenn man jedoch im Alltagssport, also auch in kleineren Rennen auftrat, war das zu jener Zeit nicht ganz so einfach. Ich hatte einen von Charlie Mills eigens für mich abgestellten 'bodyguard', einen gewaltig großen Marokkaner, der auf mich aufpasste, wenn ich zum Beispiel am Ende eines Rennens wieder zu den Umkleideboxen zurückfuhr und dabei durch das Publikum musste. Ohne die schützende Hand von Charlie, der ja in Frankreich voll akzeptiert war, hätte ich 63/64 sicher nicht fahren können. Der auch von den Franzosen verehrte Ire, der ja nicht nur in Berlin sondern auch in Wien viele Jahre der ungekrönte König des Trabrennsports war, fuhr immer mit, wenn ich zu einem Rennen antreten musste. Kurz vor der Rennbahn wurde die obligatorische Zigarre ange-

steckt und dann führte er mich zu seiner Umkleidekabine. Den großen Raum, in dem jeder Trainer seine Garderobe hatte, konnten früher übrigens Frauen nie betreten.

Im Rennen habe ich damals gegen ungestüm angreifende Gegner immer zunächst zurückgesteckt und mich gar nicht erst provozieren lassen. In der Endgeraden war ich dann wieder da und habe ‚Guten Tag' gesagt. Besonders hart war für mich die Zeit durch den Umstand, dass ich auch kaum die Chance bekam, nach Paris in die City zu fahren. Ich hatte mein französisches Lexikon und versuchte meine ersten Brocken der fremden Sprache zu lernen. Doch damit kam ich schon deshalb nicht so recht weiter, weil Charlie mit mir immer deutsch sprach und ich nicht weg durfte. Abends machte seine Frau ein tolles Essen. Wenn ich nach Paris oder in irgendein Lokal wollte, um unter die Leute zu gehen, passte Charlie auf. Wollte ich weg, knarrte die Treppe und Charlie stand schon da. Wenn ich sagte, dass ich diesmal in Paris essen wollte, konterte Charlie: ‚Das haben wir schon geplant. Wir haben schon einen Tisch bestellt'. Dann fuhr er mit mir in eines seiner Stammlokale, wo man ihn natürlich bestens bediente. Das hat sicher auch Spaß gemacht, aber alleine kam ich nie weg."

Quosiris D wurde ein Glücksgriff

„Als ich dann über Graf Alex Ignatieff den Hengst Quosiris D kaufen konnte, habe ich mich zur Probefahrt dahinter gesetzt und fragte anschließend Charlie Mills nach seiner Meinung. ‚Daraus können wir viel machen, doch er ist zu teuer'. Man wollte 120.000 DM für den Hengst. Doch als ich mit Herrn Max Herz telefonierte, sollte ich mit einigen Unterlagen gleich nach Hamburg kommen. Innerhalb von 15 Minuten hatte Max Herz alles geregelt und schickte mich in Paris drei Tage später zu einer Bank. So kauften wir Quosiris D.

Dieser Franzose war - wie viele - ein klein wenig verstellt und besaß auch reichlich Passanlagen. Dann hatte ich noch das Pech, dass ich zum ersten Start, zu dem wir ihm ein passendes Rennen ausgesucht hatten, gar nicht mit ihm antreten konnte. Quosiris sollte gleich zu Beginn des Jahres mit mir in Vincennes starten. Als wir ihn zur Bahn transportieren ließen, fuhren Charlie und ich im PKW hinterher. Quosiris wurde wohl etwas unruhig und durchschlug eine Bohle des Fußbodens. Wir sahen das und hielten den Wagen an. Das Bein war aufgerissen und Charlie entschied: ‚Den starten wir nicht, wir drehen um'. Nun musste ich Max Herz ja erklären, warum der Hengst nicht gestartet war. Abends wollte ich dabei Charlie um Rat fragen. In Chamant gab es am Abend immer zwei, drei Whisky-Grogs. Sowas kannte ich noch garnicht. Whisky wurde über eine Zitronenscheibe gegossen, dann kam heißes Wasser dazu. Davon gab es 2 oder 3 nach dem Essen. Als ich Zucker dazu nahm, fragte mich Charlie: ‚Warum kippst Du das Gift da rein?' - Er hatte Recht. Gegen Ende meines Gastspiels schaffte ich sogar zwei Grogs dieser speziellen Sorte. Aber mein Ding war das nicht. Als Schlusspunkt gab es ab 21 Uhr immer eine Flasche Champagner, der am Ende Mitsou, Charlies Frau, und ich den Rest geben mussten, denn Charlie ging dann schlafen.

Den Anruf bei Herz konnte ich leider nicht bei Charlie abladen, den überließ er mir. ‚Man muss sich immer im Leben stellen', meinte Charlie, ‚aber Du kannst ihm schon versprechen, dass sein Pferd in 14 Tagen wieder in Ordnung ist.' Max Herz hörte sich meine Meldung an und sagte nur: ‚Was hat der Mills denn für einen Wagen. Wenn er mal ein Auto braucht, dann schick ich ihm einen Transportwagen.' Das hat Charlie recht locker aufgenommen: ‚Das soll er mal machen, den Wagen können wir gut gebrauchen.'

Dann konnte ich lernen, wie ein Pferdemann wie Charlie Mills diesen Quosiris D wieder fit bekam. Wir trainierten mit watteunterlegtem Verband weiter, dreimal am Tag und im Tempo. Der Hengst arbeitete fast mehr als wir ihm vorher abverlangt hatten. Die Narbe war bald trocken und Quosiris D gewann am 26. Januar gleich das erste Rennen mit mir. Zwei Wochen später kam er zum zweiten Sieg und noch einmal 8 Tage später trat er im 'Prix de Selection' an. Jean-Rene Gougeon griff mit Olten L im Schlussbogen an, ich ließ ihn vorbei und dann kamen weitere Gegner, die in der Endgeraden doch nachließen. So war ich 200 Meter vor dem Ziel frei und testete Gougeon, der gleich hart zufuhr. Auf den letzten 50 Metern konnte ich Quosiris D gerade stellen und war im Ziel schließlich eine halbe Länge vorn.

Das war dann sein größter Erfolg, so dass er am Ende des Meetings weit mehr als seinen Ankaufspreis verdient hatte.

Auch in Deutschland präsentierte Kurt Hörmann den US-Import Minisink Hanover, der in italienischen Farben am 11.09.1969 das Bahrenfelder 'Otto Kloss-Rennen' gewann.

Dabei hatte der Hengst seine Unarten eigentlich nie abgelegt. Die Rennen in Frankreich wurden alle aus dem Band gestartet und da ging Quosiris D ständig Pass. Doch sobald es geradeaus ging, fasste er Tritt und trabte, wobei er aber immer noch kein starker Beginner war."

Hamburger zieht es immer wieder an die Elbe

„Vorher hatte Pepite mit mir den 'Prix de la Marne' gewonnen, der immer zwischen 'Prix de France' und 'Prix de Paris' ausgetragen wurde. Für dieses Rennen hatten wir zwei Pferde aus dem P-Jahrgang, also zwei damals Fünfjährige vorgesehen, die Charlie noch nicht im 'Prix d'Amerique' anspannen wollte. Charlie Mills fuhr mit Pinochle dann sein letztes Rennen - musste leider anhalten - und ich gewann mit Pepite am 30. Januar diese Prüfung. Charlie, der schon längere Zeit Nieren-Probleme hatte und nicht mehr ganz gesund war, stieg dann nie mehr im Rennen in den Sulky."

Am Ende des Meetings musste Kurt Hörmann seinem „Ziehvater" Charlie Mills doch beichten, dass er Heimweh hatte. Seine erste Ehefrau Helga drängte auch zur Rückkehr und so war der Hamburger im März wieder in Richtung Heimat unterwegs. Seine Ausbeute konnte sich sehen lassen: Mit 16 Siegen war er der erfolgreichste Fahrer des Pariser Winter-Meetings und lag auch nach den erzielten Gewinnen - selbst wenn es im 'Prix d'Amerique' „nur" zum 3. Rang reichte - mit an der Spitze.

Max Herz wollte nun Quosiris D in Frankreich lassen, denn Hans Frömming hatte angekündigt, dass er sich dort über längere Zeit betätigen wollte. Niha sollte jedoch wieder nach Deutschland gehen.

„Max Herz drängte: ‚Komm zurück, für Dich gibt es hier Brot genug.' Das hat er dann auch deutlich gemacht, als ich in Hamburg von ihm gleich noch einige Pferde in Training bekam."

Quosiris D ging also zu Frömming und das bedeutete zum Trainings-quartier von Jonel Chyriacos, denn dort - nicht bei Charlie Mills, der für kurze Zeit in Sören Nordin meinen Nachfolger fand - landete Hans Frömming.

„Hans war mit seinem Co-Trainer Harry Schilling insgesamt rund zwei Jahre in Frankreich, startete Quosiris D aber nur sehr sparsam, gewann mit ihm kein Rennen und dann kam der Hengst wieder zu mir nach Deutschland. Hier konnte ich inzwischen einige Pferde übernehmen, die Hans Frömming früher trainiert hatte. Von denen gewann dann bald der Miramus-Sohn Miras nach der 'Bahrenfelder Meile' auch den 'Münchener Pokal'. Natürlich lernt man auf jeder Reise und besonders bei Gastspielen im Ausland dazu. So hatte ich wohl auch einiges aufgenommen, was mir dann zwischen 1965 und 1973 sieben Mal das norddeutsche Championat einbrachte."

Frankreich-Importe wurden modern

Schon seit seinem ersten Pariser Auftreten konnte der Trabertrainer Kurt Hörmann seiner Passion zum Kaufen und Verkaufen bald nachgehen. Bereits zu Beginn der 50er Jahre hatten Import-Hengste - vor allem in Westdeutschland - für Furore gesorgt. Insbesondere die von Wilhelm Geldbach, dem großen Mäzen, eingeführten Pferde waren selbst auf internationalem Parkett für die Farben des Stalles Kurier erfolgreich. In der Zucht hinterließen dann Pferde wie Fifi beau Gosse, Gentleman IV, Io d'Amour, Iolcos, Iskander F, Kelfren, Lieuvin oder Litz, um nur die auffälligsten zu nennen, ihre Spuren und bereicherten den Trabrennsport in Deutschland ungemein. Alle diese Pferde waren - meist auch durch ihre blendende Erscheinung - in ihrer neuen Heimat überaus populär.

Als Kurt Hörmann den 1956 geborenen Niha für Max Herz zumindest in Deutschland erfolgreich vorstellen konnte, fand dieser in gleichen Farben mit Quosiris D sehr schnell einen Nachfolger, der sich sogar in Frankreich großartig schlug.

Solche Beispiele reizten natürlich auch andere Besitzer und Gestüte. So fand der auch im Amateur-Sport besonders ehrgeizige Hermann-Friedrich Bruhn in der Stute Udomerica ein sehr schnelles Pferd, mit dem er in der besten Klasse glänzen konnte. Die flotte Beginnerin, die nur auf längeren Wegen in Schwierigkeiten kam, war die Vorbereiterin eines besonders spektakulären Ankaufs. Der in Frankreichs Geburtsjahrgang 1966 unter den besseren Pferden gehandelte Dunkelfuchs Allo Mannetot wurde zu einem horrenden Preis angeboten. Doch das konnte Hermann-Friedrich Bruhn nicht schrecken. Der Paleo-Sohn lieferte In seinen Farben bei seinem Einstand in Italien sein wohl bestes Rennen, als er im Kampf mit Klasse-Pferden seines Alters aus ganz Europa höchst ehrenvoll unterlag. Mehr als 61.000 DM an Gewinnen in der Saison 1970 und der Sieg im Straubinger 'Großen Preis von Niederbayern' ließen große Hoffnungen aufkommen. Auf der Rennbahn konnte der Hengst diese nicht ganz erfüllen. In der Zucht erhielt er jedoch bald reichlich Zuspruch, wobei sein Sohn Hans Harald als Buddenbrock-Sieger 1979 im ersten Kurzstrecken-Derby einen Vorlauf gewann, im Finale Dritter wurde und mit 438.202 DM Gewinnsumme das herausragende Produkt seines Vaters war.

Nach Niha, Quosiris D und Allo Mannetot kam auch der 1963 gezogene Taquin L 1970 im Farmsener 'Johann Giese-Rennen' zum Erfolg in einem - etwas bescheideneren - Traditionsrennen. Die nach Udomerica von Kurt Hörmann selbst oder unter seiner Vermittlung von deutschen Besitzern importierten Val du Loir L (geb.'65), Esternay ('70), Fichtre, Fimplay, Fleurus, Frency Boy, Fromentine und Frontignan ('71), sowie Guve ('72), die auch mit ihrem Trainer Kurt Hörmann in Frankreich erfolgreich war, liefen bald in den „internationalen" Rennen auf deutschen Bahnen. So mancher Hengst wurde sogar in der Zucht ausprobiert.

Ein Pferd mit viel Potenzial war der neben Infant d'Autize aus dem Jahrgang 1974 stammende Iris de Gournay (522.022 DM Gew.). Der auch unter dem Sattel bestens erprobte Hengst wurde mit Jean Mary für Hörmann-Farben sogar Dritter im 'Prix de Cornulier', der wertvollsten Sattelprüfung.

Die Schreibweise sagt alles: Kurt „Hormann" wurde bei seinem Auftritt mit Ginster in den Staaten mit neunem Fahrhelm „eingekleidet". Bei seinem Abenteuer-Ausflug landete er auch hinter einem Pacer im Sulky - und gewann.

Im Vergleich zu den nicht mehr als nützlichen Jugon ('75), L'Ami de Richard, L'Ami du Verly, L'Aunou, Le Chef Gitane, Lusty du Tronquay, der guten Stute Lima (alle '76), Mataya und Mirenius war der '78 geborene Mont de Maine dann wieder ein Großverdiener. Er trat mit einem Rekord von 1:13,9 und 483.432 DM Renngewinnen ab und bescherte Kurt Hörmann 1985 den Erfolg im 'Bruno Cassirer-Rennen' sowie 1986 einen Sieg im Mariendorfer 'Rekord-Cup'.

Die Stuten Nathalie Bethune, Nimes und Nuit Dazeray rechtfertigten allesamt ihren Import. Die letztgenannte stellte als Mutter später mit Nuit eine Siegerin im Berliner 'Stuten-Derby'.

Die Reihe der von Kurt Hörmann initiierten Frankreich-Importe komplettiert schließlich der mit der gewaltigen Gewinnsumme von 885.000 DM abgetretene Alcyon de Pouline.

Einige der von Kurt Hörmann eingeleiteten Importe aus Frankreich:

Jahrgang	Name	Jahrgang	Name
1957	Niha	1974	Iris de Gournay
1960	Quosiris D	1975	Jugon
1963	Taquin L	1977	L'Ami de Richard
1964	Udomerica	1977	L'Ami du Verly
1965	Val du Loir L	1977	L'Aunou
1966	Allo Mannetot	1977	Le Chef Gitane
1970	Esternay	1977	Lima
1971	Fichtre	1977	Lusty du Tronquay
1971	Fimplay	1978	Mataya
1971	Fleurus	1978	Mirenius
1971	Frency Boy	1978	Mont de Maine
1971	Fromentine	1979	Nathalie Betune
1971	Frontignan	1979	Nimes
1972	Guve	1979	Nuit Dazeray
1974	Infant d'Autize	1988	Alcyon de Pouline

In Amerika war alles ganz anders

„Aus dem Stall Lipp kam dann - wie Miras - auch der Iskander F-Sohn Ginster. Der wurde nach New York zum jährlichen Treffen der weltbesten Pferde aller Kontinente eingeladen und so lernte ich eine ganz andere Art von Rennsport kennen. Zunächst werden ja mehr als zwei Drittel der Prüfungen für Pacer ausgetragen. Da sind die 'hobbles', die in Deutschland verbotenen Beinkreuzriemen, ein Hilfsmittel, das sehr gewöhnungsbedürftig ist. Vom Start weg muss zügig gefahren werden - das tut man in Paris allerdings auch. In Front darf keiner das Tempo herausnehmen und am Ende gewinnt der, der alle Strapazen an diesem Tag am besten aushält. Wir Europäer waren über eine ganze Woche eingeladen und fuhren auch in anderen Rennen. Jean Mary, Jean-Rene Gougeon und ich waren schon eine

Seine große künstlerische Begabung und feine Hand zeigte Johnny Mills nicht nur im Umgang mit jungen und schwierigen Pferden. Seine zweite Leidenschaft - die Malerei - ließ dieses Ölgemälde der großen Stella maris entstehen. Es ist nicht das einzige Bild, das heute noch bei zahlreichen Freunden und Liebhabern der Mills-Malerei an prominenter Stelle hängt.

Ein Rennpferd der absoluten Extraklasse war Stella maris, die nach ihrem „Zufallsprodukt" Stella bella noch einmal in den Rennstall zurückkehrte und bis 1947 (hier mit Johnny Mills) Deutschlands erfolgreichste Traberstute wurde. Ihre kleine Tochter hatte ein Jahr vorher schon das Derby gewonnen - und das durch die Doublette in Karlshorst und Mariendorf gleich zweimal.

Durch Kampfgeist und Härte wurde die Stella maris-Tochter Stella quinta zu einem der Hamburger Vorzeige-Traber. In ihrem letzten Rennjahr gewann die vorher in der Zucht eingesetzte Stute bei 26 Starts gleich 17 Mal. Hier siegt sie mit Kurt Hörmann am 30.07.1971 in Bahrenfeld. In Farmsen gewann sie am gleichen Tag wie ihr Sohn Steppke.

Noch erfolgreicher als seine Mutter Stella quinta, die es auf eine Lebensgewinnsumme von 87.900 DM brachte, wurde der hier mit Hans Frömming am 15.7.1973 siegreiche Steppke. Mit seiner Gewinnsumme von 222.661 DM (Rekord 1:16,1) wurde der Hengst eines der erfolgreichsten Produkte des „Klein-Züchters" Kurt Hörmann.

Auf diesem Paradebild von Guy Bacon sieht man dem Fuchshengst mit der langen Blesse nicht an, wie er sich im Endkampf voll einsetzte und dabei mit seiner hohen Aktion dann naturgemäß auch keinen Schönheitspreis mehr gewinnen konnte. Charlie Mills nutzte schon 1926 alle Feinheiten der Anspannung und verpasste dem dreifachen „Matadoren" weich gefütterte Ellbogen-Boots.

Eine Porzellan-Statue von Guy Bacon ist das Prunkstück der umfangreichen Sammlung von Andenken und Ehrenpreisen bei Kurt Hörmann. Die von Albert Hinrich Hussmann geformte Plastik hat Seltenheitswert, ebenso wie ein ähnliches Gegenstück aus Bronze, das den „Löwen" verewigt und heute in begrenzter Auflage noch einige Sammler-Tische ziert.

Nach drei Stechen gewann Guy Bacon mit Charlie Mills den Entscheidungslauf im „Deutschland-Preis" 1927 in Ruhleben gegen den Amerikaner St. Roberts und den Inländer Karneval. Der Schimmel erreichte als erstes Produkt der deutschen Traberzucht die damalige „Schallmauer" von 1:20,0 und beendete seine Laufbahn mit dem Rekord von 1:19,8.

Nach hartem Kampf bezwang Guy Bacon mit Charlie Mills 1927 im 1. Stechen des Mariendorfer ‚Matadoren-Rennens' erneut seinen Dauer-Gegner St. Roberts. Der Fuchs hatte bereits eine Decksaison hinter sich, benötigte aber dennoch nur drei Stechen, um sich den ersten von drei Matadoren-Titeln zu sichern. Charlie Mills lobte den in Amerika schon abgeschriebenen Hengst in höchsten Tönen.

Ein Segen für die deutsche Traberzucht war der Holländer Bartholomeus Jacobus Alkemade, der als Importeur auch für den spektakulären Transfer von Guy Bacon aus den USA sorgte. Der Hengst, der bald in Charlie Mills den richtigen Trainer fand, wird hier kurz nach seiner Ankunft stolz von Nelly Alkemade, der Tochter des Importeurs, präsentiert.

Ein Ölgemälde des dreifachen Matadoren-Siegers Guy Bacon hängt auch bei Jean-Pierre Dubois im Wohnzimmer. Sein Freund Kurt Hörmann brachte ihm dieses im Jahr 1928 entstandene Bild nach Frankreich, hofft aber darauf, dass dieses Geschenk vielleicht noch einmal den Weg zurück nach Deutschland findet.

Eine weite Anreise nahm der russische Trainer Pavel Sitnikoff in Kauf, als er 1929 mit seinem Hengst Petuschok einen Zweikampf gegen den besten Traber West-Europas suchte. Petuschok musste Guy Bacon einen überlegenen Sieg überlassen, zumal er sich eine Galoppade leistete. Die Russen-Traber konnten bei ihrem Gastspiel aber auch einige Erfolge erzielen.

Mit dieser Postkarte warb Kurt Hörmann für sein Gestüt Vogelsang, wo er seine ersten züchterischen Versuche unternahm. Der von ihm aufgestellte, aus Holland importierte Hengst Quintus Harvester hinterließ einige nützliche Pferde, doch das mit Abstand beste Produkt war Stella quinta, die ja schließlich mit Stella maris auch eine Klassemutter hatte.

Wegen seiner züchterischen Ambitionen entschied sich Kurt Hörmann für die Stute Cora mia, als er zwischen ihr und dem Bruder Corsaro wählen sollte. Immerhin war der Sieg im Mariendorfer ‚Stuten-Prüfungs-Preis' 1957 ein kleines Trostpflaster für den „Fehlgriff". Mit dem Vaterpferd-Champion Corsaro wäre Kurt Hörmann gewiss nicht „Kleinzüchter" geblieben.

Der Franzose Niha weckte bei Kurt Hörmann die Begeisterung für Frankreichs Traber. Der Hengst erwies sich für Max Herz als lohnender Ankauf und siegte 1963 im ‚Münchener Pokal', einer Traditionsprüfung, die Kurt Hörmann insgesamt dreimal gewinnen konnte.

Der immer wieder durch seine große Aktion gefallende Niha bewies seine Klasse auch noch neunjährig. Hier hat Hadu am 19.06.66 in der Hand von Walter Heitmann auf der Bahn in Bahrenfeld gegen den mit Kurt Hörmann in Lasbeker Farben siegreichen Franzosen am Ende keine Chance.

verschworene Clique und fuhren dabei in verschiedenen Rennen auch Pacer. Ich gewann dann sogar mit einer Fuchs-Stute, der man den Schweif angebunden hatte, ein Pacer-Rennen. Das müsste sogar für unsere Siegstatistik zählen, denn alle amerikanischen Konkurrenten von Heinz Wewering können ja nur in seine Nähe kommen, weil ihre große Zahl der Pacer-Erfolge in der Statistik 'Sulkyfahrer' auch einbezogen wird. Mir hat das alles - so interessant es war - nicht unbedingt gefallen.

Für den Trainer in Amerika ist die Arbeit wohl weit problemloser als bei uns. Man muss nicht so sehr auf die Zäumung oder auf die Eisen achten. Im Rennen geht es nicht in erster Linie um eine erfolgreiche Taktik. Es kommt auf Kraft und Kondition an, den Rest besorgt die Peitsche. Und damit gehen die Amerikaner nicht gerade ängstlich um. Das ist wohl auch noch heute so. Ich war später öfter in den USA und habe da auch Pferde eingekauft. Gefahren bin ich dann aber dort nie wieder."

Doch in Europa saß Kurt Hörmann ebenfalls hinter zahlreichen USA-Trabern. Ein besonders erfolgreiches Exemplar in seiner Hand wurde Minisink Hanover. Dazu Kurt: *„Frömming hatte zu einem bestimmten Renntag keine Zeit durch andere Verpflichtungen und ich fuhr für ihn nach Nizza, denn der Hengst startete in Cagnes. Nach diesem Sieg schickten ihn die Besitzer zu mir nach Hamburg. Ich glaube, ich habe den Hengst nicht oft gefahren und viermal gewonnen."*

Das ist richtig und auch wieder nicht. Der vierte Sieg gelang der „Zufallsmannschaft" in Straubing am 17. Juni 1969 im mit 20.000 DM dotierten 'Großen Preis von Niederbayern' über 2600 Meter gegen den von Willi Roth gesteuerten Wodan. Die Jahresstatistik verkündet Wodan jedoch knapp und klar als „Sieger durch Rennschiedsgerichts-Entscheidung". Die Einfuhrbescheinigung für Minisink Hanover war nicht rechtzeitig eingetroffen und so wurden seine Besitzer durch einen vermeidbaren Protest nach dem Rennen den Siegpreis wieder los, bevor sie ihn bekommen hatten.

Auch mit Smart Rodney, der sogar im 'Prix d'Amerique' starten sollte, Shammy Tara, Candy Lamb, Meadow Matt und vor allem Spice Island bewies der Spezialist für Franco-Trotter, dass man US-Importe ebenfalls „aus der Hand" fahren kann.

Ab 1965 Serien-Champion im Norden

Die ersten beiden Nord-Championate hatte Kurt Hörmann in seinen Erfolgsjahren 1955 und 1956 erobern können, als ihm neben dem Derby-Erfolg noch 11 weitere Siege in Zuchtrennen gelangen. Das nächste Championat war erst 1962 fällig, und eine Serie konnte man das wohl nicht nennen.

Die begann dann endgültig nach der Rückkehr vom ersten Frankreich-Gastspiel bei Charlie Mills. Die Ausbeute von „mageren" 78 Jahreserfolgen als Fahrer und 87 Trainerpunkten ließ sich erklären, weil die ersten Monate in Hamburg fehlten, in Paris jedoch die erfolgreichsten seiner Laufbahn wurden, wenn man die eroberten

Geldpreise als Maßstab nimmt. Hans Frömming hatte bei der Rückkehr seines Trainerkollegen Kurt bereits die Koffer gepackt in Richtung Frankreich und später Italien. Das erleichterte Hörmann ganz erheblich die nun folgende Championatsserie, obwohl er den kleinen Meister vorher auch schon hinter sich lassen konnte. Er bekam als Trainer zudem einige Traber zurück, die er während des Frankreich-Aufenthaltes an Hans Frömming abgetreten hatte.

Zwar kam der reiselustigste Hamburger Trabertrainer immer wieder auf die Idee, den französischen Bahnen einen Besuch abzustatten, doch das waren „Eintagsfliegen", bei denen seine Besitzer nicht befürchten mussten, Kurt sei wieder auf der „Flucht" in Richtung Sonne.

Bei seinem ersten Championat nach dem Frankreich-Engagement lag Hörmann mit 113 Jahressiegen klar vor Walter Heitmann, der es auf 57 Zähler brachte. Erstaunlich gut war auch die Ausbeute im nächsten Jahr 1966, in dem Kurt Hörmann in Deutschland 124 Rennen gewann - eine bis dahin von ihm noch nicht erreichte Erfolgszahl - obwohl er einige Wochen ein Gastspiel bei Jonel Chyriacos gab und dort auch erfolgreich war. Mit 85 Jahressiegen wurde in jener Saison Hans Lehmkuhl Nord-Vize.

Das erneute Frankreich-Gastspiel im nächsten Wintermeeting verhinderte nicht, dass Hörmann auch 1967 mit 117 Jahressiegen vor Walter Heitmann (62) und Hans Lehmkuhl (59) im Norden die Nr. 1 war. Heinrich Losse fuhr in der nächsten Saison dann in so blendender Form, dass er 1968 mit 77 Jahressiegen hinter dem erneut unantastbaren Kurt Hörmann sein erstes und einziges Vize-Championat erzielte. Dritter wurde hier der junge Peter Heitmann mit 51 Fahrererfolgen, von denen er 8 noch als Lehrling buchte.

Seriensieger werden immer irgendwann gestoppt. Die Gründe sind sehr unterschiedlich und oft von außen nicht erkennbar. Doch bei Kurt Hörmann war eine schwere Magenoperation mit einer sich anschließenden langen Pause ganz eindeutig der einzige Grund, weshalb sich der Hamburger mit 37 Jahressiegen 1969 plötzlich im geschlagenen Feld befand und der Holsteiner Heini Losse mit 77 Erfolgen, der gleichen Siegzahl wie im Vorjahr, sich diesmal das norddeutsche Championat holte.

Der Wiedereinstieg 1970 reichte noch nicht zum nächsten Titel, denn Kurt Hörmann fehlten einige Monate. Hinter Peter Heitmann (102 Siege), der erstmals Titelträger wurde, kam es mit 88 Erfolgen nur zum Norddeutschen Vize-Championat vor Klaus Detlefs (76). Immerhin bewiesen die vier Zuchtrennen-Siegfahrten mit Mariet, Allo Mannetot, Maxi und Taquin L, dass der nur für kurze Zeit von den Hufen gekommene Meister wieder die Erfolgsspur aufgenommen hatte. Ausflüge nach Frankreich wurden jetzt erst einmal gestrichen, denn der neue Erfolgsstall von Hermann-Friedrich Bruhn forderte von Hörmann - erst recht nach dem spektakulären Ankauf des Franzosen Allo Mannetot - den vollen Einsatz. Die nächsten drei Jahre lag Kurt Hörmann nicht nur wegen der Bruhn-Farben schwarz, grüne Ärmel, mit 160, 145 und 124 Siegfahrten bis 1973 einschließlich klar vor der

Konkurrenz. Auch der inzwischen nach Hamburg zurückgekehrte Hans Frömming, 1972 mit 115 Jahressiegen Zweiter hinter Hörmann, musste die Jagd nach einem Titel dann aufgeben, denn mit Peter Heitmann kam nun die nächste Generation zu Titelehren, als „der Lange" 1974 insgesamt 158mal nach einem Sieg zur Parade eindrehte.

Das war das Ende der Hörmann-Serie im Hinblick auf das Norddeutsche Championat. Die Siegzahlen der Akteure, die zu Titelehren kamen, schnellten kometenhaft nach oben - nicht nur auf den westdeutschen Bahnen gab es mehr Rennen, mehr Siegpunkte.

Um die ging es Kurt Hörmann nun mit 50 Lebensjahren nicht mehr vorrangig. Der junge Lehrlingschampion aus Wandsbek hatte seinen 100. Sieg als Berufsfahrer und Jung-Trainer erzielt am 28.12.1952 in Farmsen mit der Stute Glocke von Elsensee. Der 500. Erfolg gelang ihm am 24.07.1957 in Farmsen mit der Stute Stolze. Der 1000. Sieg war fällig am 7.04.1963 in Bahrenfeld mit der Außenseiterin Hoisbüttelerin.

Für den 1500. Sieg am 7.01.1968 hatte Kurt Hörmann die Stute Erbin angespannt. Der 2000. Erfolg fiel nach Mariendorf, wo am 12.09.1972 die Jubiläumsfahrt mit dem Wallach Neuling II gelang. Am gleichen Tag gab es noch zwei weitere Hörmann-Auswärtspunkte.

Zur 2500. Siegfahrt durfte man am 17.11.1977 in Bahrenfeld gratulieren, als sich der Wallach Helge mit seinem Trainer durchsetzte.

Doch an eine Siegerehrung zum 3000. Erfolg kann sich Kurt Hörmann nicht erinnern. Der Sieg muss 1986 fällig gewesen sein, als der nun 60jährige Altmeister mit 105 Jahressiegen noch einmal einen „Höhenflug" bekam, hinter den Vielstartern Henning Rathjen (195), Edelbert Ohmer (170) und Peter Heitmann (119) jedoch nur den vierten Rang belegen konnte. Nachrichten über eine Jubiläumsfeier sind jedenfalls nicht bekannt.

Danach wurde es ruhiger um den Mann, der 1986 noch mit Winnetou, Mont de Maine und Erasmus drei Zuchtrennen gewonnen hatte. Im Sulky war er nicht mehr allzu häufig zu sehen, bereitete einige Zeit auch Pferde für Marion Jauß vor, die als Amateurfahrerin mit überragenden Erfolgen ihre Pferde doch überwiegend selbst fuhr.

Nun gibt es ja - Trabertrainer werden es wissen - Besitzer, die kommen und gehen, und einige wenige, die auch bleiben. Kurt Hörmann hatte im Leben nicht immer Glück, fand jedoch in Hermann J. Mismahl einen jener Besitzer, auf die er sich verlassen durfte und trainierte bis zur Jahrtausendwende für einen Mann, der seit mehr als 20 Jahren viel Geld in den Trabrennsport investiert hatte.

Der Einstieg verlief für seinen Patron ja auch verheißungsvoll, denn als Teilhaber des Stalles Noky kam er durch den Import-Franzosen Taquin L so richtig auf den

Geschmack. Der Hengst düpierte Anfang der 70er Jahre die Gegner in der internationalen Klasse mehrfach bei bis zu 80 Metern Zulage, selbst dann, wenn er mit Ginster vom gleichen Band abging, und holte sich im Farmsener 'Johann Giese-Rennen' 1970 sogar Siegeslorbeer.

Dann reifte der Entschluss, sich der Traberzucht voll zu verschreiben und das führte dazu, dass Hermann J. Mismahl, der mit dem allzu früh verstorbenen Hermann Friedrich Bruhn befreundet war, ab 1973 das ehemals von Kurt Hörmann in Westerau bewirtschaftete Gestüt ausbaute und sich intensiv um eine ansehnliche Stutenherde bemühte. Im Jahr 1980 umfasste sie bereits 19 Köpfe mit etlichen US-Importen, die aus dem Bestand von Delvin Miller stammten.

Zu Stuten wie Cara mia (a.d. Cora mia), Cassiopeia, Lore Wulf, Notre Dame oder Xeres LB hatte Kurt Hörmann noch einen persönlichen Bezug, weil er sie selbst oder ihre Nachkommen trainiert hatte, wie den Xeres LB-Sohn Ginster. Dass am Ende der 70er Jahre auch eigene Hengste auf das Gestüt mussten, verstand sich von selbst. Und so kamen der Star's Pride-Sohn Way to Gain sowie der Speedy-Count-Nachkomme Devil Hanover, an deren Erwerb Hermann J. Mismahl maßgeblich beteiligt war, zu einem Ticket nach Deutschland.

Das alles berechtigte zu großen Hoffnungen, doch die Entwicklung des deutschen Trabrennsports hat diese Erwartungen inzwischen deutlich reduziert. Freuen durfte sich Hermann J. Mismahl mehrfach, denn Erfolge der selbst gezüchteten Produkte in eigenen Farben sind wohl die schönsten, die ein Traberzüchter sich gönnen kann. Kurt Hörmann, seit 1986 doch recht zurückhaltend im Einsatz, begnügte sich mit Gratulations-Blumen nach dem Erfolg mit Saruk 1993 im 'Walter Heitmann-Pokal' und im gleichen Jahr nach dem Sieg mit Odeon im 'Hamburger Pokal'.

Doch auch die Siege mit Oberon (Vorlauf und Finale zum Bahrenfelder 'Zukunfts-Preis' 1990), Osala, Odoakar oder Nimbus aus der Mismahl-Zucht wird er am Ende der Fahrer-Karriere genossen haben. Das Feld als Trabertrainer hat Kurt Hörmann jetzt jedoch anderen überlassen.

Auch seinen letzten Sieger steuerte Kurt Hörmann aus dem Lot von Hermann J. Mismahl, der aus beruflichen Gründen mehrfach am Rande von Berlin seinen Geschäften nachging und seine Startpferde für diese Zeit jeweils von Hörmann in Karlshorst trainieren ließ. Da kam der Altmeister bei Trainerin Karin Tomzik unter, wo er sich jederzeit wohl fühlte. Hier steuerte Kurt Hörmann mit der sechsjährigen Mismahl-Stute View in Karlshorst dann zum letzten Mal ein Pferd vor der Konkurrenz über die Linie. Fast sechs Jahrzehnte im Sulkysport dürften ihm wohl nun reichen, selbst wenn die eine oder andere Einladung zu einem „Fahrertreffen der Altmeister" noch eintrifft. Als Züchter mit zwei Stuten wartet Hörmann nach wie vor jedes Jahr auf ein hoffnungsvolles Fohlen, doch seine körperlichen Aktivitäten beschränken sich nun an Renntagen auf das Anheben der Tasse Kaffee in der Bahrenfelder Tribüne im Gespräch mit Hermann Mismahl, wenn dessen Pferde am Start erscheinen.

Krankheit unterbricht jede Karriere

Von Unfällen, Stürzen oder Blessuren aller Art bleibt wohl kein Trabertrainer verschont - er muss damit rechnen. Auch Kurt Hörmann überstand die eine oder andere Schrecksekunde, als zum Beispiel 1962 gleich am Start die Fahrleine bei Tilano riss und der Trainer lautstark auf sein Malheur aufmerksam machen musste, ehe die Rennleitung das Rennen abbrach. Tilano gab sich sehr verständig und hielt einfach an, ehe sein Trainer die Stimme verlor.

„Ab heute ist Tilano mein bester Freund", ließ die Presse am nächsten Tag Hörmann sagen. Das kann man glauben, denn der Mann war heilfroh, gesund vom Wagen steigen zu können.

Gleich am Start aus dem Wagen kam Hörmann auch in einem Mariendorfer Rennen der frühen Jahre hinter dem Wallach Magowan. Als der Sturzhelm eingeführt wurde, sein Tragen aber noch nicht Pflicht war, stürzte Hörmann in einem Farmsener Rennen und war froh, dass er schon einen Helm trug, denn *„sonst hätte ich schlecht ausgesehen".* Er fiel vornüber genau auf den Kopf, und der Helm zerbrach in zwei Teile.

Auch in Frankreich blieb dem Gastfahrer ein „Ausstieg" nicht erspart: *„Ein recht schwieriges Pferd drängelte so nach innen, dass ich auf die hohe Grasnarbe geriet, der Wagen quer lag und ich rausfiel. Später hat man dann die Grasnarbe auf der 2011 Meter langen Piste in Vincennes flacher gelegt und heute kann man wie auf den meisten Bahnen die innere Ausweich- und Galoppierspur nutzen."*

Das alles war jedoch vergleichsweise harmlos gegen den Schlag, der den gerade zum vierten Mal hintereinander im Norddeutschen Championat erfolgreichen Trainer 1969 traf. In der Nacht zum 5. Februar brach Hörmann plötzlich zusammen, weil ein Magengeschwür, mit dem er sich allzu lange gequält hatte, aufgebrochen war. Seit Dezember sollte er eigentlich ins Krankenhaus, doch welcher Trabertrainer verlässt schon für einige Zeit freiwillig sein „Geschäft".

Nun war der Fall doch schlimmer als nötig gewesen wäre. Bei der Operation wurden 2/3 des Magens entfernt, es bestand sogar Krebsverdacht und Hörmann blieb etliche Wochen im Krankenhaus. Der Verdacht bestätigte sich zum Glück später nicht, doch bis diese Gewissheit bestand, war Kurt Hörmann schon bereit, seinen Beruf aufzugeben, da die ersten Besitzer bereits ausgezogen waren.

„Wieviele Freunde einem zur Seite standen, konnte man jetzt feststellen. Es waren nicht allzu viele. Wagen und Geschirr hatte ich schon zum größten Teil verkauft oder auch verschenkt. Doch dann kam die Entwarnung und Hermann-Friedrich Bruhn motivierte mich zusätzlich. Da startete ich dann noch einmal durch."

Für zwei Jahre war der Nord-Titel weg, doch der Ankauf des Franzosen Allo Mannetot für die Bruhn-Farben machte Mut. Der Hengst stellte als Vierjähriger mit 1:16,9 einen Europarekord auf und war dabei nur von Eileen Eden geschlagen, das weckte große Hoffnungen. Die nächsten drei Jahre - 1971 zählte man fast 200 Trainersiege - wurden nun besonders erfolgreich für Kurt Hörmann.

Wie schnell ein Leben auf der Kippe stehen kann, hatte der Junge aus Wandsbek ja schon im Krieg erlebt. Auf einer Autoreise in Frankreich war es dann fast um ihn geschehen.

„Ich fuhr nach einer Kurve plötzlich auf einen brennenden Tankwagen zu, den man vorher nicht sehen konnte. Jedes Bremsen kam zu spät, doch ich hatte Glück im Unglück. Während mein Auto in den Tankwagen schoss, flog ich aus der Tür, denn ich war nicht angeschnallt. Das war knapp."

Allzu oft sollte man seinen Schutzengel nicht versuchen, doch Kurt Hörmann bemühte den seinen ein weiteres Mal. *„Als ich auf Gut Wendlohe Pferde trainierte und nach Hause fahren wollte, sah ich auf einem Fußweg ein entlaufenes Reitpferd, das auf eine Kindergarten-Gruppe zulief. Ich konnte noch warnen, das Pferd lief vorbei, drehte jedoch hinter meinem Rücken um und erwischte mich auf dem Rückweg voll. Nachdem ich gleich wieder aufgestanden war, bin ich dann vorsichtshalber doch zum Arzt, der mich gleich da behielt, denn ich durfte mich nicht einmal mehr bewegen. Milz und Gallenblase wurden entfernt, die Leber genäht.*

Vor dem Hörmann-Stall in Bahrenfeld übt hier Kurt jr. im Sulky, dessen Fußbügel für ihn allerdings noch unerreichbar sind. Profi wollte der Junior nie werden.

Dieser Unfall hat mir schwer zu schaffen gemacht. Eigentlich habe ich mich davon nie ganz erholt."

Alles Weitere ist bekannt. Die Karriere als Public-Trainer war zu Ende und Kurt Hörmann trainierte anschließend nur noch das Lot von Hermann J. Mismahl. Kurz vor seinem 80. Geburtstag spürt Kurt Hörmann nun doch die Strapazen, die er seinem Körper angedeihen ließ. Schmerzen im Rücken und im Bein bekämpft er jedoch nach der alten Methode - wenn es im Finish darauf ankommt, ist er stark.

Immer wieder Frankreich-Gastspiele

Seine ersten Frankreich-Erfahrungen hatte Kurt Hörmann ja schon 1956 bei seinem Auftreten mit Horrido im 'Prix d'Amerique' machen dürfen. Auch vor seinem ersten Engagement bei Charlie Mills 1963/64 hatte es den Trainer einige Male nach Paris gezogen. Doch längere Aufenthalte, die ihm dann in Frankreich einen nicht zu unterschätzenden Ruf einbrachten, sind eigentlich nur vier zu verbuchen.

Das wichtigste Auftreten war sicher das erste Meeting bei Charlie Mills. Hier konnte Hörmann auf sich aufmerksam machen, zeigen dass ein deutscher Trabertrainer sich mit französischen Pferden anfreunden kann und vielleicht auch die ersten Sport-Brücken zwischen den beiden noch vor wenigen Jahren verfeindeten Nachbarn bauen. Der Titel „Nach Siegen und Gewinnen erfolgreichster Fahrer des Meetings 1963/1964" ist ihm wohl immer die wichtigste Auszeichnung in seiner Sportlerlaufbahn gewesen.

Dass so ein Auftritt nach einer Fortsetzung rief, war klar. Doch zunächst blieb es bei sporadischen Besuchen mit der morgendlichen Anreise - Rennen fahren - Abreise am gleichen Abend. Bis dann Jonel Chyriakos, der langjährige Weggefährte von Charlie Mills zu einigen Meetingswochen einlud. Charlie selbst hatte nach einem Krankenhausaufenthalt doch deutlich zurückgesteckt, trainierte nur noch sehr wenig Pferde, so dass sich für Kurt Hörmann die Rückkehr nach Chamant gar nicht bot. Bei „Jonny" Chyriacos gab der Hamburger 1967 und 1968 jeweils kurze Gastspiele, die er mit jeweils 5 Siegen beendete, ohne dass größere Trophäen abgefallen wären. Doch schon damals gab es in Vincennes in den normalen Rennen mehr Geld als in einer deutschen Prüfung, die sich Standardrennen nennen durfte.

Allerdings notierte man 1968 auch noch einen wichtigen Erfolg mit dem Charlie Mills selbst gehörenden Vat, der sich mit Siegfahrer Kurt eine Vorprüfung für das 'Criterium des 4Ans' holte.

Die Magenerkrankung sorgte für einen Bruch in Hörmanns Frankreich-Karriere, die sich dann verstärkt auf das Import-Geschäft konzentrierte. Doch 1981 meldete die Fachzeitung „Heat" den Hörmann-Ausspruch „Irgendwann gehe ich doch nach Frankreich" und das setzte der Hamburger dann auch Ende 1981 um. Diesmal lockte kein Engagement bei einer der großen Trainieranstalten, diesmal wurde Hörmann selbständiger Trainer in einem der heißbegehrten Trainings-Camps in Grosbois, wo Kurt nun mit Familie einzog. Von hier aus ging es auch in die „Provinz" auf Reisen, wenn sich dort lukrative Aufgaben für Nuit Dazeray, L'Aunou, Nimes oder L'Ami de Richard boten, die dann alle den Weg nach Deutschland fanden.

Die Reisen innerhalb Frankreichs mit dem eigenen Transportwagen erwiesen sich nicht als ganz ungefährlich: *„Mein Fahrer Willi Hutzenlaub nahm an einer Kreuzung nicht den unbequemen Weg mit der Ampel an der Kreuzung, sondern den Tunnel, der auf Frankreichs Straßen oft für die schnelle Unterquerung angeboten wird. Das war aber keine gute Idee, denn unser Transportwagen war 40 Zentimeter zu hoch, wir krachten in voller Fahrt an die obere Tunnelecke, das Dach flog weg, die Pferde spielten verrückt und alle waren Nichtstarter - vor allem unser Transportwagen, der war hin."*

Doch auch diesmal blieb Kurt Hörmann nicht für immer in Frankreich. Nach dem Vincennes-Meeting Anfang 1983 war es diesmal Kurts französische Ehefrau Michelle, die es nach Deutschland zog. Hamburg hatte Hörmann wieder, der sich bis Ende 1986 noch einmal nachdrücklich bemerkbar machte.

Im nächsten Anlauf verpflichtete sich der Hamburger dann doch noch einmal 1990, um rund 20 Pferde von Besitzer Lutin, der allerdings nicht lange durchhalten sollte, zu übernehmen. Er lernte Bahnen wie Rouen und Elbeuf kennen, war in diesen Monaten aber auch mit Valacirca in Vincennes erfolgreich, mit wo er am 8. Juni 1990 auch seine letzte Siegfahrt in Paris mit dieser Stute hinlegte.

Der Start mit Sea Cove am 14.01.1996 im 'Prix de Belgique' bei unlösbaren 50 Meter Zulagen war wohl auch der Tatsache geschuldet, dass Kurt Hörmann mit 70 Jahren wenig später die Fahrberechtigung in Paris verlor. Es war in jedem Fall eine bemerkenswerte Frankreich-Karriere - für beide.

Frankreichs Cracks imponierten

Wer im Ausland lebt, Pferde trainiert und an Rennen teilnimmt, kann sich nur ein Bild von den Gegnern machen, wenn er diese intensiv beobachtet. Zahlreiche Franzosen-Cracks haben seit 1956, als Kurt Hörmann erstmals mit Horrido in Vincennes antrat, den Weg des Hamburger Trainers gekreuzt. An einige kann er sich noch lebhaft erinnern, doch auch vorher schon wurden Traber in Paris mit viel Nationalstolz geehrt und im Endkampf wie auf keiner anderen Bahn mit lautstarker Anfeuerung bis zur Ziellinie getragen.

Die erste Ikone der Franzosen war eine Stute, wie ohnehin in unserem Nachbarland Stuten weit größere Popularität gewannen als auf deutschen Bahnen. Die 1920 geborene Uranie holte sich erstmals in Kurt Hörmanns Geburtsjahr 1926 den damals schon berühmten 'Prix d'Amerique', der seit 1920 ausgetragen wurde. Sie blieb gleich bei ihrem ersten Auftreten nach spannendem Endkampf knappe Sie-

Aus dem Jahr 1903 stammt dieses Portraitfoto, auf dem der 15jährige Charlie Mills den gepunkteten Dress von Carl Brandt trägt, einem engen Freund seines Vaters Anthony. In den ersten Jahren seiner Profi-Karriere steuerte Charlie Mills für die Farben von Carl Brandt vor allem den gutklassigen Young Allental zum Sieg.

In stolzer Haltung, die sich später doch moderat verändern sollte, begann Charlie Mills noch als Jugendlicher seine Karriere im zu damaliger Zeit recht ungemütlichen Longshaft, denn der Abstieg von diesem Gefährt aus respektabler Höhe war für ältere Semester schon nicht ganz ungefährlich. Charlie dürfte damit noch keine Schwierigkeiten gehabt haben.

Mit Baka wurde Charlie Mills 1919 in Wien bestaunt. Der Hengst sollte ein Jahr später in Bahrenfeld den allerersten ‚Preis von Deutschland' gewinnen. Die Hanseaten vermieden in diesem Titel jede Übertreibung und überließen die „Großen Preise" anderen. Das Rennen selbst sollte bald nach der Premiere dann einen Stellenwert erhalten, der es europaweit an die Seite des ‚Matadoren-Rennens' und des ‚Graf Kalman Hunyady-Gedenkrennens' in Wien rücken ließ. Erst 1920 wurde auch der ‚Prix d'Amerique' aus der Taufe gehoben.

Gerade einmal 20 Jahre jung war Charlie Mills auf diesem Foto und doch forderte er die bewährten Spitzenfahrer wie Robert Grossmann und Eugen Treuherz bereits heraus. Schon zwei Jahre später sollte er sein erstes Traber-Derby durch die Stute Raute gewinnen - ein Senkrechtstart.

Im gleichen Jahr 1926, in dem Kurt Hörmann in Hamburg-Wandsbek geboren wurde, gewann Charlie Mills bereits sein drittes Derby. Auch wenn die damalige Fotografie mit ihren technischen Mängeln dem Auge fast wehtut, lässt sich der Unterschied zum Bild des Jahres 1908 doch deutlich erkennen. So manches Haar war im Endkampf auf der Strecke geblieben.

Fast alle Pferde, die mit Charlie im Derby erfolgreich nach dem „Blauen Band" gegriffen hatten, konnten auch später eine bemerkenswerte Karriere anschließen. Auch der 1926 erfolgreiche Lebenskünstler lief in die internationale Klasse vor und glänzte mit einem für deutsche Inländer damals spektakulären Rekord von 1:20,4. Der Hengst hatte den Derby-Rekord um fast 4 Sekunden verbessert und blieb in 1:26,8/3200m erstmals unter der 1:30-Marke.

Trabrennsport im Blut hatten alle männlichen Nachkommen der großen Mills-Familie. Auf diesem seltenen Bild aus dem Jahre 1927 darf sich Vater Anthony, der 1897 mit Ebony das Derby gewonnen hatte, hinter dem Lorbeerkranz über seinen Nachwuchs freuen. Von links nach rechts sieht man: Alfred, Harry, Willi, Vater Anthony, Eddy, Charlie und Johnny.

Als Charlie Mills hier im Jahre 1927 neugierig auf die Stoppuhr in der Hand von Eugen Treuherz schaut, durfte sich dieser mit Fug und Recht bereits „Altmeister" nennen, denn schon das zweite Derby 1896 hatte er mit Cid gewinnen können und später durch Hofmeister (1902) sowie Baron Watts (1918) nachgelegt. Kollegialität, wie sie dieses Bild vermittelt, war früher selbstverständlich. Kurt Hörmann bedauert, dass die Realität heute anders aussieht.

Walter Dear wurde in der Hand von Charlie Mills 1934 der erste ‚Prix d'Amerique'-Sieger, über den man auch in Deutschland jubeln durfte. Der US-Import war zu seiner Zeit das überragende Pferd auf Europas Pisten, nachdem er in den Staaten u.a. bereits das ‚Hambletonian" gewonnen hatte. Bei 55 Starts in Europa gewann der Hengst 46 schwerste Rennen und blieb allein 1931/1932 gleich 22 Mal hintereinander siegreich. Das schafft heute kein ‚Prix d'Amerique'-Sieger mehr.

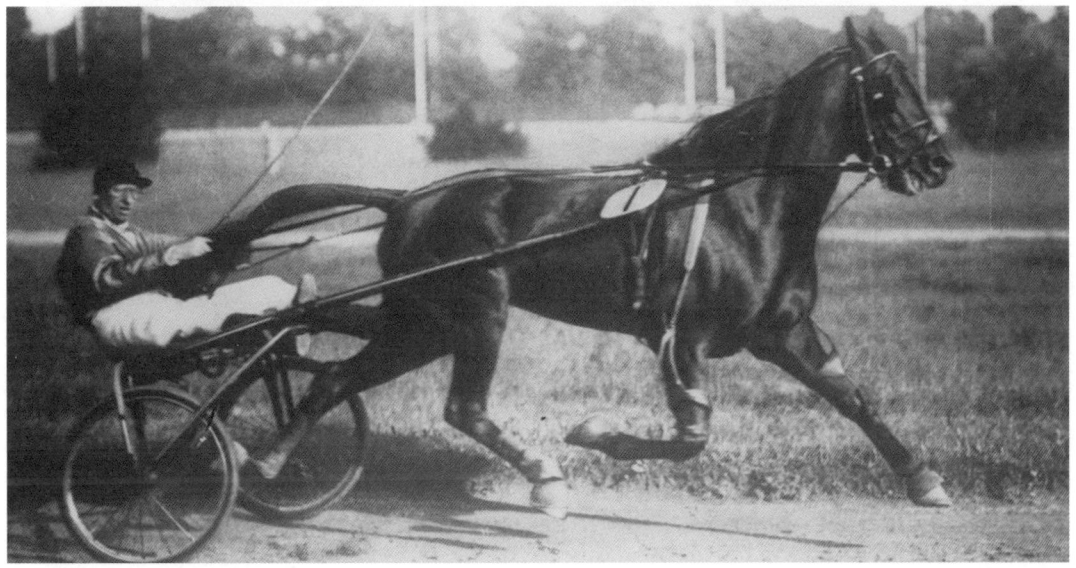

Bester deutscher Inländer vor dem 2. Weltkrieg war der Walter Dear-Sohn Probst, der es seinem berühmten Vater in Paris fast nachgemacht hätte. Im ‚Prix d'Amerique' 1939 musste er nur den hier zweimal hintereinander erfolgreichen Italo-Amerikaner De Sota mit Alexander Finn vor sich anerkennen. Der über viele Jahre bis hin zu Permit schnellste deutsche Traber (1:17,4) war nur fünfmal unplatziert und gewann bei 78 Starts 55 Rennen. Vor einem dieser Siege durfte Kurt Hörmann 1939 in Farmsen Charlie Mills beim Anspannen helfen.

Auf dem Höhepunkt seiner Vorkriegskarriere stand Charlie Mills 1937, als er mit Fried das dritte Derby in vier Jahren gewann und gleich zwei weitere Erfolge mit Leo und Dachs hinterherschickte. In den Kriegsjahren setzte sich in seiner Hand noch einmal Missouri in Rekordzeit (24,9) durch, doch dann kam notgedrungen der Wechsel nach Österreich. Zu einer ständigen Rückkehr auf deutsche Bahnen konnte sich der beste Trabertrainer seiner Zeit nicht mehr entschließen. Er fand in Frankreich eine neue Heimat.

gerin und wiederholte diesen Erfolg 1927 mit ihrem ständigen Trainer Valentino Capovilla, der diesmal weit weniger zittern musste, denn die Stute kam mehr als 20 Meter vor der Konkurrenz ins Ziel. Ein Jahr später war die Triplette mit unbeschreiblicher Überlegenheit in 1:25,1/2500m perfekt. Uranie hatte nicht nur den Siegrekord deutlich verbessert, sie kam rund 90 Meter vor dem Altersgefährten Ulysse über die Linie. Das Gespann folgte so weit zurück, dass die Annalen den Vornamen des Ulysse-Fahrers Tscherkassoff verschämt verschweigen.

Nun erfand man für jeden 'Prix d'Amerique'-Erfolg eine Zulage von 25 Metern, für Mehrfachsieger 50 Meter. Das brachte die Stute um eine tolle Serie, denn im Endkampf mit dem 1929 siegreichen Templier sprang sie an und galoppierte als Zweite über die Linie. So dicht war später nicht einmal Ourasi einer glatten Viererserie.

Als Zehnjährige versuchte es Uranie noch einmal, bekam - aus welchen Gründen auch immer - 75 Meter Zulagen und scheiterte an Amazone B, die vier Jahre jünger war.

Der Nimbus einer Uranie war vor dem 2. Weltkrieg in Europa enorm. Er ist im Grunde noch heute ungebrochen. Kurt Hörmann war mit Mario Capovilla befreundet, dem Sohn des Uranie-Trainers, und weiß: *„Uranie war ein völlig problemloses Pferd, das sein Tempo fast unbegrenzt weitergehen konnte. Die Stute muss nach den Erzählungen von Mario ein eisenhartes Pferd gewesen sein. Der Sohn von Mario Capovilla sollte dann bei mir den Schliff zum Berufsfahrer erhalten, doch das war nicht sein Ding. Ich habe ihn Jahre später mit Minisink Hanover wiedergetroffen, den er als Pfleger auf allen Reisen quer durch Europa begleitete."*

Zu einer ähnlichen Beliebtheit wie Uranie brachte es erst rund 20 Jahre später Cancanniere mit ihrem Trainer Jonel Chyriakos, von allen nur Jonny genannt. Der hatte während der Kriegszeit noch in Österreich trainiert, wo er auch Charlie Mills kennenlernte, und war als Jude dann nach Frankreich ausgewichen. *„Jonny hat oft erzählt, dass diese Cancanniere das beste Pferd war, das er je gefahren hat und trauerte nur dem Umstand nach, dass man ihr nach dem Sieg 1952 gegen Cyrano II, Chambon mit Charlie, Scotch Thistle und Permit 1953 die 25 m Zulage auferlegt hatte. Cancanniere wurde so nur Dritte hinter Permit und Tryhussey, die beide von der Grunddistanz 2600m abgingen. Im folgenden Jahr sind dann beide - Permit wie Cancanniere mit 25 Meter Zulagen - gescheitert."*

Die unverwüstliche Stute versuchte es dann als Neunjährige noch einmal im „Amérique" und wurde in der Hand von Romolo Ossani sogar noch einmal Dritte hinter dem verbündeten Paar von Trainer Charlie Mills, der sich für Gelinotte entschieden hatte, die aber Fortunato II mit Roger Ceran-Maillard den Vortritt lassen musste.

Zur dritten Stute, der ganz Traber-Frankreich zujubelte, wurde nach ihrem Einstieg mit dem Ehrenrang 1956 Gelinotte. Dieses Pferd gab Charlie Mills in seiner Wahlheimat die Chance, ganz schnell besonders populär zu werden, nachdem er ja schon zweimal - der Siegzahl nach - Champion der Profis geworden war. *„Charlie hat immer von Gelinotte geschwärmt. Sie war das Beste, was ihm in Frankreich je passieren konnte, hat er immer gesagt. Er wusste auch sofort, dass die Stute nur gut lief, wenn sie vorher zwei ausgiebige Heats bekommen hatte und hat darauf auch bei allen Auslandsstarts immer viel Wert gelegt. Gelinotte bekam einen nur für sie zuständigen Pfleger und ich glaube, dass sich dieser Andre wohl mindestens 12 Stunden pro Tag um seine Stute kümmerte."*

Ihre Popularität verdankte die Tochter des großen Vererbers Kairos vor allem auch ihren vielen Auslandsstarts. Gelinotte war das erste Trabrennpferd, das den 1955 geschaffenen 'Grand Circuit International' gleich zweimal hintereinander gewann. Sie setzte sich in Wien, in München, Berlin, Gelsenkirchen oder Hamburg fast überall gleich souverän durch und eroberte auch die schwedischen Zuschauer, die ja mit Gay Noon, Tampiko oder Smaragd in jener Zeit eigene Favoriten auf internationalem Parkett unterstützten. Gelinotte galt über zwei Jahre als fast unschlagbare Favoritin für alle Gegner. Sie war dennoch überall gerne gesehen, Charlie Mills konnte sich vor Einladungen gar nicht retten. Martin Bruhn, Schulfreund von Kurt Hörmann, konnte jene Glanzzeit von Gelinotte miterleben. Er beschlug von 1956 bis 1958 die Pferde von Charlie Mills.

Die Reihe der Stuten-Königinnen im europäischen Trabrennsport setzte 1963 mit Ozo eine weitere Französin fort: *„Ihr Besitzer, der zunächst als Amateur tätige Roger Massue, brachte sie von Joinville, nahe Vincennes, zunächst zum Training zu Jonny Chyriakos, bis er dann selbst Profi wurde. Bereits als Fünfjährige konnte sie in einem besonders stark besetzten 'Prix d'Amerique' gegen Oscar RL gewinnen. Mit 25 Meter Zulagen scheiterte sie anschließend völlig und so riet Jonny Chyriacos, der überall 'mitdrehte', Hans Frömming als Fahrer zu verpflichten. Mit Ozo und der von Gerhard Krüger gefahrenen Elaine Rodney landeten dann zwei deutsche Fahrer mit Weltklasse-Stuten zeitgleich auf den ersten Rängen. Ich hatte mit dem bereits neunjährigen Morlant D keine Chance, eine ähnlich gute Platzierung wie den dritten Rang aus dem Vorjahr zu erreichen."*

Ozo war zunächst unter dem Sattel höchst erfolgreich, hatte sie doch einschließlich des 'Prix du President de la Republique' 1962 bereits drei Hochkaräter gewonnen, ehe man ihr eine Reise in die USA spendierte. Dort holte sie sich in der Hand von Gerhard Krüger den mit umgerechnet rund 200.000 DM dotierten 'Transoceanic Trot' und im gleichen Jahr auch den „Grand Circuit International" in der Gesamtwertung. Die Erfolge im 'Elitlopp' in Solvalla und im 'Großen Preis von Bayern' 1963 trugen dazu bei. In Deutschland konnte man Ozo 1964 beim Erfolg im Münchener 'Preis der Besten' und im Farmsener 'Gladiatoren-Rennen' noch zweimal bewundern. Sie war in Italien siegreich und reiste noch einmal in die USA, wo sie den 'Challenge Cup' gewann. Der letzte Auftritt als Achtjährige im 'Prix d'Amerique' scheiterte gründlich, den Start hätte man einem der vielseitigsten Trabrennpferde der Welt ersparen können.

Wenn möglich noch populärer wurde die ebenfalls als Fünfjährige erstmals im 'Prix d'Amérique' antretende Roquepine aus dem Erfolgsstall von Henri Levesque. Der

war als Viehhändler zum Trabrennsport gekommen und erwies sich als Pferdemann par exellance. Bereits 1961 hatte die von ihm selbst gezüchtete Stute Masina in seinen Farben den 'Prix d'Amerique' gegen Italiens Crack Tornese gewonnen, ein Jahr später war sie - bei 25 Meter Zulagen - Zweite zu Newstar. Wie Masina stammte Roquepine aus der eigenen Levesque-Zucht. Die Atus II-Tochter überließ Levesque beim ersten Triumph 1966 der Steuerung von Jean-Rene Gougeon.
Im zweiten Versuch saß dann Züchter, Besitzer und Trainer Henri Levesque selbst hinter Roquepine, die gegen den Stallgefährten und „ewigen Verlierer" Oscar RL gewann. Im dritten Anlauf vertraute Levesque wieder dem erfahrensten Profi in Frankreich und Jean-Rene Gougeon vollendete die Triplette gewohnt souverän gegen den von Roman Krüger gesteuerten Tony M.

Doch damit wäre die unbestrittene Königin der zweiten Hälfte jener 60er Jahre noch nicht annähernd in einer Laudatio erfasst. Sie gewann in Frankreich mit dem Criterium der Vierjährigen, Fünfjährigen, dem 'Prix d'Europe', zweimal dem 'Prix d'Atlantique' und dem 'Grand Criterium de Vitesse' in Cagnes insgesamt 12 Klassiker, dazu zweimal den Punktwettbewerb um den „Grand Circuit International" (67+68), in den USA das „Welt-Championat" (67+68), den 'Elitlopp' in Solvalla (66+67), in Italien insgesamt zehnmal internationale Höhepunkte, und sie siegte in Belgien wie in Dänemark. Dass ausgerechnet ihr Sieg im Bahrenfelder 'Preis von Deutschland' 1967, wo sie Henri Levesque selbst in 1:18,0/2120m zum Erfolg steuerte, im französischen Rapport nicht erwähnenswert war, stimmt zwar in Hamburg traurig, schmälert aber bei Kurt Hörmann nicht die Erinnerung an ein großartiges Pferd: *„Die Stute sah fast aus wie ein Galopper, war ein eher leichtes, elegantes Pferd. Man musste bei ihrer hohen Grundschnelligkeit wohl aufpassen, dass sie nicht gleich voll loslegte und doch besser einige Reserven behielt."*

Ausgerechnet einer Stute, die nie den 'Prix d'Amérique' gewinnen konnte, gehörten die Herzen der Franzosen ab 1969. Die für den Erfolgsstall von Graf Pierre de Montesson von Jean-Rene Gougeon vorbereitete Une de Mai war gerade in diesem „Rennen aller Rennen" stets ein Unglückspferd. Zunächst scheiterte sie im zarten Alter von 5 Jahren an einem weiteren Levesque-Crack, dem 1969 von Louis Sauve gesteuerten Upsalin. Im nächsten Jahr triumphierte der T-Jahrgang, wobei sich mit Toscan (Michel-Marcel Gougeon) ein Stallgefährte der Stute durchsetzte. Dann trat 1971 Tidalium Pelo mit Jean Mary auf den Plan und gewann 1971 ebenso wie 1972, als Une de Mai nur Dritte bzw. nach einer Kollision nur Siebente werden konnte. Zweimal musste Une de Mai im größten Rennen noch antreten. In einem spektakulären Finish fegte 1973 - der Favorit Tidalium Pelo musste verletzt im Stall bleiben - ein schwedisches Gespann auf den letzten 200 Metern an der Außenseite am Feld vorbei. Dart Hanover gewann mit Berndt Lindstedt als Riesenaußenseiter vor Tony M und Une de Mai.

Der letzte Auftritt der Franzosen-Königin endete mit fast identischer Zielankunft. Delmonica Hanover entwickelte mit Hans Frömming soviel Endgeschwindigkeit, dass sie mancher an der Außenseite gar nicht als Siegerin ausgemacht hatte. Doch hinter Axius und Casdar wies das Zielfoto Une de Mai wieder nur als Vierte aus.

Das wäre alles kaum der Erwähnung wert, wenn diese zierliche und so sympathische Stute nicht auf der ganzen Welt tolle Erfolge erzielt hätte. Ihre Zweikämpfe mit „dem Riesen" Tidalium Pelo sind unvergessen, bei jedem Auftreten erhielt die Stute den stärksten Beifall. Auch im 'Preis von Deutschland' 1971, als sie gegen den 'Prix d'Amerique'-Sieger Tidalium Pelo unterlag, den späteren 'Amérique'-Sieger Dart Hanover jedoch hinter sich ließ, war Une de Mai „die Queen". Sie reiste im Flugzeug an - den vom Verein bereitgehaltenen Waggon, in dem sie gemeinsam mit Tidalium Pelo angekommen wäre, verschmähte man. Doch ihr Besitzer zahlte diese Flugreise selbst. Un de Mai trat ohne Spesen in Bahrenfeld auf und der Cte. de Montesson verhielt sich wie sein Pferd - wahrhaft königlich.

Schlusskommentar Kurt Hörmann: *„Une de Mai wurde vom Trainer Allaire entdeckt, sie war nicht einmal unkompliziert. Ehe sie in den großen Sport fand, hat sie der vorher in Recklinghausen tätige Charly Hofmann betreut, der jüngere Sohn meines Farmsener Lehrmeisters Otto Hofmann. Mit ihm gewann sie ihr erstes Rennen in Vincennes. Anschließend war Jean-Louis Poupion, der spätere Erfolgstrainer, ihr ständiger Begleiter, der auch nur dieses Pferd rund um die Uhr versorgte."*

Die Startnummer 1 in Vincennes verdeutlicht hier, dass Meadow Matt bei seinen Frankreich-Auftritten auf gewinnreichere Pferde traf und doch gewinnen konnte.

Die Reihe der Hengste, denen man in Frankreich zujubelte, begann für Kurt Hörmann mit Jamin. Dabei waren gerade jene I- und J-Jahrgänge so ausgeglichen und stark, dass es für einen Einzelkämpfer schwierig war, als Fix-Stern über der Konkurrenz zu leuchten. Namen wie Infante II, Icare IV, Ivacourt, der vom Stall Kurier angekaufte Iskander F, Jariolain, der mit 1:14,7 einen spektakulären Kilometerrekord aufstellte, sowie Joli Veinard D und Jocrisse, mit denen Charlie Mills gut gerüstet war, ließen keine Langeweile aufkommen. Doch bereits 4- und 5jährig gewann Jamin mit Jean Riaud die Jahrgangs-Criterien, insgesamt 18 französische Klassiker und natürlich 1959 auch den über die gesamte Saison nach Punkten gewerteten „Grand Circuit International". Erfolge in den USA, Schweden und Belgien rundeten die Erfolgsbilanz des Abner-Sohnes aus dem Stall von Madame Olry-Roederer ab, doch die eigentliche Jamin-Geschichte schrieb der 'Prix d'Amérique'.

Bereits als Fünfjähriger - dies war das bevorzugte „Einstiegsalter" für spektakulär erfolgreiche Franco-Trotter - buchte Jamin mit neuem Siegrekord von 1:20,0 seinen ersten 'Amerique'-Erfolg. Auch mit 25 Meter Zulagen war er im Folgejahr von Icare IV nicht aufzuhalten. Dann kam es, wie es bis dahin immer kommen musste - 50 Meter Zulagen schienen auch für Jamin zuviel. Da half nur der damals stärkste Fahrer der Welt, und Gerhard Krüger tat alles, um auch eine solch schwierige Aufgabe zu lösen. Jamin trabte mit 1:19,9 über die 2600m-Distanz auf einer damals noch recht langsamen Berg- und Tal-Bahn schneller als bei seinem Rekordsieg, war dicht bei dem in holländischen Farben in 1:21,3 siegreichen Hairos II (Jan Kruithof) und Tornese, doch im Ziel war er eben „nur" Dritter. Jetzt aber hörte der Spaß auf, denn die anschließenden Schlagzeilen wie „eine unlösbare Aufgabe" und die Ehrentitel für Jamin wie „Le Magnifique" oder - in Anspielung auf die dortigen Autostarts - „Das Idol der Amerikaner" verpflichteten die Franzosen in der allgewaltigen „Societé", umzudenken. Mit der Höchstzulage von 25 Metern wurden noch Masina und Ozo „gequält", dann kam die Einsicht, dass nur der klassische Start von der für alle gleichen Marke dem Sport weiterhalf. Roquepine konnte bei allen drei Siegen von 1966 bis 1968 jeweils von der Grunddistanz abgehen - wohl auch ein Verdienst des legendären Jamin, dessen Lieblingsspeise Artischokken waren.

Zum nächsten „Unvergessenen" fand Kurt Hörmann besondere Kontakte. Der vor allem im Sattel, aber später auch im Sulky erfolgreiche Jean Mary galt eigentlich nicht unbedingt als Freund der Deutschen, doch Hörmann leistete „Aufbauarbeit", lud den im Umgang mit Pferd und Gegnern recht harten Konkurrenten ein und man schloss bei einigen Gläsern Freundschaft. Das Pferd, das Jean Mary zu den größten Erfolgen seiner Laufbahn verhalf, war Tidalium Pelo. „Le Diable Noir" – „der schwarze Teufel" war ein Riese von Statur und vom Phlegma durch nichts zu erschüttern. Wer gesehen hat, wie dieser Koloss nach anstrengender Bahnfahrt beim Aussteigen aus dem Waggon den Kopf einziehen musste und mit den nächsten Schritten gleich wieder problemlos auf einen Transportwagen stieg, wird dieses Bild nie vergessen. *„Die beiden hatten sich gesucht und gefunden. Der Hengst war auch von Jean Mary nie kleinzukriegen und ein Dauerläufer, ein Kraftpaket von besonderer Güte."*

Das Ergebnis waren nach dem 'Amérique'-Einstieg 1970 mit einem 3. Rang hinter Toscan (M.-M. Gougeon) und Tony M zwei Erfolge 1971 und 1972, wobei Vanina B, Une de Mai, Tony M oder Eileen Eden den Riesenschritten von Tidalium Pelo am damals noch auf gut 8 Meter Anstiegshöhe geschätzten „Berg" nicht folgen konnten.

Zum Liebling der Franzosen wurde der „Schwarze" auch durch die Tatsache, dass er sich in 5 Sattel-Klassikern durchsetzen konnte, darunter zweimal im 'Prix de Cornulier'. Seine Auftritte in den USA, in Schweden (Elitlopp-Sieger 1971) und in

Als der Beschlag von Meadow Matt Kurt Hörmann in Paris nicht ganz zufrieden stellte, ließ der Trainer seinen langjährigen Schmied und Freund Martin Bruhn aus Hamburg einfliegen. Die „Firma Bruhn" - hier Vater Martin und Sohn Wolfgang - beschlägt auch heute noch die ein, zwei eigenen Traber, die sich Kurt bisweilen gönnt.

Italien ließen den Hengst zu einer festen Größe des europäischen Trabrennsports werden, wobei er der mit rund 4,2 Millionen DM damals gewinnreichsten Trabrennstute Une de Mai oft genug das Nachsehen gab.

Deutschland-Starts von Tidalium Pelo verliefen gleichermaßen spektakulär wie erfolgreich. Die Siege im 'Preis der Besten' 1969 und im 'Großen Preis von Bayern' 1971 jeweils in München waren sicher bemerkenswert. Sensationell verlief jedoch sein Auftritt in Hamburg, als der Hengst im 'Preis von Deutschland' 1970 bis zur Linie kämpfen musste, um Eileen Eden und den mit Abstand besten Inländer Simmerl knapp zu bezwingen. Das Publikum war - auf den damals noch offenen Tribünen - so enthusiastisch mitgegangen, dass man sich spontan entschloss, diesen Dreikampf noch einmal anzubieten. „Nur" um 30.000 DM stritten sich dann auf der Meile eine Woche später drei seit diesem Tag in Hamburg unvergessene Rennpferde. Nach einem Ausreißversuch von Rolf Luff mit Simmerl, bei dem auf der Gegenseite bereits die Tribünen bebten, kamen alle drei Hauptdarsteller „Kopf-Kopf" über die Linie. Tidalium Pelo musste mit 1:15,5 Min/km auf der Meile eine in Europa bis zum 2.7.1970 noch nie erreichte Zeit traben, um den tapferen und mit 1:15,6 einen über 11 Jahre geltenden deutschen Rekord erzielenden Simmerl zu halten. Dahinter blieb einer hochklassigen 'Elitlopp'-Siegerin wie Eileen Eden mit Hans Frömming diesmal nur der dritte Rang. Mehr Spannung hat die 1880 eröffnete, einstige Bahrenfelder „Hausbahn" von Charlie Mills wohl kaum je vermittelt.

Eigenwillige Pferde haben oft auch eine besondere Physis. Über den mit 26 Siegen in Frankreichs Klassikern ganz oben rangierenden Bellino II weiß Kurt Hörmann heute noch: *„Das war eines der schwierigsten und dabei doch erfolgreichsten Pferde, die man je auf der Bahn sah. Der Hengst war unter dem Sattel wie im Sulky gleichermaßen stark, doch als junges Pferd ließ er sich nicht einmal anspannen. Bellino II hasste das Training, schlug ständig mit dem Schweif und so wurde dieser sogar im Reiten angebunden. Dieser „Leinenfänger" war dann zugleich als einziges Pferd bisher im Sulky wie im Sattel jeweils dreimal Gewinner der wertvollsten Rennen."*

Dreimal 'Prix de Cornulier' und dreimal 'Prix d'Amérique' - das war noch keinem Traber gelungen. Erst acht- bis zehnjährig war die vorher mehr unter dem Sattel erfolgreiche „Legende", die als Siebenjähriger im ersten 'Prix d'Amérique'-Versuch noch disqualifiziert worden war, auf dem Höhepunkt ihrer Leistungsfähigkeit. Diese Rennmaschine war nicht aufzuhalten. Zweimal ließ der Hengst im „Grand Circuit" ganz Europa hinter sich (1975 und 1976). Neben Siegen in Italien und Holland gab er mit Jean-Rene Gougeon auch in Deutschland seine Visitenkarte ab. Bei dem 1975 in Gelsenkirchen erzielten Erfolg im 'Elite-Rennen' war er überlegen mit 6 Längen Vorsprung vor seinem Landsmann Equileo im Ziel. Das 5. Geld holte sich hier die fünfjährige Import-Stute Shammy Tara mit Kurt Hörmann.

Ein Idol auf ganz andere Art wurde der bunt gezeichnete Ideal du Gazeau, der auch deshalb die Herzen des Publikums gewann, weil sein Trainer Eugene Lefèvre immer als kleiner, unbedeutender Außenseiter klassifiziert wurde. Der „Außenseiter" scheiterte 1980 noch als Achter. Ein Jahr später schlug das Paar Lefèvre/Ideal du Gazeau zu und ließ den nur in Ketten zu haltenden Jorky (Leopold Verroken) sowie die US-Wunderstute Classical Way hinter sich. Das Volk feierte den neuen Helden enthusiastisch und war enttäuscht, als „Ideal" 1982 hinter Hymor (Jean-Pierre Dubois) und Jiosco nur Dritter werden konnte. Doch der Liebling des Volkes kam wieder. Bereits neunjährig, schlug er 1983 Lurabo und Lutin d'Isigny, wobei einige Rumpler in der Schlussphase von den Stewards wohl auch deshalb übersehen wurden, weil ein sagenhafter Sturm über Vincennes alle Fahnenmasten geknickt und zentnerschwere Fernsehkameras ins Rollen gebracht hatte.

Neben den zwei 'Prix d'Amérique'-Erfolgen buchte Ideal du Gazeau noch 13 weitere französische Klassiker, und er war darüber hinaus noch in sieben weiteren Ländern erfolgreich. Seine Popularität stieg mit dem dreifachen Triumph in der „Grand Circuit International"-Wertung 1980 bis 1982. Dreifacher „Welt-Champion" in den USA, mehrfache Siege in den schwersten Rennen Schwedens, Italiens, Finnlands, in Dänemark und in Holland ließen Ideal du Gazeau auch in Deutschland zu einem Star werden.

In Deutschland holte sich das „Traum-Paar" Eugene Lefèvre und Ideal du Gazeau 1980 das Gelsenkirchener 'Elite-Rennen' und ließ dabei die Schweden Mustard und Express Gaxe sowie seinen Landsmann Ianthin in der neuen Rekordzeit von 1:15,6/2500m leicht hinter sich. Im 'Großen Preis von Bayern' 1982 waren die Französin Khali de Vrie, der aus Finnland angereiste Super Male sowie erneut Ianthin die „Opfer". Bei dem in 1:15,5/2100m superschnellen Sieg notierte der Zielrichter einen 9 Längen betragenden Vorsprung für Ideal du Gazeau, der eben nicht nur in Frankreich, sondern weltweit ein Liebling der Fans war. Kurt Hörmann: *„Dieser Hengst war in Frankreich ein Idol wie ein Star im Fußball. So etwas fehlt uns heute, denn soviel Ruhm gewinnt man nur über einen längeren Zeitraum. Die Karriere unserer Derby-Sieger ist meistens zu kurz, die Starts unserer Stars im eigenen Land werden immer seltener. Ideal du Gazeau wurde übrigens damals schon im Wasser trainiert, eine Methode, die heute ja wie bei Jag de Bellouet immer beliebter wird."*

Dieser aktuelle Star der Franzosen Jag de Bellouet, der immer wieder als abgekürzter „Jaguar" erwähnt wird, hat seinen Namen übrigens keineswegs aus der Welt der Raubtiere. Die Anfangsbuchstaben seiner Züchterfamilie (J)ean-Claude und (Ag)nes Monthean sind der Grund für den ersten Teil seines Namens, der im zweiten Teil auf seine Zuchtstätte hinweist, da der Name des 1967 geborenen Vererbers Bellouet (1:17) im Pedigree von Jag de Bellouet nicht einmal auftaucht. Solch eine Laufbahn wie die des Hengstes Ideal du Gazeau ist eigentlich nicht mehr zu übertreffen. Und doch gibt es einen Traber, der ganz oben auf dem Sockel steht, ohne dass irgendein Nachfolger derzeit daran kratzt. Trotz aller Erfolge, mit denen sich später General du Pommeau oder jüngst Jag du Bellouet rühmen dürfen, das Maß aller Dinge ist immer noch der unvergessene Ourasi. *„Der Hengst war im Training und vor dem Start so unwillig wie sein Trainer Jean-Rene Gougeon - der ja nie viel sprach - in der Unterhaltung. Doch nach dem Sieg mit Ourasi im Hamburger 'Großen Preis' 1988 gab es einen Empfang, bei dem Jean-Rene mir etwas sagte, was doch relativ selten ist. Wir alle behaupten hinterher, dass ein*

Auch in hohem Alter strahlte Charlie Mills in jedem Dress Souveränität und Weisheit aus. Die Arbeit mit den Pferden erhielt ihn lange jung. Die Jagd nach Siegpunkten war ihm ohnehin nicht mehr wichtig, so fiel es ihm leicht, den 38 Jahre jüngeren Kurt Hörmann als Fahrer zu verpflichten. Für Charlie Mills zählte man am Ende 4.364 Siegfahrten. Zu seiner Zeit die absolute Rekordmarke.

Bereits lange vor dem 2. Weltkrieg war Charlie Mills Österreichs Champion und auch in Wien als Trainer und Fahrer ein Star. Im Jahre 1925 kehrte er nach Deutschland zurück, fuhr aber immer wieder auch Rennen in Österreich. Hier ehrt man ihn 1929 nach seinem Triumph mit dem großrahmigen Tizian im ‚Graf Kalman Hunyady-Gedenkrennen', der traditionsreichsten Prüfung in Wien, an der auch Kurt Hörmann mehrfach teilnahm.

So großzügige Anlagen und Trainingsquartiere wie in Grosbois, nahe Paris, finden sich sonst weltweit nirgendwo. Wer hier lebt und arbeitet, auf etlichen Trainingsbahnen und Kilometer langen Wegen, neben einem Schloss und umgeben von wunderbaren Wäldern, fühlt sich als Trabertrainer sicher im Paradies. Dieses Etablissement besucht Kurt Hörmann auch heute noch gerne.

Mit 75 Jahren ergriff Charlie Mills noch jeden Tag selbst die Leine, ohne dass er das wirklich nötig gehabt hätte. Auf seinem Anwesen mit dem Schloss in Chamant, nahe Chantilly, blieb er so lange es ging seiner Passion treu und trat bis dahin auch noch selbst in den schwersten Rennen an.

Wenige Jahre vor dem Hörmann-Gastspiel bei Charlie Mills war dieser noch mehrfach in Deutschland am Start. Hier erhält er aus der Hand von Heinz Kammler nach seinem Mariendorfer Sieg mit Gelinotte im ‚Matadoren-Rennen' 1957 nur den Blumenstrauß. Den bei der Parade wohl gefährdeten Porzellan-Bären hält der langjährige Vorsitzende des Trabrenn-Vereins Mariendorf sicherheitshalber fest.

Bei seiner Erstverpflichtung im Winter 1963 durch Charlie Mills kann Kurt Hörmann offensichtlich noch nicht von „leichter Lektüre" aus der Heimat lassen. Mit der französischen Sprache tat sich der vielfache Norddeutsche Champion auch später recht schwer. Die Lösung: Er heiratete eine Französin.

Als Kurt Hörmann mit Charlie Mills in die Zeitung schaute, begann Henning Rathjen schon fast seine Laufbahn, in der er zum Hörmann-Nachfolger werden sollte. Auf Wunsch von Vater „Fiete" Rathjen ging der Holsteiner nach der Lehre als Berufsfahrer zu Hörmann und löste später den dreifachen Titelträger Peter Heitmann von 1978 an als Champion ab. In 19 Jahren wurde Rathjens Serie dann nur einmal vom heutigen Champ Heiner Christiansen unterbrochen.

Bei seinem ersten Sieg für die Farben von Max Herz (Lasbek) am 26.01.64 in Vincennes musste Quosiris D mit Kurt Hörmann hart kämpfen. Im gleichen Meeting wurde der deutsche Fahrer mit 16 Sulky-Erfolgen erfolgreichster Akteur dieses ersten kompletten Winters, den Hörmann in Frankreich gastierte. Für den französischen Trabrennsport war das eine Sensation.

Vom Sonntag, dem 26. Januar bis Donnerstag, 30.1.1964 konnte Kurt Hörmann auf der Bahn in Vincennes die Fachwelt mit sechs Siegfahrten verblüffen. Hier steuert er am 29.1. den Hengst Recamier zu einem klaren Erfolg, wobei die Startnummer 26 deutlich macht, aus welch großem Reservoir Frankreichs Trabrennsport schöpfen kann und wie stark die Startfelder früher waren. Heute „beschränkt" man sich in der Regel auf 20 Teilnehmer.

An einem Donnerstag, dem 30.01.64, gewann Pepite mit Kurt Hörmann den renommierten ‚Prix de la Marne' in Vincennes vor Olivier B. Im gleichen Rennen stieg Charlie Mills zum letzten Mal in seiner Karriere hinter Pinochle selbst in den Sulky. Diese Fahrt verlief nicht gerade glücklich für den unter Rückenschmerzen leidenden Altmeister, denn Pinochle wurde nach einer Galoppade disqualifiziert.

Höhepunkt der Quosiris D-Auftritte im Jahr 1964 war der Erfolg im ‚Prix de Selection' gegen den hochklassigen Olten L (Jean-Rene Gougeon), der in dieser Vergleichsprüfung der Vier-, Fünf- und Sechsjährigen bereits in Front gezogen war. Auf den letzten Metern jedoch zog der von Kurt Hörmann noch einmal motivierte, zwei Jahre jüngere Gegner wieder vorbei.

Zum ausgesprochenen Erfolgspferd für Kurt Hörmann wurde bei dem ersten über etliche Monate gehenden Hörmann-Gastspiel in Frankreich Morlant D. Der Hengst buchte hier am 5.01.64 bereits seinen dritten Sieg jenes Wintermeetings, war dann noch einmal erfolgreich und schloss seine tolle Bilanz mit dem 3. Rang als Außenseiter im ‚Prix d'Amerique' lukrativ ab.

Rund 20 km nördlich vom Stadtrand von Paris, in der Nähe von Chantilly, liegt Chamant, das Besitztum von Charlie Mills. Kurz nach dem Kriege konnte der in Hamburg geborene Wahlfranzose mit irischem Pass dieses hübsche Schloss mit seinen vier Türmchen vom weltberühmten französischen Tennisspieler Borotra erwerben. Auf diesem Alterssitz des Meisters logierte ab November 1963 auch Kurt Hörmann.

jedes Pferd wohl zu seiner Zeit das beste gewesen sein mag, Vergleiche aber doch nicht recht möglich sind. Gougeon werde ich jedoch mit dem Satz, ‚So ein Pferd wird es nie wieder geben!', nicht vergessen." Und deshalb gehört Ourasi auch in das nächste Kapitel - in das der Ausnahmepferde!

Einen Traber würde jeder Franzose an dieser Stelle vermissen und deshalb muss man dem legendären Satteltraber Fandango auch noch gerecht werden. Ein Pferd, das 40 Rennen hintereinander gewinnen kann - ganz gleich in welcher Sparte - verdient mehr als nur Respekt. Die Franzosen liebten diesen Hengst aus dem Jahrgang 1949, der mit Feu Follet X und Fortunato II immerhin zwei prominente 'Prix d'Amérique'-Sieger stellte. In 40 (!) Rennen nacheinander blieb Fandango mit Michel-Marcel Gougeon bis Ende 1956 ungeschlagen - unter dem Sattel. Genau deshalb ist sein Name in Skandinavien oder Deutschland nicht jedem geläufig, obwohl er selbst in der Zucht großartige Erfolge hatte und in zahlreichen Pedigrees über seine Söhne Nicias Grandchamp, Paleo, Pacha Grandchamp, Querido II oder andere auftaucht. Und das, obwohl er nicht vom Staatsgestüt angekauft wurde, da man befürchtet hatte, er würde den Mangel des Kehlkopfpfeifers weitervererben. Er tat es nicht, und nun ist jeder Züchter stolz, wenn Fandango in der Ahnentafel seiner Pferde steht. Auf die Gefahr, dass irgendwelche „Nebengeräusche" auftauchen, wird heute gepfiffen.

Ausnahme-Traber bleiben in Erinnerung

Seit der Mensch das Pferd zum Wegbegleiter wählte - gefragt wurde es nicht - hat es immer wieder bei Mensch wie Tier Ausnahmeerscheinungen gegeben, die später - meist nach dem Tode - glorifiziert wurden. Der Mensch hat eine drei- bis viermal so lange Lebenserwartung wie das Pferd, was dazu führt, dass man sich mit der Glorifizierung der Pferde oft beeilt. Den meisten Vierbeinern, die in irgendeinem Geschirr gingen, werden schon zu Lebzeiten Kränze geflochten und Tränen nachgeweint. Wer - wie der Autor - erlebte, dass 15.000 Zuschauer nur bei Streichholzlicht in der Dortmunder Westfalenhalle vom urigsten, schwergewichtigsten Springpferd aus Holstein, dem mit Fritz Thiedemann stets in einem Atemzug genannten Meteor, Abschied nahmen, wird diesen Moment nicht vergessen. Damit die längst ebenfalls im Pferdehimmel weilende Stute Halla nun nicht böse wird, sei an ihre Springsport-Verdienste, die mit Hans-Günter Winkler eroberten Goldmedaillen und die Tatsache erinnert, dass sie den Traberhengst Oberst, Sohn des US-Importes Palmetto Watts, zum Vater hatte. „Vaters" Rekord von 1:28,1 riss niemanden von den Sitzen. Doch seine Züchterin, die stets in offener Kutsche, in Stiefeln und mit Zigarre zur Rennbahn fahrende Fürstin zu Wied, gab dem Hengst eine Chance in der Landespferdezucht. Womit sie sich auch bei den Trabern beliebt und unvergessen machte. Unvergessen sind jedenfalls auch heute noch in Pferdesportkreisen die Namen Meteor und Halla, deren Glanzzeit schon 50 Jahr zurückliegt.

Einige Trabrennpferde haben ähnliche Spuren hinterlassen. Dabei waren die Ehrerbietung, der Respekt vor und die Begeisterung über eine Leistung früher scheinbar größer als in der heutigen Zeit, wo man es offenbar hinnimmt, dass sechs vermeintliche Autos mit vielen, vielen Pferdestärken ein „Rennen" austragen, nach dem sich einige Menschen, die etliche Knöpfe bedienen können, feiern lassen.

In den Vereinigten Staaten von Amerika sind nicht nur solche Absurditäten möglich, dort stand auch die Wiege des Trabrennsports. Nachdem es erst einmal gelungen war, aus einigen englischen Galoppern und anderen Pferden, egal welcher Rasse, Trabrennpferde zu züchten, nahmen die Dinge ihren Lauf. Recht schnell sogar, denn bereits 1878 meldet man für den Rekordträger Rarus über die Meile einen Schnitt von umgerechnet 1:23,1 Min./km. Fast die Hälfte der stets zahlreichen Qualifikanten in Hamburg-Bahrenfeld scheitern heute an dieser Schallmauer. Doch weder die gegen den besagten Rarus nur knapp langsamere Stuten-Legende Goldsmith Maid noch andere Trab- und Kampfgenossen mit so einprägsamen Namen wie Smuggler o.ä. brachten die Bürger Nord-Amerikas zu solchen Begeisterungsstürmen wie ein Schimmel, nach dem - so wird unbewiesen behauptet - später sogar die schnellen Überlandbusse auf den US-Autobahnen benannt worden sein sollen.

Der zunächst noch dunkelgrau gefärbte Hengst Greyhound wurde erst bekannt, als es zu spät war. Seine ersten Rennen bestritt er bereits als Wallach. Sein Züchter meinte, der Bedarf an Hengsten wäre zu jener Zeit längst gedeckt - schöne Aussichten. Der mit den Jahren schneeweiß werdende Greyhound demonstrierte später zumindest ansatzweise Hengstmanieren. Sein Trainer Septer F. Palin - der Mann war rund 60 Jahre alt und vorsichtig - fuhr den Schimmel im Heat stets mit einem Schlagriemen, denn vor dem Rennen langte Greyhound auch gerne einmal richtig hin. Seine Einmaligkeit bezog das Traberwunder jedoch nicht aus seinen Unarten, sondern aus der Tatsache, dass es in seiner Laufbahn nicht weniger als 15 Weltrekorde aufstellte und als erster Wallach 1929 das 'Hambletonian', das „Derby" der USA, gewann. Der bekannteste Rekord mit der Meilenzeit von umgerechnet 1:11,63 war am 29.9.1938 in Lexington fällig. Ein- oder zweispännig, sogar mit einer Kunstreiterin unter dem Sattel war kein Traber schneller als Greyhound. Über 2 Meilen (3.218m) brachte es Greyhound 1939 auf einen Schnitt von 1:16,5. Kurz vorher hatte er gemeinsam mit der Stutenkönigin Rosalind den Zweispänner-Weltrekord pulverisiert und im Abstand von 5 Tagen in Indianapolis auf 1:13,2 gedrückt. Die beiden Pferde, die das heute schaffen, möchte man gerne jeden Tag sehen.

Kein Rekord währt ewig, doch erst 52 Jahre nach seiner Rennlaufbahn verlor Greyhound seine letzte Weltbestleistung, den Weltrekord für Wallache im Oktober 1990. Sein Trainer Sep Palin war schon vorher dahingegangen. Er starb 74jährig, auf den Tag genau 14 Jahre nach dem Meilenweltrekord, am 29.9.1952. Greyhound konnte seinen eigenen Ruhestand noch lange genießen. Er reiste in seinem eigenen Wagen quer durch viele Staaten zu Messen und Volksfesten, wo er bis ins hohe Alter bejubelt wurde, wie kein anderer Traber vor ihm.

Amerikas Trotter waren auch in Europa zunächst die einzigen Sensationsdarsteller. Der bereits 6 Jahre vor Greyhound im 'Hambletonian' erfolgreiche Walter Dear hatte im gleichen Jahr auch die 'Kentucky Futurity Stakes' gewonnen, doch Bruno Cassirer konnte den Hengst dennoch kaufen, und Charlie Mills führte ihn zu einer einzigartigen Rennkarriere. In den Jahren 1930 und 1931 gewann Walter Dear nicht weniger als 22 Rennen hintereinander. Darunter die 1931 in Kopenhagen ausgetragene 'Meisterschaft von Europa', im gleichen Jahr das Wiener 'Graf Kalman Hunyady-Gedenkrennen', den Bahrenfelder 'Preis von Deutschland' und das 'Matadoren-Rennen' in Berlin. Diese Prüfung gewann der Hengst drei Jahre hintereinander. Bei 55 Starts in Europa blieb er 46mal siegreich, war achtmal Zweiter und einmal Dritter. Die Krönung seiner Laufbahn wurde der Triumph im 'Prix d'Amérique' 1934, doch gleichartige Erfolge waren dem US-Import auch in der deutschen Zucht beschieden.

Quasi als „Test" lieferte Walter Dear bereits 1932 ein einziges Produkt, den Hengst Probst. Dieses Pferd sollte der schnellste und erfolgreichste Traber aus deutscher Zucht vor dem 2. Weltkrieg werden. Sein Rekord von 1:17,4 darf wohl höher eingeschätzt werden, als viele schnellere Zeiten nach dem Krieg, die doch auch der besseren Technik zuzuschreiben waren.

Probst selbst war in seiner Karriere zwei- bis achtjährig am Start. Er gewann bei 78 Versuchen 55 Rennen, war 14mal Zweiter, 4mal Dritter und nur fünfmal unplatziert. Seine Siege in den klassischen Rennen einschließlich Derby sind Legende, ein wenig untergegangen ist sein zweiter Platz mit Charlie Mills im 'Prix d'Amérique' 1939 hinter dem Amerikaner De Sota. Dieser Erstling, der ebenso wie sein Vater in den letzten Kriegstagen aus dem Gestüt von Charlie Mills entführt wurde und verschwand, war aber nicht das einzige „Vermächtnis" von Walter Dear. In den vier Jahren von 1939 an stellte der Hengst nach seinem „Erben" Probst (1935) jeweils den Derby-Sieger durch Dachs, Adriatica, Alwa und Missouri. In jenen vier Jahren kamen insgesamt nur rund 100 - 25 pro Jahr! - Walter Dear-Nachkommen zur Welt, und jedesmal gehörte das Derby einem seiner Nachkommen. Ein Vergleich: Deutschlands erfolgreichster Deckhengst aller Zeiten, der Super Way-Sohn Diamond Way, stellte bis zum Mai 2005 insgesamt 1730 Produkte, von denen 1202 an den Start kamen, darunter mit Sunset Lane auch die Derby-Siegerin von 1994. Die Erfolgsquote von Walter Dear ist bis heute von keinem Hengst übertroffen, wenn man die Zahl seiner Nachkommen bedenkt.

Ein Denkmal unter den Trabergrößen Europas hätte auch der unmittelbar nach Walter Dear im 'Prix d'Amérique' 1935 siegreiche US-Import Muscletone verdient. Der von Alexander Finn gesteuerte Hengst startete in italienischen Farben, gewann als jüngster Teilnehmer mit vier (!) Jahren diese Monsterprüfung, wurde im folgenden Jahr wie damals üblich mit 25 Meter Zulagen bestraft, dennoch Zweiter und holte sich dann 1937 trotz erneuter 25 Meter seinen zweiten Sieg gegen die gleichaltrige, ebenfalls aus den USA nach Italien importierte Stuten-Königin Tara. Muscletone trabte 1935 Europarekord mit 1:16,9 und verbesserte diesen später zweimal gegen Tara auf 1:16,7. Ein Husarenstück lieferte er 1936 auf der französischen Bahn in Croise Laroche bei einem Rekordversuch über 1000 Meter. Als er den Kilometer in 1:13,1 bewältigt hatte und nicht müde wurde, fuhr Finn über eine Meile durch, bei gleichem Tempo, doch gemessen wurde nur der erste Kilometer. Der beste Traber seiner Zeit hinterließ der deutschen Zucht u.a. Stella maris, Miramus, Bammeline und Lessing.

Deutschlands „Rausreißer" aus den tristen Versuchen, nach dem Krieg im Trabrennsport wieder Anschluss zu finden, hieß Permit. Der Epilog-Sohn aus der Zucht von Walter Heitmann hatte zunächst - wenn man Augenzeugen trauen darf - doch einige Probleme, eine flüssige Aktion zu finden. Der Hengst, aus dessen Nachzucht später so viele zweijährige Traber an den Start kommen sollten, war kein ausgesprochen frühreifes Pferd. Ein kleiner „Stern" ging allerdings doch schon 1948 auf, als er in Farmsen das 'Hinrich Heitmann-Rennen' gewinnen konnte. Im Sulky saß Hans Frömming, denn Walter Heitmann steuerte Lasbeker, der Zweiter wurde. Die Vierjährigen-Saison war schon mehr als ansehnlich, drei Farmsener Höhepunkte gewann nicht jeder Traber, selbst wenn Walter Heitmann im Wagen saß.

Dass dieser Permit vor allem unverwüstlich und ein großer Kämpfer war, bewies er in der Saison 1950. Mit den sieben Zuchtrennen-Erfolgen war der Fuchs das „Pferd des Jahres". Fast ausschließlich Hochkaräter wurden seine Beute - Permit war im

Genau im richtigen Moment war der von Hurt Hörman pilotierte Spice Island im 'Grand Criterium de Vitesse de la Cote d'Azur' zur Stelle, um den Zielstrich in Cagnes knapp vor dem innen kämpfenden Franco-Crack Ianthin (Paul Delanoe) und Lutin d'Isigny (Paul Andre, außen) zu erreichen. „Wäre ich etwas früher gekommen, hätten wir verloren", erinnert sich Kurt Hörmann.

Alter von 5 Jahren bereits ein echter „Internationaler". Für Siege im Gelsenkirchener 'Elite-Rennen', Mariendorfer 'Matadoren-Rennen' oder dem Farmsener 'Gladiatoren-Rennen' haben erstklassige Rennpferde schon deutlich länger gebraucht als der nun zum besten deutschen Nachkriegstraber avancierte Permit.

Internationale Meriten holte sich der Hengst ein Jahr später in Italien mit dem 'Preis der Nationen' und Österreich mit der 'Championship von Baden'. Der ganz große Durchbruch gelang dann 1952 beim Erfolg über Schwedens Stolz Frances Bulwark, die im 'Solvalla-Jubiläumspreis' das Nachsehen hatte. Der deutsche Hengst und die schwedische Stute trafen siebenmal aufeinander. Am Ende stand es 4:3. Wien und Mailand waren weitere erfolgreiche Auslands-Stationen für Permit.

Ein Jahr bevor die legendäre Fußballmannschaft um Fritz Walter und Toni Turek den Deutschen das Gefühl „wir sind wieder wer" vermitteln konnte, arbeiteten Walter Heitmann und Permit bereits am gleichen Thema. Den ersten Anlauf am 20. Januar 1952 im 'Prix d'Amérique' wollte Walter Heitmann eher als Ermutigung sehen, denn Permit musste bei seinem Frankreich-Einstand erst auf den letzten Metern wirklich passen. Im zweiten Anlauf glückte der große Wurf: Permit setzte sich als erster in Deutschland gezüchteter Traber im für alle Traberfans wichtigsten Rennen der Welt gegen den US-Italiener Tryhussey und die französische Vorjahrssiegerin Cancanniere am Ende sogar sicher durch. Der Empfang auf dem Bahnhof in Hamburg, die Schlagzeilen in der Presse, das alles waren Beweise für eine Ausnahmeleistung, die Permit später auch mit einem weiteren Sieg in Italien bestätigen konnte. Walter Heitmann war klug beraten, mit dem Hengst bald nur noch zu züchten und Permit war auch hier mit überwältigendem Erfolg bald Vaterpferd-Champion, wie man das eigentlich von ihm auch erwartet hatte. Fünf Derby-Sieger in neun Jahren - davon drei aus seiner „Lieblingsstute" Nobleness - sind der schlagende Beweis.

Zu dieser Zeit, als Permit sich anschickte, auf Europas Pisten für Schlagzeilen zu sorgen, hatten auch Franzosen und Schweden mit zwei Stuten besondere Pferde zur Hand. Die schon erwähnte Französin Cancanniere mit Jonel Chyriakos und die Schwedin Frances Bulwark mit Sören Nordin waren in ihren Ländern das Maß aller Dinge. Umso bemerkenswerter, dass Permit gegen beide bestehen konnte. Der Hengst und die beiden Ausnahme-Stuten büßten bis heute nichts von ihrem Glorienschein ein. Hier die Visiten-Karte des besten deutschen Trabers:

Permit
Fuchs-Hengst, geb. 25.5.1945 v. Epilog - Maienpracht v. The Great Midwest
Der Hengst gewann insgesamt 23 Zuchtrennen und Klassiker:

    1948   Hinrich Heitmann-Rennen, Farmsen

    1949   Hammonia-Preis, Farmsen
                  Inländer-Flieger-Rennen, Farmsen
                  Otto Nagel-Rennen, Farmsen

1950	Gladiatoren-Rennen, Farmsen
	Großer Preis von Gelsenkirchen
	Steher-Pokal des Altonaer Renn-Club, Farmsen
	Elite-Rennen, Gelsenkirchen
	Großer Alster-Preis, Farmsen
	Matadoren-Rennen, Mariendorf
	Münchener Pokal
1951	Elite-Rennen, Gelsenkirchen
	Preis der Nationen, Mailand
	Matadoren-Rennen, Mariendorf
	Internationale Championship von Baden
1952	Gladiatoren-Rennen, Farmsen
	Matadoren-Rennen, Mariendorf
	Solvalla-Jubiläumspreis
	Münchener Pokal
	Graf Kalman Hunyady-Gedenkrennen, Wien
	Premio d'Inverno, Mailand
1953	Prix d'Amerique, Vincennes
	Gran Premio della Fiera

Auch ein Klassehengst wie Permit musste konditionell vorbereitet werden. Der im Rennen weit besser aufgelegte Fuchs übt hier mit Walter Heitmann.

Italiens Nationalstolz war nicht so einfach zu wecken, denn die meisten Meriten ernteten zunächst Import-Pferde aus den USA. Erst als der Tabac Blond-Sohn Tornese in den Jahren 1959 bis 1961 mit Sergio Brighenti zunächst Dritter und dann zweimal Zweiter im 'Prix d'Amérique' wurde, feierte man den "tragischen Helden" wie einen Nationalheros. Diese Gefühle der Tifosi hat später nur noch der zweimalige "Amérique"-Gewinner Varenne als Europas König toppen können.

Ausnahmepferde leben in ihrem Ruhm auch davon, dass man sich mit den Besten der Welt gemessen hat. Überlegene Siege in der Heimat sind nicht allein der Stein, aus dem dann Denkmäler gemeißelt werden. Im Jahr 1988 hatte man in den USA - wo sonst - die an sich nicht schlechte Idee, drei Größen wie den Weltrekordler Mack Lobell, den nach Schweden importierten Sugarcane Hanover und den alles in Frankreich überstrahlenden Ourasi zusammenzuführen. Um drei Millionen Dollar sollte es zunächst gehen, am Ende standen immer noch gewaltige 600.000 Dollar über dem am 17.11.88 auf der Bahn im Garden State Park in Cherry Hill ausgetragenen 'March of Dimes'.

Mit sechs weiteren „Edelkomparsen" wie Friendly Face, der dann in den nächsten beiden Jahren den „Grand Circuit International" gewinnen sollte, Callit, Go Get Lost, No Sex Please, Scenic Regal und dem einstigen Jahrgangsgegner von Mack Lobell, dem mit Stig H. Johansson antretenden Napoletano, war ein Elitefeld zusammengekommen, gegen das die großen Drei schon alles geben mussten. Der als Frontrenner geschulte Mack Lobell wehrte in der Hand von John Campbell alle Tempoverschärfungen ab, die Jean-Rene Gougeon ihm außen mit Ourasi unterwegs aufzwang. So kam es wie immer, wenn sich zwei streiten - es lachte der Dritte. Gunnar Eggen setzte Sugarcane Hanover (134:10) erst auf den letzten Metern ein und fing den undankbar gescheiterten Ourasi in der neuen Bahnrekordzeit von umgerechnet 1:11,6 noch ab.

Wer nun der beste Traber der Welt war, wollte dieses Rennen den Fans am Ende wohl doch nicht sagen.

In Europa jedoch und in Frankreich ohnehin fiel Ourasi mit dieser Niederlage nicht wirklich ein Zacken aus der Krone. Zu viel hatte der Dunkelfuchs gewonnen, als dass man ihn je vergessen könnte. Das 'Criterium der Dreijährigen' 1983, das der Fünfjährigen, den 'Prix d'Etoile', den 'Prix de Sélection' des Jahres 1986, der dreifache 'Prix de France'-Triumph 1986, 1987 und 1988, der 'Prix de Paris' 1989, der 'Prix Rene Balliere' 1986, der 'Prix d'Europe' (1985,86,88), der 'Prix d'Atlantique' (1986-1989) oder der 'Grand Prix du Sud-Quest' 1987 hätten schon zur Unsterblichkeit gereicht. Doch die Krönung waren natürlich vier Siege im 'Prix d'Amerique' in den Jahren 1986, 1987, 1988 und 1990 sowie vier Siege im 'Grand Critérium de Vitesse de la Cote d'Azur' vier Jahre hintereinander von 1986 bis 1989. Der Sieg im 'Grand Circuit International' gelang dem Hengst 1986 und 1988, in Deutschland holte er sich das 'Elite-Rennen' 1986 und den 'Großen Preis von Hamburg' 1988, wobei ihm auch das deutsche Publikum überschwenglich zujubelte. Siege in Aby und Oslo vervollständigen eine Bilanz ohnegleichen. Der auch wegen seines unnachahmlichen Phlegmas, mit dem er seine Fahrer, die Gougeon-Brüder zur

Verzweiflung und Ratlosigkeit trieb, so volksnahe Star wird nach heutigen Maßstäben wohl keinen Nachfolger finden. Die Luft für Ausnahmepferde wird immer dünner, die Niederlage immer wahrscheinlicher.

Niederlagen hat es auch für einen Hengst gegeben, der über Schweden aus Kanada nach Deutschland fand. Der 1994 im 'Prix d'Amérique' mit einer abenteuerlichen „Flucht nach vorne" siegreiche Sea Cove verdient nicht nur deshalb Erwähnung, weil er mit Jos Verbeeck im Sulky dieses Rennen für den Stall Cicero, also zum dritten Mal in 75 Jahren für deutsche Farben gewann. Diese Ehrung muss auch einem weiteren Verbeeck-Erfolg gewährt werden, als sich Abano As 2003 - genau 50 Jahre nach Permit als zweiter Hengst aus Deutschland - in die Annalen eintrug. Sea Cove jedoch hatte schon vor seinem Triumph einen einzigartigen Siegeslauf gestartet, gewann 1992 erstmals den 'Grand Circuit International' für deutsche Farben. Doch diese Superleistung konnte der Bonefish-Sohn im nächsten Jahr noch überbieten. Mit nicht weniger als 10 Circuit-Siegen und 48 Punkten holte er sich diesen weltweit schwersten Wettbewerb mit noch nie gezeigter Überlegenheit. Allein das stempelte ihn schon in seinen besten Tagen zu einem der größten Ausnahmepferde. Dass der Hengst am Ende seiner Laufbahn mit 50 Meter Zulagen im 'Prix de Belgique' 1995 noch einmal für einen chancenlosen Auftritt von Kurt Hörmann in Vincennes sorgte, skizziert eigentlich nur den gemeinsamen Abgang zweier verdienter „Altmeister".

Von Shammy Tara bis Spice Island

Auch wenn kein Greyhound oder ein Ourasi in Kurt Hörmanns Trainieranstalt angespannt wurde, Klassepferde hat er immer wieder trainiert. Nach dem glorreichen Einstieg mit Horrido, Ortello und Hindumädel kamen zwangsläufig Inländer wie auch Import-Traber von Rang und Namen unter die Fittiche des Hamburger Trainers. Eine Auswahl ist vielleicht recht willkürlich, orientiert sie sich hier doch in erster Linie an der Zahl der gewonnenen Zuchtrennen oder internationalen Prüfungen.

Shammy Tara - Ginster - Cora T

Eine zwar kurze, jedoch mehr als bemerkenswerte Karriere einer jungen US-Importstute bescherte Kurt Hörmann 1974 gleich vier Zuchtrennen-Erfolge. Die mit einem USA-Rekord von umgerechnet 1:15,2 eingeführte Shammy Tara war in jener Saison die „Rettung" für die Zuchtrennen-Bilanz von Kurt, der sich an den Import noch erinnert: *„Als ich 1972 von Frau Gudrun Bruhn ein Angebot erhielt, als Privattrainer ihr gesamtes Lot zu trainieren, war ich ab 1. Januar 1973 nur noch für den Stall Bruhn da und gemeinsam mit der Besitzerin natürlich auch auf der Suche nach weiteren Klassepferden, die nach Allo Mannetot, Udomerica oder dem nun bald ausjährigen Ginster in der besten Klasse eine gute Rolle spielen konnten.*

Bei einer Reise in die USA haben Frau Bruhn und ich dann die dreijährige Shammy Tara gesehen und die Ayres-Tochter wurde gekauft. Da sie in den USA im Volltrai-

Ein Franzose mit großem Format und blendender Aktion bereicherte 1967 das stets umfangreiche Lot der „Internationalen" in Kurt Hörmanns Trainieranstalt. Hier gewinnt Quand Meme in Farmsen vor dem eisenharten Steher Miravanuk. Quand Meme aus dem 20 Mal im Besitzerchampionat (seit 1956) erfolgreichen Stall Kurier von Wilhelm Geldbach konnte sich bei seinem Auftritt im ‚Prix d'Amerique' allerdings nicht platzieren.

Zahlreiche Traber aus der französischen Zucht fanden in der Trainieranstalt Hörmann zu Beginn der 70er Jahre eine neue Heimat. Hier setzt sich der großrahmige Val du Loir L am 18.02.1973 mit seinem Trainer in Farmsen durch. Der Hengst egalisierte in Deutschland seinen französischen Rekord von 1:18,1 und gewann im Schnitt pro Saison mehr als 20.000 DM. Solche Beispiele führten zu einer wahren Import-Welle.

So mancher „alte Herr" wurde bei Kurt Hörmann noch einmal höllisch schnell. Der inzwischen neunjährige Franzose Ballon Rouge kam 1976 - hier in Bahrenfeld am 26. September - noch zu insgesamt 6 Erfolgen in der besten Klasse. Der stattliche Fuchs sorgte gleich in seinen ersten zwei Jahrgängen auf dem Helenhof bei insgesamt nur 10 Produkten mit Ballonga, Bontano, Bordeaux, Urte und Charme Rouge für tollen Nachwuchs.

Der Franzose Taquin L konnte in seiner ersten deutschen Saison mit Kurt Hörmann ein Standard-Rennen gewinnen. Der speedstarke Hengst aus dem Stall Noky setzte sich 1970 im ‚Johann Giese-Rennen' in Farmsen durch, war bei allen 8 Starts immer im Geld und konnte dabei 5 Rennen der internationalen Klasse gewinnen. Als er auch in den nächsten beiden Jahren jeweils mehr als 33.000 DM gewann, waren Frankreich-Importe schnell modern.

Den skeptischen Blick bemühte der geborene Optimist Kurt Hörmann sicherheitshalber schon 1970, als dieses Foto entstand. Nach der aktuellen Lage des Trabrennsports in Deutschland mag er diese Übung nun recht gut als ständige Gewohnheit einsetzen. Doch damals bestand kein Grund zum Pessimismus, war doch der Import französischer Traber am Ende kein schlechtes Geschäft.

Als schneller Frankreich-Export gewann die Stute Guve auch in Deutschland. Bevor sie ihr Heimatland verließ, war sie mit Kurt Hörmann 1977 - hier am 2. Juni - aber auch in Frankreich noch zweimal erfolgreich. Ihre Karriere in Deutschland verlief weniger glanzvoll. Nicht alle Import-Franzosen konnten sich steigern.

Unter den von Kurt Hörmann nach Deutschland eingeführten Trabern erwies sich die Fuchs-Stute Fromentine als besonders erfolgreich, denn sie gewann in zwei Jahren insgesamt 13 Rennen. Die Französin war im Umgang allerdings äußerst schwierig, ja sogar agressiv. Dafür konnte sich ihre bundesweite Bilanz 1978 mit 63.500 DM Renngewinnen sehen lassen.

Ein Franzose mit rasantem Antritt sorgte 1986 für Schlagzeilen. Mit Kurt Hörmann siegte Mont de Maine am 3. August im Mariendorfer ‚Rekord-Cup'. Im Jahr zuvor hatte der Hengst an gleicher Stelle für den Stall Cicero das ‚Bruno Cassirer-Rennen' gewonnen. Er beendete seine Laufbahn 1988 mit einem Rekord von 1:13,9 und einer stattlichen Gewinnsumme von 483.432 DM.

Etliche der von Kurt Hörmann ausgewählten Import-Stuten, die sich dann auch in Deutschland bewährten, waren zunächst in seiner Hand auf französischem Boden erfolgreich. Mit dieser Empfehlung buchte Nimes 1983 ihre „Fahrkarte nach Deutschland". Hier gewann sie in ihrer besten Saison 1984 auch das ‚Kommerzienrat Wilhelm Kraus-Rennen' und 108.900 DM.

Zum „trabenden Geldschrank" avancierte für Kurt Hörmann der gepachtete Franzose Iris de Gournay. Der Hengst war mit dem Hörmann-Freund Jean Mary auch unter dem Sattel erfolgreich und beendete seine Laufbahn mit einer Gewinnsumme von 522.022 DM. Hier siegt er 1981 in Bahrenfeld. Seine Ausbeute in zwei „deutschen" Jahren: Insgesamt 124.450 DM, wobei er mit 1:16,2 nahe an seine damals respektable Bestleistung von 1:15,9 herankam.

Eine Stute, die später in der deutschen Traberzucht hervorragend einschlug, führte Kurt Hörmann am 2.7.1982 zu einem Erfolg auf der Bahn in Vincennes. Dieser knappe Kampf-Sieg war nicht der einzige Siegpunkt, den das Paar in jenem Jahr buchte, wobei sich Nuit Dazeray auch in Enghien und Cagnes durchsetzte. In der Zucht landete die Französin mit dem Rekord von 1:14,6 durch die Stuten-Derby-Siegerin Nuit gleich einen Volltreffer.

Dass Kurt Hörmann nicht nur mit Franko-Trottern verblüffend erfolgreich umging, sondern auch Klasse-Amerikaner gekonnt vorstellen konnte, bewies er bereits in den 60er Jahren. Hier steuert er Smart Rodney 1966 bei 100 Meter Zulagen hinter dem späteren Lasbeker Deckhengst More Speed (Walter Heitmann) auf den zweiten Rang. Wer mit Frankreichs Trabern Siege feiern kann, dem fehlt wohl kaum das Talent für andere Pferde.

Auf der Bahn in Cagnes sur mer fährt Kurt Hörmann hier mit Minisink Hanover in den Winner-Circle zur Siegerehrung ein. Der Hickory Smoke-Sohn war ein wahrer Globetrotter und reiste für den italienischen Stall Capricorno quer durch Europa. „Den Hengst habe ich selten gefahren und mit ihm viermal gewonnen", erinnert sich Kurt Hörmann, der die erste Fahrt von Hans Frömming angeboten bekam.

Auch mit einem Orloff-Hengst konnte Kurt Hörmann gewinnen. Einer der wenigen Russen-Traber, die sich nach 1950 auf deutschen Trabrennbahnen behaupten konnten, war der Hengst Veterok, dem Hörmann zunächst einige Gangartschwächen abgewöhnen musste. Der Schimmel gewann in Deutschland insgesamt 11 Rennen. Hier siegt das Gespann am 15.03.64 auf der Bahn in Bahrenfeld.

Seine auf spektakuläre Art erfolgreiche ‚Prix d'Amerique'-Siegerin Delmonica Hanover, die in den USA auch den ‚International Trot' gewinnen konnte, stellte Hans Frömming sogar auf deutschen Bahnen vor. Die Amerikanerin konnte in Deutschland aber nicht immer triumphieren, selbst wenn mit Hans Frömming ein Spezialist für US-Traber hinter ihr saß.

ning stand, konnte ich sofort mit ihr weiterarbeiten. Ihr erstes Jahr in den Farben des Stalles Bruhn war gleich umwerfend erfolgreich. Mit keinem anderen vierjährigen Pferd habe ich vorher oder nachher auf Anhieb vier Zuchtrennen in einer Saison gewinnen können. Die Stute war völlig unkompliziert, und sie ließ sich wie ein Auto fahren, war ganz leicht zu regulieren. So ging sie eigentlich über jeden Weg, wenn man ihr nicht am Anfang gleich zuviel zumutete."

Nach dieser Liebeserklärung eines begeisterten Trainers hier die nackten Zahlen einer bemerkenswerten Import-Stute. Bei elf Starts im ersten „deutschen" Rennjahr gelangen ihr gleich sieben Siege und drei Platzierungen. Doch dabei wurde viermal sogar ein Siegerkranz fällig. Zunächst im Mönchengladbacher 'Greyhound-Rennen', der internationalen Vierjährigen-Konkurrenz.

Der nächste Streich gelang im Gelsenkirchener 'Stuten-Pokal' gegen bewährte Gegner, von denen sich Carella am besten hielt, während die Klasse-Stute Perlenmuschel im geschlagenen Feld einkam.

Der dritte Coup verblüffte dann die Fachwelt. Gegen 17 Gegner, darunter Inländer-Größen wie Manzanares, Ewalt, Early Boy, Gallier, Robbyno und Disponent sowie Importe wie Ballon Rouge, Baladeur II, Alcyon, Dralor und Un Coeur B setzte sich das einzige vierjährige Pferd, auch gleichzeitig einzige Stute im Feld, leicht über die Steherdistanz von 2500 Metern durch. Der Totokurs von 88:10 bewies, dass man bei diesem dritten Zuchtrennen-Sieg immerhin schon mit dem US-Import trotz so starker Konkurrenz rechnete.

Der vierte Lorbeerkranz war erneut in Gelsenkirchen fällig, als die auf Hanover Shoe Farms gezüchtete Stute wieder gegen ältere Konkurrenz erfolgreich blieb. Im 'Iltis-Rennen' musste sie allerdings kämpfen, um mit Kopfvorsprung gegen die ein Jahr ältere, ebenfalls aus den USA stammende Lasbekerin Hopeful Fashion (Kalli Heitmann) sowie die Franzosen Alcyon und Dralor zu gewinnen.

Insgesamt 16 Siege und 29 Platzierungen brachten Shammy Tara, die mit einer „echten" US-Startsumme von umgerechnet 91.781 DM in die deutsche Laufbahn gestartet war, auf eine stolze Schluss-Gewinnsumme von 319.981 DM.

In der Zucht erfreute diese brave Stute gleich mit ihrem Erstling Jenny Tara, die ihre Laufbahn mit einer Gewinnsumme von 160.400 DM sechsjährig beendete.

Anders als Shammy Tara, die alle ihre vier Zuchtrennen spektakulär in einer Saison gewann, konnte der vom Franzosen Iskander F stammende Ginster über viele Jahre hinweg in Zuchtrenn-Prüfungen mithalten und dabei ebenfalls viermal mit Lorbeer und Schleife das Geläuf verlassen.

Der aus der Xeres LB 1964 von Fritz König in Franzhagen gezüchtete Hengst gewann bereits zweijährig drei Rennen, war ein Jahr später zwar nur einmal auf der Siegerparade, mit mehr als 56.000 DM in Jahrgangsrennen aber schon recht erfolgreich. Der erste große Erfolg gelang dem Hengst aus dem Stall Lipp dann im

Bahrenfelder 'Großen Deutschen Traberpreis', den er sich bereits als Vierjähriger mit Kurt Hörmann sehr souverän gegen Irrwind und Baron holte.

In vielen internationalen Rennen war der Speed von Ginster gefürchtet, so erhielt er 1971 sogar eine Einladung in die USA zum 'International Trot'. Auch wenn er damals nur brav die deutschen Farben zeigen konnte, galt Ginster doch als Teilnehmer, der einer solchen Einladung würdig war. Nach dem Auftritt im „Westen" bewährte sich Ginster auch im Wettstreit gegen eine „Mannschaft" aus dem Osten, als eine Equipe aus der UdSSR in Recklinghausen antrat. Einen der beiden Läufe dieser Einladungsrennen konnte Ginster mit Kurt Hörmann für sich entscheiden.

Der für Kurt Hörmann wohl wichtigste Ginster-Erfolg gelang 1972 im ersten 'Charlie Mills-Memorial', das in Mariendorf spontan schon im Todesjahr des großen Meisters ausgetragen wurde.

„Als ich mit dem Hengst aufcanterte und der in seiner typischen Manier zunächst sein Geläuf suchte, rieten mir die Konkurrenten schon, in denn Stall zu fahren. Ginster sei lahm, meinte man. Doch mein Pferd, das inzwischen in den Farben von Frau Gudrun Bruhn lief, besaß einen tollen Rennkopf und siegte in diesem für mich so wichtigen Rennen mit Kampfgeist und feinem Endspeed. Geschlagen blieben mit den Franzosen Vico, Ballon Rouge und meinem von Gerhard Krüger gesteuerten Stallgefährten Allo Mannetot, Denar, Lord Iran sowie Asterabad tolle Gegner. Den Ehrenpreis gab mir dann Madame Mills, die mit ihrem ältesten Sohn George nach Berlin gekommen war. Für mich war das ein stiller Gruß an meinen Lehrmeister und väterlichen Freund."

Selbst neunjährig war Ginster noch nicht zu bremsen. Er gewann in Mariendorf den 'Großen Preis der EDEKA' und holte sich mit dem 1973 durch den Bahrenfelder Umbau in Farmsen ausgetragenen 'Großen Deutschen Traber-Preis' noch einmal das Rennen, das er bereits fünf Jahre vorher in Bahrenfeld gewonnen hatte.

Mit einem Rekord von 1:17,3 und der stolzen Gewinnsumme von 469.885 DM beendete Ginster seine lange Rennlaufbahn. Als Deckhengst waren ihm später ähnliche Erfolge leider nicht beschieden.

Noch einmal mehr als Shammy Tara oder Ginster war in den Anfangsjahren des Trainers Kurt Hörmann Cora T mit Siegerkranz und Schleife auf der Parade. Die Stute gehörte bereits dreijährig zu den hoffnungsvollsten Pferden ihres Jahrgangs, gewann den 'Dreijährigen-Prüfungs-Preis' 1954 in Bahrenfeld und ging mit ihrem schon damals reisefreudigen Trainer dann nach Recklinghausen, wo das 'Alfons Hellmann-Erinnerungsrennen' ihre Beute wurde. Die gleiche Prüfung holte sich übrigens die spätere Derby-Überraschung Hindumädel genau ein Jahr später. Doch Cora T hielt sich zunächst noch zurück und beließ es 1955 bei einem Erfolg im Farmsener 'Preis der Fortuna'. Im nächsten Jahr hatte die Epilog-Tochter für die Fachwelt gleich zwei Überraschungen parat. Die Fünfjährige benötigte im 'Münchener Pokal' nur zwei Stechen, um dem allerdings eher an seinen Zulagen scheiternden Klasse-Schweden Tampiko und Walter Heitmanns Wulf das Nachsehen zu geben.

Erst nach drei dramatischen Stechen entschied der Kampfgeist von Cora T im 'Großen Preis von Recklinghausen' gegen Meister Flott, Qui Hollandia G, Puramus und Lambertus, als sie sich die beiden letzten Läufe holte. Dann jedoch wanderte die Stute auf dem Höhepunkt der Form und ihres bisherigen Könnens ab ins Trainingsquartier von Hans Frömming, da Besitzer Thiel immer noch von einem 'Prix d'Amérique'-Sieg seines Horrido träumte. Die Stallgefährtin unterlag eben der „Sippenhaftung". Die soll es heute auch noch geben.

Corner - das Wunderkind

Unter Freunden würde man den Traberhengst Corner vielleicht als „Wunderkind" bezeichnet haben. Wie jeder Nachwuchs solcher Kategorie fiel der Sohn des US-Importes Polaris schon frühzeitig auf. Welcher zweijährige Traber aus Norddeutschland mag denn schon zu seinem Debut nach Mönchengladbach gereist sein? Besitzer und Züchter Hans-Werner Brammann aus Sparrieshoop, nahe Elmshorn, jedenfalls plante so den Einstieg des von ihm gezielt vorbereiteten Hengstes in die Rennlaufbahn. Trainer Kurt Hörmann, der dann später in allen Rennen hinter dem aus der guten Rennstute Angel (1:20,7) stammenden „Familien-Traber" saß, trat mit dem Hoffnungsträger gleich in einer anspruchsvollen Prüfung, dem Standardrennen 'Rheinisches Debüt der Zweijährigen' an und setzte sich mit dem 12:10-Favoriten (!) glatt durch.

Die Aufgaben wurden nun zwar schwerer, waren aber auch höher dotiert, denn Corner bestritt zweijährig nur noch Zuchtrennen, setzte sich in allen Prüfungen zumindest leicht, ja oft „überlegen" durch und wurde mit seiner Jahresgewinnsumme von 281.000 DM und einem Rekord von 1:18,9 ungeschlagen der bis dahin gewinnreichste Zweijährige aus der deutschen Traberzucht. In Serie wurden der 'Westdeutsche Jugend-Preis' in Gelsenkirchen, der 'Jugend-Preis' in Mariendorf, Das 'Rennen Nr. 4' in Straubing, das 'Max Herz-Rennen' in Hamburg-Farmsen und der 'Preis des Winterfavoriten' in Recklinghausen zu einem wahren Triumphzug. Ein solcher Durchmarsch in den wichtigsten Jahrgangsprüfungen ohne jede Niederlage ist weder vorher noch nachher einem anderen Nachwuchspferd gelungen.

Ungeschlagen sollte der Hengst auch dreijährig bleiben, denn nach dem Saisoneinstand zur Siegquote von 10:10 in Bahrenfeld war der 'Hamburger Traber-Preis der Dreijährigen' ebenfalls kein Problem für Corner und Kurt Hörmann. Die erste Derby-Vorprüfung, das 'Adbell Toddington-Rennen' in Mariendorf holte sich der inzwischen klar als Derby-Favorit gehandelte Polaris-Sohn überlegen mit vier Längen Vorsprung vor der Amerikanerin Kenwood Lady Day. Sechste wurde hier Orissa mit Richard Haselbeck. Auch die 'Trophäe der Dreijährigen' in Recklinghausen bestätigte Corners Stellung im Jahrgang. Er gewann hier vor Racy (Carsten Heitmann) und Racer (Kalli Heitmann), dem verbündeten, in Lasbek gezogenen Paar aus dem Stall Frankenland. Für den Sieg in 1:21,5 über 2600m gingen stolze 41.150 DM auf das Brammann-Konto.

Dann passierte das, was jedem Pferd einmal oder sogar mehrfach passieren kann. Corner bekam nach einer Erkältung Atemwegsprobleme. Das 'Buddenbrock-Rennen' musste ausgelassen werden und obwohl man den Hengst sogar „zur Kur" in die jodhaltige Luft auf Neuwerk und ins Watt brachte, verpasste das unzweifelhaft beste Pferd im Jahrgang auch den Derby-Sieg, den sich dann die oben erwähnte Orissa bei strömendem Regen in Mariendorf holte. Den „See-Urlaub" sieht Kurt Hörmann, der hier wahrscheinlich seinen zweiten Derby-Sieg versäumte, heute doch eher kritisch: *„Man hätte ihn wahrscheinlich hier auskurieren sollen".*

Mit intensiver Pflege und seinem bekanntermaßen täglich über viele Stunden gehenden Aufbau-Training auf der Hausbahn in Elmshorn brachte Hans-Werner Brammann jedoch Corner vierjährig noch einmal in den Rennsport zurück. Kurt Hörmann konnte den Hengst regelmäßig in Bahrenfeld oder auch in Elmshorn auf die nächsten Rennen vorbereiten. Über 2600 Meter hatte Corner schon als Dreijähriger gewonnen, doch ein ausgesprochener „Steher" war er nicht, meint sein Trainer heute.

„Auch ein Pferd, das kein ganz großes Stehvermögen hat, kann über den langen Weg gewinnen. Es kommt immer darauf an, wie das Rennen läuft. Außerdem hatte die Konkurrenz natürlich Respekt vor Corner. Wenn der Hengst vorne war, dachten alle, das Rennen ist schon gelaufen. So griffen sie nur selten unterwegs an. Meine Taktik war deshalb fast immer, gleich nach vorne fahren und die Gegner möglichst ausbremsen. So kamen wir oft nach Hause."

Doch auch ohne diese Hörmann-Taktik stand fest, dass Corner nach wie vor Primus im Jahrgang war. Er wurde 1978 mit einer Jahresgewinnsumme von 127.560 DM gewinnreichster Vierjähriger und ein Jahr später auch gewinnreichster Fünf-

Im zweiten ihrer drei ‚Prix d'Amérique'-Siege bezwang Roquepine 1967 mit Besitzer Henri Levesque auch ihren Stallgefährten Oscar RL (Jean-Rene Gougeon).

jähriger mit seiner Saisonbilanz von 119.000 DM. In diesem Jahr imponierte der Hengst besonders im 'Großen Preis von München' über 3260m mit Höchstzulage und holte sich auch das 'Deutsche Championat der Fünfjährigen' in Recklinghausen.

Bei insgesamt nur 34 Starts setzte sich Corner 25mal gegen stärkste Konkurrenz durch und war bei allen weiteren 9 Starts auch noch platziert. Am Ende dieser Laufbahn, die nur durch seine Erkrankung überschattet wurde, hatte Corner eine Gewinnsumme von 678.710 DM und dabei insgesamt 12 Zuchtrenn-Prüfungen gewonnen.

Auf dem Brammann-Hof in Sparrieshoop, den Hörmanns-Tochter Rosita dann später in „Gestüt Corner" umtaufte, war Corner natürlich der Star und sollte es später auch als Zuchthengst bleiben. Gleich unter seinen ersten Produkten waren mit Candys Corner und Ifram erstklassige Jahrgangspferde. Für Aufregung hatte der Hengst allerdings auch gesorgt. Noch während seiner Rennlaufbahn war er plötzlich verschwunden.

„Als ich eines Tages in Sparrieshoop eintraf und Corner sehen wollte, konnten wir den Hengst auf seiner Koppel nicht finden. Die erste Frau von Hans-Werner Brammann wähnte Schlimmes und rief ‚Werner! Das Pferd haben sie gestohlen'. Bevor wir die Polizei benachrichtigten, wurde dann jedoch mit vereinten Kräften zunächst das gesamte Anwesen durchsucht und schließlich hatten wir Glück. In einem großen, inzwischen ausgetrockneten Brunnen fanden wir Corner, der bei einem Spaziergang über das Gelände hineingefallen war, sich aber nichts getan hatte. Bei uns war der Schrecken größer als bei dem völlig unaufgeregten Corner, der mit Hilfe der Feuerwehr wieder nach oben fand".

Topo Pride - ein würdiger Nachfolger

Der Traum eines jeden Trabertrainers wäre wohl eine übersichtlich gefüllte Trainieranstalt, in der ein Nachwuchsstar den anderen ablöst. Doch welcher Professional hat schon das Glück gehabt, dass nach einem zweijährigen Jahrgangs-Crack gleich in der nächsten Saison wieder ein Klasse-Zweijähriger im Stall stand.

Kurt Hörmann hatte 1977 dieses Glück und er selbst konnte dabei maßgeblich „nachhelfen". Mit der Großmutter seines in jener Saison die Nachfolge von Corner antretenden Zweijährigen-Cracks hatte der Hamburger bereits 1962 in Berlin den 'Pokal der OBT' gewinnen können. Die von Eidelstedter stammende Tochter der Thesis hieß Topolina und wurde zu Keystone Pride geschickt, nach dem sie dann Topo Pride brachte, für die Kurts Mutter Gertrud Hörmann als Züchterin eingetragen wurde. Einem strahlenden Stern wie Corner ungeschlagen nachzufolgen, ist jedoch fast unmöglich, wenn im Jahrgang gleich etliche Klassepferde aus allen Trainingszentralen auf den potentiellen „Nachfolger" warten. In allen Zweijährigen-Rennen, in denen er 1977 antrat, schlug sich Topo Pride in den Farben des Stalles von Peter Ahrweiler bravourös. Doch gegen das „Pferd des Jahres" Skipper aus Berlin, den westdeutschen Belmont Pride, die in Lasbek gezogene Bayern-Stute Sally Jane und vor allem die norddeutsche „Lieblingsgegnerin" Ada war am Ende nur eine Siegerparade im mit 108.675 DM dotierten Gelsenkirchener 'Westdeutschen Jugend-Preis" möglich. Jeder konnte jeden schlagen in diesem Jahrgang und besonders evident wurde das im Bahrenfelder 'Deutschen Zweijährigen-Preis', als vier Pferde in der Reihenfolge Belmont Pride (Helmut Beckemeyer), Topo Pride (Kurt Hörmann), Ada (Peter Heitmann) sowie Harold (Horst Schilfarth) innerhalb einer halben Pferdelänge nebeneinander den Zielrichter bemühten.

Bei acht Starts hatte Topo Pride am Ende der Saison dreimal gewonnen, war in den weiteren fünf Rennen platziert und hatte bei einem Rekord von damals fast sensationellen 1:18,7 insgesamt 111.337 DM gewonnen. Bis hin zu Ada, die mit 1:19,5 geführt wurde, lagen gleich acht 1975 geborene Zweijährige an der Spitze der schnellsten 12 jemals in Deutschland gezüchteten Zweijährigen. Das sagt alles über diesen Jahrgang. Das Erstaunliche am guten Abschneiden von Topo Pride packt Kurt Hörmann erst heute aus:

„Es gibt nur wenige Pferde, die sich so schnell im Rennsport zurecht finden, wie das Topo Pride tat, als er begriffen hatte, worum es ging. Der Hengst war nicht gerade einfach in seiner frühen Jugend. Wir konnten alles mit ihm anstellen, aber in einen Trainingswagen, Longshaft oder gar Sulky bekamen wir ihn nie. Es dauerte bis April 1977, ehe er sich bereit fand, den Wagen anzunehmen. Dass er dann gleich in allen Rennen mit der Jahrgangsspitze mithielt, war eigentlich eine Sensation."

Es hat immer wieder Versuche gegeben, einen Derby-Sieger zu kaufen. Leider gibt es keine bekannte Statistik darüber, wie oft dieser Versuch gelang oder auch fehlschlug. Topo Pride jedenfalls war gut genug, um jedes Pferd im Jahrgang zu schlagen und fand zu Beginn der Dreijährigen-Saison 1978 einen neuen Besitzer. Peter Ahrweiler, über Hamburg hinaus bekannter Theaterchef, hatte den jungen Topo Pride von Trainer Hörmann zu einem erschwinglichen Preis erstanden.

„Wir hatten auch privat ein gutes Verhältnis und Peter Ahrweiler konnte immer wieder zu einem anständigen Preis bei mir Pferde kaufen. Er war vielleicht einer der wenigen Besitzer, die bei der Endabrechnung im Trabrennsport Geld verdient hatten. Als er ein tolles Angebot für Topo Pride bekam, musste Ahrweiler einfach verkaufen, und ich konnte ja auch Trainer bleiben."

Gleich die erste Zuchtprüfung der Dreijährigen-Saison 1978 gewann Topo Pride, als er im Pfarrkirchener 'Bayerischen Zuchtrennen' Sally Jane bezwang. Der zweite Siegerkranz wurde in Bahrenfeld fällig, als der Hengst mit Kurt Hörmann in 1:20,0/2100m Ada und Belmont Pride sicher hinter sich ließ. Der zweite Rang hinter Ada in der Recklinghäuser 'Trophäe der Dreijährigen' und der vierte Platz hinter Ada, Belmont Pride sowie Skipper im 'Buddenbrock-Rennen' waren Grund genug, um mit dem inzwischen in den Farben des Stall I.P.D. laufenden Hengst selbstbewusst in das Derby 1978 zu gehen. Doch hier langte es auf regenschwerer Bahn nur zum 5. Rang, während der Stern von Ada nun endgültig aufging. Die

Amastar-Tochter bescherte Peter Heitmann seinen ersten Derby-Sieg in einem mit 320.000 DM dotierten Rennen, das als letztes Derby über die Traditionsdistanz von 3200 Metern führte. Ein Jahr später wurde das Derby ja erstmals als Vorlaufsrennen ausgetragen.

Die Ausbeute von 106.700 DM bei acht Starts ließ sich für einen Dreijährigen schon vorzeigen. Schwerer wurde es für Topo Pride in der folgenden Saison, als seine Ausbeute bei 17 Starts, vier Siegen und acht Plätzen bei 34.600 DM endete.

Doch der Hengst kam zurück. Seine Fünfjährigen-Laufbahn wies den Keystone Pride-Sohn als das neben Ada beste Pferd im Jahrgang aus. Die drei Zuchtrennen-Erfolge 1980 auf deutschem Boden waren schon spektakulär. Am 5. Juni gelang es Topo Pride, der schon als Zweijähriger Ada eine einwandfreie Niederlage beibringen konnte, die Stute erneut zu bezwingen. Beide traten im mit 100.000 DM dotierten, diesmal in Mönchengladbach ausgetragenen 'Championat der Fünfjährigen' als 24:10-Gleichauf-Favoriten an. Im Ziel war der Hengst in 1:18,6/2100m leicht zwei Längen vor seiner 1:18,9 trabenden Widersacherin und Belmont Pride, der weitere zwei Längen später folgte.

Auch im August war Topo Pride im Bahrenfelder 'Simmerl-Rennen' klar vor Ada. Besondere Ironie des Schicksals: Im Mariendorfer 'Bruno Cassirer-Rennen' bewies der Hengst über 3280 Meter mit Höchstzulage bei seinem klaren Sieg auf der Derby-Bahn, dass auch er über das Stehvermögen verfügte, um nach dem „Blauen Band" greifen zu können.

Das wichtigste Aufeinandertreffen im Zweikampf mit Ada um die Jahrgangskrone fand nicht auf deutschem Boden statt. In Finnland stand das 'Europachampionat der Fünfjährigen' für jeweils zwei Teilnehmer aus sechs Ländern auf dem Programm. Hinter dem souverän siegreichen Finnen Rocky war Topo Pride hier als 241:10-Außenseiter in seiner Rekordzeit von 1:16,9/2100m klarer Zweiter vor dem favorisierten Franzosen Jacob du Chignon, dem Schweden Big Song und Ada, die 1:17,1 trabte.

Das war wohl der glanzvollste Auftritt von Topo Pride, der Ende sechsjährig mit einer Gesamtgewinnsumme von 439.411 DM abtrat. Er war in allen Jahrgangsrennen, die er nach dem ein Jahr älteren Corner mit Kurt Hörmann bestritten hatte, wahrlich mehr als nur ein „Lückenbüßer", er war ein würdiger Nachfolger. Kurt Hörmann heute:

„Topo Pride hatte eigentlich nur das Pech, dass es in seinem Jahrgang auch ein Pferd wie Ada gab. Sonst stimmte für ihn alles."

Nicht jedoch bei der für ihn vorgesehenen, zweiten Laufbahn. Da verweigerte Topo Pride den Dienst und blieb ohne Nachkommen.

Meadow Matt - eine spektakuläre Entdeckung

Ein Hengst aus den USA, der dann in Hamburg zu einem Ausnahmetraber mit einer ungewöhnlichen, ja aufregenden Laufbahn werden sollte, fand 1977 zu Kurt Hörmann. Die Vorgeschichte hätte schon für den einen oder anderen Krimi gereicht, und Kurt Hörmann skizziert sie so:

„Als ich 1973 für Frau Gudrun Bruhn nach dem Tod ihres Mannes zahlreiche Pferde trainierte, war der Umfang meiner Trainieranstalt so groß, dass ich vorschlug, einige Bruhn-Pferde sollten doch zu Hans Frömming gehen. Doch der riet mir, nur noch als Privattrainer für Frau Bruhn zu arbeiten. Das Angebot von Frau Bruhn war so gut, dass ich annahm. Einige meiner vorher für andere Besitzer trainierten Pferde wechselten nun zu Hans Frömming und der Stall Bruhn rangierte dann zwei Jahre hinter dem unschlagbaren Stall Kurier an der Spitze der Besitzer-Statistik. Nach zweieinhalb Jahren wollte Frau Bruhn den Dreijahresvertrag verlängern. Nach der Verlängerung traten jedoch Probleme auf, als Frau Bruhn eine Pferdeallergie bekam und zu allem Unglück ihre Familie auch noch erpresst werden sollte. Der Abschied vom Rennsport lag nahe, der Vertrag sollte bei einer Abfindung aufgelöst, die Pferde im Paket verkauft werden. Ich erhielt von der Käufergruppe Rohde/Furler/Gurny zunächst nur 30.000 DM und einen Wechsel, der gleich platzte. Als 'Wiedergutmachung' rückte Pferdehändler Rohde mit einem USA-Trotter an, der nie richtig trabte und für den ich auch noch Geld drauflegen sollte. Vom Vorbesitzer Langendorf wurde das Pferd zunächst auf Hans Werner Brammann umgeschrieben, ging dann an mich und gleichzeitig machte Rohde mit Brammann ohne mein Wissen einen Pachtvertrag. Das Theater endete vor Gericht, bis der Hengst schließlich in meinen Farben laufen konnte".

Das war die Kurzfassung von Kurt Hörmann zu der dicken Akte „Meadow Matt", der von all dem unbeeindruckt nach 3 Siegen und einem Platz bei 4 Starts im Jahr 1978 erstmals am 8. Juli 1979 seine Visitenkarte im „großen Sport" abgab. Im mit 200.000 DM dotierten Gelsenkirchener 'Elite-Rennen' wurde er hinter dem Weltrekordler Pershing (Berndt Lindstedt) über 2500 Meter mit dem Schnitt von 1:16,9 sensationeller Zweiter vor der Holländerin Speedy Volita, dem Franzosen Eleazar, der ja im 'Prix d'Amérique' immerhin jeweils Dritter, Zweiter und Erster werden konnte, sowie dem Schweden Madison Avenue, der wie der Sieger und Meadow Matt von Nevele Pride stammte.

Der erste Auslandserfolg gelang Meadow Matt am 16. August 1979 auf der Bahn in Enghien im 'Prix de Stockholm', einem Traditionsrennen für Sechsjährige. Der US-Import setzte sich über 2800 Meter in 1:19,6 überlegen mit sechs Längen Vorsprung durch und trat dabei die Nachfolge von Iskander F (1958, Stall Kurier) und Pick Wick (1965, Gestüt Schweizerhof) an, die beide ebenfalls für deutsche Farben in dieser renommierten Prüfung siegreich waren.

In seiner dritten Saison holte sich Meadow Matt mit Kurt Hörmann am 17. Januar 1980 in Cagnes sur mer den 'Prix de la Cote d'Azur' gegen 14 Gegner in 1:21,5/2800m auf schwerer Bahn und konnte dann am 13. März in Neapel beweisen, dass

Vor großer Kulisse feierte Kurt Hörmann den 100. Fahrersieg seiner Laufbahn. Hier geht er am 28.12.1952 mit Glocke von Elsensee in Farmsen auf die Parade, fast genau drei Jahre, nachdem er aus der Kriegsgefangenschaft zurückkehrte. Die späteren Jubiläen waren nicht immer so umjubelt, der 3.000 Fahrersieg ging völlig unter, wurde 1986 wohl übersehen. Vielleicht lag es aber auch an den Auslandserfolgen, die nicht alle bis zum Hauptverband bekannt wurden.

Der Epilog-Sohn Eidelstedter wurde bereits in der Zucht eingesetzt, als er 1966 noch einmal auf die Rennbahn zurückkehrte. In der Hand von Kurt Hörmann - hier am 1. Juli in Farmsen - feierte der Derby-Sieger von 1959 nach einer ruhmreichen Laufbahn seine letzten beiden Erfolge. Prominente Eidelstedter-Nachkommen wie Assab, Steppke oder Boss wurden in der Hand von Kurt Hörmann zu Rennpferden.

Bei der knappesten aller Derby-Entscheidungen hatte Hanselmann 1962 mit Horst Spieß im Sulky gegen den Sieger Gutenberg mit Walter Heitmann noch das Nachsehen. Hier gewinnt er in der Hand von Kurt Hörmann am 26.07.67 auf der Bahn in Bahrenfeld. Auch wenn der Permit-Sohn aus einer Walter Dear-Tochter stammte, konnte er in der Zucht nie an seine Rennleistungen anknüpfen.

Obwohl auf einem Auge blind, war der Hengst Mully jun. zu großen Taten fähig. Hier gewinnt er am 5.03.67 in Bahrenfeld das internationale Hauptrennen, wobei sein Schweif auch Kurt Hörmann im Sulky kaum mehr als die halbe Sicht lässt. Aus der Presse überliefert ist der Hörmann-Spruch: „Was er auf dem Hinweg nicht sieht, sieht er auf dem Rückweg".

In drei Läufen fuhr man hinter ausgelosten Pferden am 9.12.1967 in München-Daglfing einen „Preis der Besten" aus. Hans Frömming ließ sich „vor den Sulky spannen" und so (im Uhrzeigersinn folgend) versuchten ihn Gerhard Krüger, Rolf Luff, Peter Kwiet, Eddy Freundt, Walter Heitmann, Helmut Obermeier, Kurt Hörmann, der den Fahrer-Wettbewerb gewann, und Harry Rölle zu bremsen.

„Mast- und Schotbruch" ist an der Küste und in Hamburg als Malheur gefürchtet, auf den Trabrennbahnen aber keine Seltenheit. Auch Kurt Hörmann blieb in seiner Karriere nicht von Stürzen verschont. Hier konnte er nach einem „Salto" am 16.03.58 in Bahrenfeld noch unverletzt den Stall zu Fuß ansteuern.

Ayant appris maladie, vous souhaitons un rapide et complet établissement.

Genesungswünsche der französischen Kollegen zeigen, welche Wertschätzung Kurt Hörmann in Frankreich erfuhr. Henri Levesque, Albert Viel, Bernard Simonard, Robert de Wulf, Jean Riaud, Roger Vercrysse, Rene Fabre, Michel-Marcel Gougeon, und sein „großer Bruder" Jean-Rene Gougeon unterschrieben ebenso wie Kurti's „Landsleute" Charlie Mills, Hans Frömming, Hans Sasse und Roman Krüger, als er 1969 nach einer Operation eine längere Auszeit nehmen musste.

Einen seiner größten Erfolge bei Fahrer-Vergleichsrennen feierte Kurt Hörmann am 8.07.72 auf der Insel Mallorca. Von der Bahn Son Pardo in Palma - hier ein Autostart im Jahre 1971 - kehrte er mit einer vergoldeten Siegertafel, gefeiert als „Recordman del Mundo" zurück.

Als stolzer Nutzer einer Grosbois-Trainieranstalt präsentiert sich hier Kurt Hörmann 1983, als ihn zum ‚Prix d'Amerique'-Wochenende gleich ganze Busgesellschaften auf der herrlichen Anlage überfielen. Trabertrainer wohnen am Rande von Paris hier wie in einem eigenen Landhaus.

Eine erfolgreiche Saison hatte Kurt Hörmann 1982 in Frankreich, und dabei vergaß er auch nicht das Import-Geschäft. Für Besitzer Josef Kofler war der Ankauf von L'Aunou doch recht lohnend, denn der Hengst kam mit einer Gewinnsumme von 118.000 DM nach Deutschland und verließ die Bahn nach fünf Jahren mit einem Konto von mehr als 264.000 DM. Den auf diesem Foto festgehaltenen Sieg buchte Kurt Hörmann mit L'Aunou am 19.8.1982 in Vincennes.

Fast 20 Jahre nach seinem ersten überragenden Gastspiel bei Charlie Mills in Frankreich wählte Kurt Hörmann Grosbois zum Trainingsdomizil. Auch diesmal durfte man über die gesamte Dauer des Aufenthaltes 16 zum Teil spektakuläre Erfolge zählen. Hier gewinnt Milord du Dauphin am 2.02.83 in Vincennes.

Bis zu 60.000 Zuschauer meldeten die Medien in manchen Jahren zur jeweiligen Austragung des ‚Prix d'Amerique' in Vincennes. Auf keiner anderen Bahn der Welt entsteht eine solche Atmosphäre, die auch Kurt Hörmann immer wieder gefangen nahm. Doch der Ansturm der Massen beschränkt sich keineswegs auf die Jahreshöhepunkte. Selbst an manchem Donnerstag finden sich am Plateau de Gravelle mehr Zuschauer ein als an einem Sonntag auf allen deutschen Trabrennbahnen zusammen. Und das trotz einer vorzüglichen Fernseh-Übertragung landesweit.

Wer an einem heißen Sommertag 1982 in Grosbois Kurt Hörmann aufsuchte, konnte den Hamburger Trainer, der vom Wintermeeting 1981/1982 bis März 1983 eines der großzügigen und viel begehrten Trainingsquartiere bezogen hatte, auch einmal in salopper Kleidung antreffen. Besuch aus Deutschland und besonders aus Hamburg war immer gern gesehen und wurde reichlich bewirtet.

„Wer Galopp fährt, wird disqualifiziert", sagt Hörmann über die Vincenner Gepflogenheiten. Nun werden kurze Galoppsprünge sicher nicht immer geahndet, doch der ‚Prix d'Amerique'-Sieger Ideal du Gazeau legte 1983 gleich drei dieser kurzen Galoppaden ein, so dass die Richter denn auch nach dem Rennen zur Beratung schritten. Dass die Disqualifikation ausblieb, hatte „Ideal" wohl nur der grenzenlosen französischen Begeisterung zu verdanken und vielleicht auch dem demonstrativen Jubel von Eugene Lefevre.

er nicht nur stehen, sondern auch sprinten konnte. Hinter dem später zweimal im 'Prix d'Amérique' siegreichen Ideal du Gazeau war er im 'Gran Premio della Lotteria' zunächst Vorlaufszweiter in 1:15,7/1600m. Im Finale landete er erneut knapp hinter diesem Gegner auf dem 6. Rang in seiner neuen Rekordmarke von 1:14,9. Seine Topform hatte der Hengst bereits vorher in Mönchengladbach im 'Großen Preis' beim Erfolg gegen Formia N und den Franzosen Ejakval in 1:17,6/1609m bewiesen.

Als Achtjähriger kam Meadow Matt bei 13 Starts noch zu 7 Erfolgen und 2 Plätzen, wobei Ehrenpreise für die Siege in der Recklinghäuser 'Internationalen Meile' und im 'Charlie Mills-Memorial' in Mariendorf fällig waren. Der zweite Rang im 'Münchener Pokal' hinter dem 20 Meter besser stehenden Esbartero war ebenfalls aller Ehren wert.

Nach 35 Starts beendete Meadow Matt seine wahrhaft europäische, wenn nicht weltweite Laufbahn mit 21 Siegen, 6 Platzierungen, einem Rekord von 1:14,9 und insgesamt auf dem Kontinent gewonnenen 408.098 DM. In der Zucht waren dem Hengst, der einst mit umgerechnet 1.439 DM Renngewinnen importiert worden war, ähnliche Erfolge leider nicht beschieden. Er ging bereits 14jährig nach einem Herzversagen ein.

Spice Island - immer im richtigen Moment

Manchmal hilft auch noch der Zufall in einer Laufbahn, die an Höhepunkten schon ohnehin reich genug ist. Einer der Zufälle, von denen auch der Trabertrainer Kurt Hörmann sichtbar profitierte, war die Bekanntschaft mit Trainer Hakan Wallner, der für die Castleton Farm einige Pferde trainierte und 1983 mit dem US-Hengst Spice Island in Paris startete. Mitbesitzer Ulf Moberg, der schon 1971 mit dem von Berndt Lindstedt gesteuerten Dart Hanover in Hamburg Gastspiele gegeben hatte, und Hakan Wallner waren nicht gerade begeistert vom Abschneiden ihres Spice Island in Frankreich. Das Pferd stand zum Verkauf, man musste nur noch den richtigen Käufer finden.

Kurt Hörmann ließ sich zur Fahrt mit Spice Island im 'Prix de Plateau de Gravelle' in Vincennes einladen und probierte es mit dem damals schwer regulierbaren Hengst. Ein schmaler Draht über der Nase wirkte Wunder und völlig überraschend gewann das Paar Hörmann/Spice Island diese früher traditionell zwischen dem 'Prix d'Amérique' und dem 'Prix de France' ausgetragene Prüfung in Vincennes.

Der vor Ort weilende Charles Grendel als Gründer des Stalles Cicero überzeugte seine Mitbesitzer, dass dieses Pferd viel Geld wert sei und der US-Import wechselte den Stall, um in seinen neuen Farben gleich in eine besonders schwere Aufgabe zu gehen.

Seit jeher findet nach dem Vincenner Meeting die Bahn in Cagnes sur mer weltweite Aufmerksamkeit durch eine Sprinterprüfung mit dem kurzen Namen 'Grand

Seine Bilderbuch-Karriere startete der Hengst Corner bereits als Zweijähriger 1976 mit 6 Siegen bei 6 Starts und einer Gewinnsumme von bis dahin noch nie erreichten 281.000 DM. Unter den fünf Zuchtrennerfolgen war auch der Triumph im Mariendorfer 'Jugend-Preis' über 1800 Meter, der ihn zum „Winterfavoriten" machte und Kurt Hörmann jubeln ließ.

Critérium de Vitesse de la Cote d'Azur'. Diese seit vielen Jahren nun zum „Grand Circuit" zählende Revanche der in Paris gestarteten Klasse-Pferde ist sicher ähnlich hoch einzuschätzen wie der 'Kopenhagen-Cup' oder von der alljährlichen Besetzung her fast wie der 'Solvalla Elitlopp'. Spice Island traf auf Pferde der ersten französischen Klasse, deren Spezialist für kurze und Mitteldistanzen Ianthin mit Paul Delanoe auch favorisiert war.

Dass weder Ianthin noch der im 'Prix d'Amérique' drittplatzierte Lutin d'Isigny mit Jean-Paul Andre die französischen Hoffnungen erfüllen konnten, lag wohl in erster Linie an Kurt Hörmann. *„Mit Spice Island durfte man nie zu früh in Front kommen. Seine ungeheure Schlussgeschwindigkeit hielt er nicht lange durch und so musste man sie im richtigen Moment einsetzen. In Cagnes gelang mir das auf den Punkt genau. Auf der Linie hatten wir - links und rechts von den beiden Franzosen flankiert - gewonnen. Einige Schritte weiter waren beide wieder vorbei."*

Der Ankauf hatte sich also gelohnt, denn Kurt Hörmann sorgte mit dem in den USA bereits bei einem Rekord von umgerechnet 1:12,7 notierten Fünfjährigen in dessen erster Europa-Saison gleich für einen Jahresgewinn von 144.526 DM.

Dabei imponierte der Lindy's Pride-Sohn bei seinem Deutschland-Debut im Gelsenkirchener 'BILD-Hufeisen' vor allem im Finale, nachdem er im Vorlauf noch dem in 1:14,8/1609m siegreichen Inländer-Crack Isenburger (Heli Biendl) den Vortritt lassen musste. *„Der Hengst ging über den gesamten Weg nur auf einer Leine und ich hatte sogar Mühe, ihn so in das Finale zu bringen".*

Doch im Endlauf zeigte Spice Island seine enormen Speedfähigkeiten und setzte sich überzeugend in 1:14,6 gegen Isenburger, Babesia und den Sprint-Spezialisten Mini Model durch.

Der zweite Zuchtrennen-Erfolg in Deutschland war für Spice Island erst am Ende der Saison in Dinslaken fällig, als er sich zunächst den Vorlauf gegen Mini Model holte und im Finale dann in der gleichen Zeit von 1:17,3/1750m gegen Enok Tars leicht gewann.

Seine beste Leistung im Cicero-Dress hatte Spice Island jedoch bereits vorher in Stockholm geboten. Gegen den für Schweden startenden US-Import Snack Bar (B. Lindstedt) und Lutin d'Isigny hatte er im Vorlauf zunächst das Nachsehen. Sein Glanzauftritt folgte dann im Finale, als er Zweiter hinter seinem alten Cagnes-Widersacher Ianthin wurde. Als 621:10-Außenseiter hielt sich Spice Island mit Kurt Hörmann in glänzenden 1:13,3 am besten zu dem siegreichen Ianthin (13,2) und blieb dabei vor dem favorisierten Snack Bar.

Mit dem Erfolg im Bahrenfelder 'Johann-Giese-Rennen' hatte Spice Island am Ende der Saison insgesamt fünf hochkarätige Rennen gewinnen können und sich zudem gegen die besten Traber Europas bravourös geschlagen. Auch in der zweiten Cicero-Saison war die Ausbeute bei 18 Starts mit 7 Siegen und 3 Platzierungen, einem Renngewinn von 100.115 DM sowie einer Saisonbestleistung von 1:14,3 sehr beachtlich. Zum zweiten Mal setzte sich Spice Island im 'Goldenen BILD-Hufeisen' in Gelsenkirchen durch, wobei der von Henning Rathjen gesteuerte Franzose Kirk und der Sieger des 1. Vorlaufes, der mit Willi Rode angetretene Esbartero hinter dem auf schwerer Bahn 1:14,3/1609m trabenden Hörmann-Schützling einkamen. Der Richterspruch „sicher, 1 1/2 Längen" verschweigt allerdings, dass es im Endkampf ziemlich turbulent zuging und nicht immer geradeaus gefahren wurde. Den zweiten Erfolg im Dinslakener 'Goldenen Pferd' holte sich Spice Island gegen Ende der Saison 1984 mit Gerhard Krüger, der den Hengst zwischenzeitlich einige Wochen in Italien vorbereitete.

Kurt Hörmann versuchte diese Dinslakener Traditionsprüfung 1985 noch einmal mit dem erst in Frankreich „entdeckten" US-Import zu gewinnen. Nach dem Vorlaufssieg gegen Bluefin blieb beiden der hattrick allerdings verwehrt. Hinter der mit Heli Biendl auftrumpfenden Singing Clöving und dem Cicero-Stallgefährten Mont de Maine (Rolf Dautzenberg) langte es für Spice Island diesmal nur zum dritten Rang.

Nach vierjähriger Rennlaufbahn für deutsche Rechnung verabschiedete sich Spice Island aus dem aktiven Sport und buchte mit rund 340.000 DM Renngewinnen in Europa bei 17 Siegen eine mehr als respektable Bilanz. Als Deckhengst gehörte er später zu den meistbeschäftigten Stallions in der deutschen Zucht, wobei der unverwüstliche, am Ende der Laufbahn mit rund 330.000 DM Gewinnsumme nach Amerika abwandernde Hawk Island, die meisten Schlagzeilen lieferte. Nach Corner (10), Horrido (8) und gleichauf mit Meadow Matt (6) sowie Topo Pride (6) gehörte Spice Island mit seinen sechs Zuchtrennen-Erfolgen zu den ganz Großen in Kurt Hörmanns Laufbahn.

Traber-Trainer oder Familienleben

Im Grunde muss ein Trabertrainer beim Einstieg in das Berufsleben gleich wählen, ob er auch glücklicher Familienvater werden will. Oder er muss schon viel Glück mitbringen und eine gleichgesinnte Frau finden, die weiß, dass Trainer rund um die Uhr für ihren Beruf leben.

Kurt Hörmann tanzte in seinem Leben auf zwei Hochzeiten, die seine eigenen waren. Er tanzte auch noch auf mehr Hochzeiten, denn er hat abseits des Trainergeschäftes auch andere Unternehmungen gewagt, die ihm aussichtsreich erschienen.

Die erste Ehe schloss der damals mit rund 700 Siegfahrten schon recht erfolgreiche Trabertrainer Kurt Hörmann 1960 mit Helga Heins, die ihre Tochter Rosita mit einbrachte. Es war die Zeit, in der Hörmann seine Ambitionen als Traberzüchter umsetzen wollte und so baute sich die junge Familie in Henstedt das Gestüt Vogelsang auf, das noch überschaubar war, aber auch eine andere Chance bieten sollte. Helga Hörmann, frühere Heins, führte im eigenen Haus eine Pension mit angeschlossener Gaststätte und so hatten dann wohl alle „wenigstens" 25 Stunden am Tag zu tun.

Die Gastronomie als Nebenerwerb ließ Kurt bald nicht mehr los. Im Eppendorfer Weg eröffnete er mit dem „Mc Donald" eine Bar, die Anfang der 60er Jahre neben der „Insel" und dem „Ambassador" bestehen konnte und vielleicht sogar die Nr. 1 war. Es gab kein Bier im „Mc Donald", nur Whisky, Wein, Champagner und Cocktails. Hier hatte Hans Lehmkuhl seine eigene Flasche „Cutty Sark" im Regal stehen und von der HSV-Prominenz war Harry Bähre - heute noch mit Kurt befreundet - der häufigste Gast. Uwe Seeler kam auch, war aber kein Freund der starken Getränke. Dafür stieg er jedoch in den Sulky, ließ sich zu einem Gästefahren überreden und gewann mit dem auf diese Sparte spezialisierten Hörmann-Schützling Inselmann. *„Der wäre in seiner Klasse vielleicht auch ohne Fahrer angekommen"*, meint Hörmann heute.

Die nächste Versuchung rief mit der Bar „Six Pence" in der Eppendorfer Landstraße. Da traf sich dann ebenfalls Prominenz, auf die Kurt Hörmann als einfacher Junge aus Wandsbek ja vielfach gestoßen ist. Die Olympionikin Jutta Heine bildete er bis zur Amateurfahrerin aus, Hanns Lothar kam mit hübscher Freundin, Horst Frank war stiller Genießer an der Theke - ohne dass man ihm ansah, ob er einen oder 5 Whisky getrunken hatte. Michael Jary trank gerne Wein. Sein Vetter war Dr. Kubitza, Hamburgs bekanntester Tierarzt im Trabrennsport, der bald Hans Frömming und Kurt Hörmann zu seinen Kunden zählen durfte. Als Besitzer hatte sich bei Hörmann der gewichtige und sehr beliebte Schauspieler Oskar Sima eingefunden, der auch schon zur Morgenarbeit seiner Stute Karoline erschien.

Oskar Sima besaß auch ein Weingut und brachte folgerichtig zur „Belohnung" eines guten Abschneidens seiner Stute mehrfach einige Flaschen mit. *„Der Saft schmeckte fürchterlich sauer. Immer wenn Oskar später fragte, ‚wie war der Wein', sagten wir nur ‚ohh!'. Dann gab es neue Flaschen. Mein Vater Sepp hat davon getrunken und den Wein dann wohl treffend 'Sauerampfer' genannt."*

In der ersten Bar lief das Geschäft gut, in der zweiten kam der Trabertrainer *„mit einem blauen Auge davon"*. Doch als Fazit hält Kurt Hörmann mit später Einsicht heute fest: *„Wenn man so einen Laden am Hals hat, muss man das intensiv betreiben. Ich habe damals mittags geschlafen, war ja sehr früh aufgestanden, und am Abend kamen dann die Gäste, die ja auch nach mir fragten. Und so musste ich dann manchmal um Mitternacht noch bis 3 Uhr 'antreten', um Leute zu begrüßen. Das hat meinem Magen nicht gut getan. Man kann ohnehin nur einem Herren dienen. Es ist immer ein Fehler, sich auf mehrere Pferde zu setzen. Im Pferdesport kann man ja nicht alles delegieren, sondern nur an dem verdienen, was man selbst macht. Die Arbeit einem Berufsfahrer zu überlassen, ist kaum möglich und nicht mein Ding."*

Aller guten Dinge sind drei. Bevor Kurt Hörmann zu seinen heutigen Erkenntnissen kam, hatte er in Westerland noch die Diskothek „Relax" eröffnet. *„Da bin ich dann häufig mit Peter Ahrweiler in seinem Flugzeug hingeflogen. Der Laden brummte*

5 Monate im Jahr ganz toll. Die übrigen 7 Monate kosteten Geld. Ich hatte noch Glück, dass ich nach einem Jahr aus dem Vertrag 'rauskam - allerdings mit Schaden."

Damit endete die Gastronomie-Laufbahn von Kurt Hörmann, der sich zur Zeit des „Six Pence" auch von seiner ersten Frau trennte. Zum zweiten Anlauf ging Kurt „in die Luft". Die Stewardess Michelle hatte es ihm angetan und man heiratete dann Anfang 1975, nachdem man sich schon etliche Zeit kannte. In Westerau begann der Züchter Hörmann erneut im überschaubaren Rahmen.

Sohn Kurt, der Ende 1975 zur Welt kam, machte das Glück komplett. *„Mit fast 50 Jahren noch einmal einen Sohn auf die Welt zu schicken, machte mich verdammt stolz."* Kurt Stefan, der ja auch in Frankreich zeitweise zur Schule ging, spricht also heute fließend französisch und englisch.

Urlaub war für die Hörmann-Familie allerdings doch eher ein Fremdwort. Gereist wurde ständig zwischen Hamburg und Frankreich. Dabei hat man dann auch schon manchmal unterschiedliche Auffassung entwickelt, wenn es darum ging, wohin das Blatt sich wenden sollte. Michelle Hörmann entschied sich - erstaunlicherweise - am Ende für Deutschland, nachdem das Ehepaar zwischenzeitlich auch schon getrennte Wege gegangen war.

Die Familie Hörmann hat den Stress, dem der Trabertrainer Kurt Hörmann ausgesetzt war, nun also hinter sich. Mit 79 Jahren lässt es der Altmeister jetzt zu Hause ruhig angehen. Der morgentliche Spaziergang mit dem Hund, den man nicht im Tierheim lassen wollte, das Lesen der Tageszeitung, ein wenig Kartenspiel mit seinem Nachbarn und Freund Abi Kluth, ein Mittagessen beim Chinesen oder Italiener, die Übertragung des französischen Rennsportsenders und der Besuch auf der Bahrenfelder Tribüne an den Renntagen können einen gestandenen Rentner schon ausreichend beschäftigen. Dazu kommt natürlich die Vermittlung der Dubois-Hengste und durch zahlreiche Gespräche eine entsprechend hohe Telefonrechnung. Nun ist Kurt Hörmann, der Trabertrainer, im Familienleben angekommen.

Blick zurück - aber ohne Zorn

Als John Osborne sein Theaterstück „Blick zurück im Zorn" auf die Bühne brachte, war Schwermut angesagt, auch Wut oder Enttäuschung. Der Trabertrainer Kurt Hörmann wird in allen drei Sparten nicht gefordert, wenn er heute sein Leben noch einmal passieren lässt. Vom ersten Sieg mit dem von Harry Mills trainierten Landmann 1943 bis zum letzten Sulky-Erfolg am 21. März 2000 mit View auf der Bahn in Berlin-Karlshorst durfte er auf der Sonnenseite des Lebens stehen - mit einigen Schattenperioden, die er jedoch - wie andere Männer seiner Zeit - klaglos wegsteckte.

Die Trainerlaufbahn des Mannes im Dress mit den Deutschland-Farben ist wohl ausführlich genug abgehandelt worden. Schlagzeilen lieferte er aber auch neben dem Geläuf. Eine Zeitung, die es immer besser weiß, titelte zum 75. Hörmann-Geburtstag „Pferde, Frauen, Feten - 75 Jahre pralles Leben". Doch diese Schlagzeile war natürlich wie alle anderen in großen Teilen falsch oder unvollkommen. Pferde waren sicherlich sein Leben, vielleicht kann der Wandsbeker Junge eigentlich nichts anderes, als auf eine ganz besondere Art mit Pferden umgehen. Eine Laudatio dazu lässt sich schnell zusammenfassen, wenn man seit 53 Jahren Kurt Hörmann zuschauen durfte.

Vom Beginn seiner Karriere bis zum Ende konnte Hörmann junge Pferde so schnell rennfertig vorstellen, wie kaum ein anderer. Sein alter Kollege Lothar Rudnik mag da eine weitere Ausnahme sein, wenn er in einem Jahr bei 26 zur Verfügung stehenden Zweijährigen 23 zur Qualifikation brachte. Pferde, die als Jährlinge nicht einmal im Wagen gingen, gewannen bei Kurt zweijährig Zuchtrennen, wie z.B. Topo Pride. Auch Hindumädel und Horrido waren „Spätstarter" und doch in frühen Jahrgangsrennen siegreich.

Die meisten Pferde hatten eine lange Laufbahn in der Trainieranstalt Hörmann. Ginster lief zwei- bis zehnjährig und brachte dabei jedes Jahr excellente Leistungen. Elves war bis zur Altersgrenze ein Klassepferd und dabei schon dreijährig siegreich. Die Besitzer hatten lange etwas von ihren Trabern.

Seriensieger waren das Markenzeichen des Trainers Kurt Hörmann. Nicht nur Stella quinta, Corner, der seine ersten 10 Rennen gewann, Elves und Ortello sind prominente Beispiele.

Betagte Traber konnten von ihm häufig noch einmal motiviert werden, selbst Hengste, die bereits in der Zucht im Einsatz waren, gingen noch einmal auf die längst vergessene Siegerparade.

Außenseiter-Siege in großen Prüfungen weisen eindeutig darauf hin, dass seine Erfolge nicht nur dem unbestreitbar oft auch erstklassigen Pferdematerial zuzuschreiben waren. Unvergessen ist noch die Slalomfahrt im Gelsenkirchener 'Stern Pils-Pokal', als sich Winnetou gegen Oinetta, Vontano, Dissette und Dizam Speed zur Quote von 1232:10 durchsetzte.

Nicht vergessen wird man auch den typischen Hörmann-Sitz im Sulky: Nach vorne gebeugt, als wollte er sein Pferd anschieben, und ständig mit den Zügeln das Pferd ans Gebiss holend. *„Aus den Händen fahren",* sagen die Insider. Die Peitsche kam nur selten zum Einsatz, auch wenn es da Ausnahmen gegeben haben mag, jedenfalls wurde sie nie übermäßig gebraucht.

Auch andere Fahrer hatten Freude an von Hörmann trainierten Pferden, Siege in großen Rennen von Elves, Pimpinella, dem in Vincennes im Amateurfahren siegreichen Quirinal P sind Beispiele. Doch es fällt auf, dass Hörmanns eigene Siegzahl im Verhältnis zu den Trainererfolgen relativ groß ist. Das Umgehen mit Hörmann-Pferden wollte auch gelernt sein. Kurt Hörmann lebte keineswegs nach der Marschroute von Georg Christoph Lichtenberg: *„Nichts kann mehr zu einer Seelenruhe* *beitragen, als wenn man keine Meinung hat."* Er konnte auch eigene Ansichten vertreten, allerdings doch eher diplomatisch oder gar schlitzohrig - wie aus der Trainerschule.

Das letzte Pferd besonderer Klasse dürfte der Altmeister mit dem Buvetier d'Aunou-Sohn Joint Venture trainiert haben, der eine ganz besondere Geschichte hat. In Frankreich vom Hamburger Rainer H.P. Engelke gezüchtet, in Deutschland eingetragen, wurde der aus der Delmajesty (1:13,8) stammende Hengst von Jean-Pierre Dubois gekauft, denn die Mutter stammte immerhin von der 'Prix d'Amérique'-Siegerin Delmonica Hanover.

„Jean-Pierre hat immer gesagt, er würde gerne noch einmal das Hambletonian und auch das Deutsche Derby gewinnen. Joint Venture erhielt ja auch gleich von ihm eine Nennung für das Rennen-Nr. 4 in Straubing. Doch dann kamen einige Probleme dazu und Joint Venture landete 1997 bei mir in Hamburg, wo bald Erich Rothe Besitzer wurde. Dieses Pferd ist weit unter seiner eigentlichen Klasse notiert mit 73.000 EUR Gewinnsumme und einem Rekord von 1:13,1, nachdem es durch viele Trainerhände und sogar ins Ausland gegangen war. Heute steht Joint Venture als Deckhengst auf Helenenhof, und in seinem ersten Jahrgang finden sich mit Kuntakinte (18,7) sowie Desiree (20,4) hoffnungsvolle Nachwuchspferde."

Die letzte Siegfahrt seiner Laufbahn absolvierte Kurt Hörmann ausgerechnet dort, wo er eigentlich wegen der bösen Erinnerungen an seine Kriegsgefangenschaft nicht wieder auftauchen wollte - „im Osten". Er musste dafür allerdings nur bis in den Osten von Berlin, nach Karlshorst fahren. Hier gab er im Jahr 2000 einige Gastspiele und steuerte dabei am 21. März die sechsjährige Stute View aus dem Stall von Hermann J. Mismahl zu einem am Toto mit 155:10 honorierten Erfolg, von dem er noch nicht wusste, dass es der 3350. und auch letzte seiner Fahrerlaufbahn bleiben sollte.

Der Rückblick kann nicht abgeschlossen werden, ohne doch noch auf die ganz persönliche Note einzugehen, die Kurt Hörmann dem Rennsport auch ab und an gab. Seine Begabung volksnahe Sprüche zu fällen, war längst bekannt, als er - wie jeder Trabertrainer um Ausreden nie verlegen - in Vincennes bei einem Scheitern seines Schützlings und später importierten Hengstes L'Aunou unmittelbar nach dem recht stürmischen Renntag äußerte: *„Er kann alles ab, nur nicht den Wind".* Solche Sprüche wurden im Dutzend kolportiert.

Einlagen besonderer Art bot er seinem Publikum jedoch auch live vor Ort im Sulky. Nach einer Niederlage der im Stall von Hermann-Friedrich Bruhn besonders geschätzten Import-Stute Udomerica durch zwei Pferde aus der Trainieranstalt von Dirk und Volker Frahm kam es zur Wette: *„Beim nächsten Aufeinandertreffen bin ich vor Euch".*

Das Treffen fand auf der Bahn in Elmshorn bei strömendem Regen statt und Hörmann hatte mit seinen jungen Kollegen gewettet, dass er sich sogar rückwärts auf den Wagen setzen würde, wenn er vor ihnen im Ziel war. Das Schauspiel fand auf

In Frankreich werden Idole im Trabrennsport nicht so schnell vergessen. Einen ganz besonderen Rang nimmt noch immer die „Wunderstute" Uranie ein, die von 1926 bis 1928 als erstes Pferd dreimal hintereinander den ‚Prix d'Amerique' mit Valentino Capovilla im Sulky gewinnen konnte. Als man ihr dann 50 Meter Zulagen aufbürdete, galoppierte sie 1929 als zweites Pferd über die Linie. Dass sie dann im letzten Versuch 1930 als Zehnjährige mit 75 Meter Zulagen bestraft wurde, erscheint ungerecht. Es langte so nur zum 2. Rang in neuer Rennrekordzeit von 1:25,0/2600m.

Bereits vierjährig stand die Kairos-Tochter Gelinotte in Frankreich über ihrem Jahrgang. Am 1. Mai 1954 gewinnt sie hier mit Charlie Mills im Sulky vor Goeland (R.C. Simonard) das ‚Criterium des 4ans' in Vincennes. Den ersten ‚Prix d'Amerique' „schenkte" die Lieblingsstute von Charlie Mills 1955 noch ihrem Trainingsgefährten Fortunato II (R. Ceran-Maillard), doch in den nächsten beiden Jahren war sie nicht zu schlagen. Viele Beobachter meinen bis heute, dass Gelinotte zu ihrer Zeit das beste Pferd weltweit war.

Im gleichen Jahr 1960, in dem er in den USA Weltchampion wurde, gewann Hairos II mit Wim H. Geersen auch den ‚Prix d'Amerique' und schlug dabei den Stolz der Italiener, den vielgeliebten Tornese (S. Brighenti). Dass der für holländische Farben erfolgreiche Hairos II ebenso wie Gelinotte von Kairos stammte, konnte die Franzosen nicht versöhnen, denn der moralische Sieger Jamin durfte wegen seiner 50 Meter Zulagen trotz der starken Hand von Gerhard Krüger in der erstmals unter 1:20 liegenden Kilometerzeit von 1:19,9 nur den 3. Rang belegen.

Auch Leopold Verroken zählte zu den Glücklichen, die einmal den ‚Prix d'Amerique' gewinnen konnten. Mit dem bereits zehnjährigen Eleazar bezwang er 1980 den zwei Jahre vorher in der härtesten Prüfung der Welt erfolgreichen Grandpre. Der später bei Kurt Hörmann landende Iris de Gournay belegte in jenem Jahr den 9. Rang hinter dem ein Jahr später erstmals triumphierenden Ideal du Gazeau.

Als großer Gegenspieler von Ideal du Gazeau erwies sich über einige Jahre Jorky, der hier mit Leopold Verroken im Sulky vor seinem Widersacher und dem Schweden Speedy Min erfolgreich bleibt. Jorky, ein überaus ungeselliger Typ, der mehr als schwierig und fast gefährlich war, blieb ein Triumph im „Amerique" verwehrt. Er wurde 1984 hinter Lurabo mit Michel-Marcel Gougeon Zweiter.

Auch nach der Ära Hörmann gab und gibt es Gastspiele deutscher Trainer in Paris. Einer der seltenen Momente, wo gleich zwei deutsche Pferde im Endkampf unter sich sind, ist hier beim Sieg von Ideal mit Hans-Joachim Tipke (außen) vor Chergon mit Heinz Wewering 1992 festgehalten. Heroen wie etwa Gelinotte oder Ourasi konnte die deutsche Traberzucht allerdings nie nach Paris schicken, auch wenn man sich heute noch über den Erfolg von Abano As mit Jos Verbeeck 2003 freuen darf.

In der neuen Rennrekordzeit von 1:15,5/2650m sorgte die siebenjährige Queila Gede in der Hand von Roger Baudron im ‚Prix d'Amerique' 1989 für eine Sensation. Der dreimalige Sieger Ourasi sollte eigentlich mit dem vierten Erfolg in Serie einen Rekord für die Ewigkeit aufstellen, doch mit Jean-Rene Gougeon im Sulky langte es für den hohen Favoriten hinter der Stute und Potin d'Amour (Jan Kruithof) diesmal nur zum 3. Rang. Auch Ourasi war keine Rennmaschine.

Schwer zu überbieten sein wird der Rekord von Ourasi, den Jean-Rene Gougeon zu einem Ausnahmepferd und Weltstar formte. Der Fuchs gewann den ‚Prix d'Amerique' in den Jahren 1986 bis 1990 viermal, musste sich nur 1989 geschlagen geben. Seine souveräne Eigenwilligkeit und seine Späße, mit denen er seinen Steuermann oft ratlos wirken ließ, sind unvergessen.

Tragisch endete der letzte ‚Prix d'Amerique'-Auftritt von Ourasi für seinen großen Gegenspieler Potin d'Amour (Jan Kruithof). Der Vorjahreszweite scheute, als Michel-Marcel Gougeon in der Siegesfreude die Peitsche schwang, und galoppierte im ‚Amerique' 1990 hinter Ourasi über die Ziellinie. Im gleichen Jahr buchte Kurt Hörmann mit der Stute Valacirca seinen letzten Erfolg auf der Bahn in Vincennes.

Erst als Ourasi abgetreten war, wurde der Weg frei für den fünf Jahre jüngeren Tenor de Baune, der sich mit seinem Besitzer und Trainer Jean-Baptiste Bossuet 1991 in 1:15,5 über 2700 Meter überlegen gegen Reve d'Udon (Yves Dreux) und Ultra Ducal (Paul Viel) durchsetzte.

Jean-Claude Hallais war 1992 mit dem erst fünfjährigen Verdict Gede in der Superprüfung des Trabrennsports erfolgreich. Zwei Jahre später holte sich der Franzose sogar den Titel eines Europameisters der Trabrennfahrer. Auch heute noch gehört der Mann mit der kräftigen Statur und dem mächtigen Finish zu den besonders umjubelten Akteuren auf der Vincenner Piste.

Als Stig H. Johansson 1993 mit der Fuchs-Stute Queen L die 17 Konkurrenten im schwersten Rennen der Welt hinter sich gelassen hatte, flog die Peitsche aus seiner Hand im hohen Bogen in das Publikum. Hinter Ukir de Jemma und der Ourasi-Schwester Vourasi rettete Sea Cove an der Innenkante das vierte Geld. Ein Jahr später triumphierte er hier mit Jos Verbeeck im Sulky. Erfolge für - aus französischer Sicht - im Ausland gezogene Traber sind nach wie vor in Paris nur schwer zu realisieren.

Nicht nur die vierbeinigen Cracks werden in Frankreich temperamentvoll, ja oft euphorisch gefeiert. Auch Fahrer und Trainer genießen so hohe Wertschätzung, dass sich Jean-Rene Gougeon beispielhaft den Ehrentitel „der Papst" zuzog. Der ältere der beiden überaus erfolgreichen Gougeon-Brüder, dessen Markenzeichen die Habichtsnase war, wurde mit 8 Siegen der erfolgreichste Fahrer im ‚Prix d'Amerique'. Ein Schlaganfall verhinderte, dass er beim letzten Sieg von Ourasi im Sulky saß.

Mit vier Siegen im ‚Prix d'Amerique' ist in dessen Siegerliste der Belgier Jos Verbeeck sogar erfolgreicher als einst Hans Frömming und Charlie Mills. Nach dem spektakulären Triumph mit Sea Cove 1994 folgten Abo Volo 1997, Dryade des Bois 1998 und mit Abano As 2003 auch ein in Deutschland gezüchteter Traber, der damit die Nachfolge von Permit (1953) antrat. Verbeeck kann seine Bilanz vielleicht noch verbessern, denn er erhält fast jedes Jahr im „Rennen der Rennen" eine aussichtsreiche Fahrt.

der Bahn in Elmshorn bei strömendem Regen statt, denn Udomerica wurde ihrer Klasse vollauf gerecht und siegte überlegen, mit einem Kurt Hörmann im Sulky, der seinem nächstfolgenden Konkurrenten im Rückwärtssitz hörbar zurief: *„Frahm, wo sind Deine Tanzmäuse?"*

Der Vorfall hatte einige pekuniäre Folgen bei der Rennleitung, doch dafür kam Besitzer Bruhn, zeitlebens ein Freund Hörmanns, ja auf. Im Grunde ist das „im Ruhestand" von Hörmann geäußerte Bonmot, *„Früher war ich bei den Besten, heute bin ich bei den Lustigsten",* vielleicht doch noch nicht der Abschluss einer großen Karriere. Lustig war der Mann mit der einprägsamen Nase, der als echter Hamburger Jung' seine Muttersprache nie verleugnet hat und noch nie einem Dativ zu nahe gekommen ist, schon immer - und ist es noch heute.

Deutschlands Trabrennpferde haben in den letzten Jahren in den internationalen Vergleichen vereinzelt eine recht gute Rolle spielen können. Erstklassig waren im Grunde nach dem Krieg - Ausnahme Permit - nur die „Fahrer-Exporte" durch Charlie Mills, Hans Frömming, Gerhard Krüger, Kurt Hörmann oder Eddy Freundt, die ja alle eine gewisse Zeit im Ausland tätig waren. Vielleicht folgt ihnen ja eines Tages der unbestritten erfolgreichste Sulkyfahrer der Welt Heinz Wewering nach. Von all diesen Export-Schlagern war Kurt Hörmann jedoch gewiss nicht der schlechteste.

Zukunft und Chancen der Traber?

Fragt man heute den fast 80jährigen Trabertrainer Kurt Hörmann nach den Zukunftsaussichten des Trabrennsports, geht sein Blick eher nach Frankreich als zu den deutschen Bahnen, die ja alle seit Jahren unter früher kaum vorstellbaren Problemen leiden. Die Gründe sind zahlreich und nicht in kurzer Zeit zu bekämpfen. Besonders eklatanter Tiefgang bringt jedoch auch den Altmeister zuweilen noch auf die Palme.

Am Sonntag, dem 19. Juni 2005, hätte er Grund zur Trauer gehabt, denn da konnte man in Hamburg-Bahrenfeld den 125. Geburtstag der Rennbahn feiern, auf der einst Charlie Mills 1888 geboren wurde. Es gab ein „Geburtstags-Handicap", einen „Geburtstags-Nachwuchs-Pokal", ein „Geburtstags-Amateurfahren" und den „Preis vom 125. Geburtstag". Fast alle 13 Rennen waren mit jeweils 1.000 EUR dotiert, nur der 125. Geburtstag war 900 EUR mehr wert. Insgesamt 109 Pferde standen im Programm, im Schnitt also 8,4 Traber pro Rennen, in heutiger Zeit für deutsche Bahnen eine gute Quote. Noch 1976 meldete der Trabrennverein Recklinghausen e.V., dass man in jenem Jahr insgesamt 1.500 Pferde nach den „Allgemeinen Bestimmungen" als überzählig aus dem Rennen nehmen musste. Das waren 150 Rennen oder 15 Renntage „Überschuss"!

Wenn die Kasse leer ist, kann es keinen Champagner geben, doch ein wenig Ehrfurcht vor großen Namen möchte schon sein. Den älteren Rennbahnbesuchern müssen sich die Haare gesträubt haben, als in der 6. Tagesprüfung ein 'Otto Nagel-Rennen' angekündigt wurde, makabererweise für 3-14jährige Pferde aller Länder, die bisher nicht mehr als 600 EUR gewonnen haben durften.

„Dieses 'Otto Nagel-Rennen', das an den großen Züchter und Rennstallbesitzer vom Gestüt Lurup erinnert, habe ich zweimal mit Aref und einmal mit Elves gewinnen können. Auch ein Pferd wie der 1953 im 'Prix d'Amérique' erfolgreiche Permit steht mit Walter Heitmann in der Siegerliste dieses Rennens, das nun wirklich einen anderen Stellenwert verdient gehabt hätte."

Dass auch ein 'Otto Kloss-Rennen' für Pferde mit Gewinnsummen bis zu 7.500 EUR im Jubiläums-Programm stand, sei nur am Rande erwähnt. Ebenso die Tatsache, dass Kurt Hörmann sich dieses 'Otto Kloss-Rennen' 1969 mit der internationalen Größe Minisink Hanover holen konnte, einem Pferd, das in vier Ländern siegreich war.

Am gleichen Tag eröffnete der in Deutschland gezüchtete Hengst Ambassador As, der Derby-Sieger von 2004, mit „Silberhelm" Roland Hülskath im Sulky das 9 Rennen umfassende Programm auf Frankreichs Parade-Bahn Vincennes mit dem Sieg in einem mit 70.000 EUR dotierten und über 2850m führenden Trabfahren. Für die ersten beiden Pferde wurde über diese lange Distanz ein Kilometerschnitt von 1:13,7 ermittelt. Der Rennpreis wurde nur zweimal bei dieser Sonntagsveranstaltung unterschritten. Insgesamt standen 1.080.000 EUR für in 9 Rennen star-

Über Jahrzehnte war Greyhound (Sep Palin) der berühmteste Traber in den USA, ja in der Welt. Der Schimmel wurde im Heat noch mit einem Schlagriemen gefahren.

tende 120 Pferde zur Verteilung an. Es liefen fast immer doppelt soviel Pferde pro Rennen und der Rennpreis lag im Schnitt 77mal höher als in Bahrenfeld. Dass dies auch für Vincennes ein besonderer Renntag war, an dem viermal eine Dotation von 200.000 EUR und mehr angeboten wurde, versteht sich von selbst, wenn man hört, dass im besten Trabfahren der 'Prix d'Amérique'-Sieger Jag de Bellouet (Christophe Gallier) den Zweikampf mit Love You (Jean-Pierre Dubois) noch einmal für sich entschied. Doch auch wenn dies der zweitwichtigste Renntag auf der Bahn in Vincennes war, krasser dürfen Unterschiede nun nicht mehr ausfallen.

Das Beispiel zeigt, dass einzelne Pferde der deutschen Traberzucht durchaus bestehen können. Doch um eine auf dem besten Weg befindliche deutsche Traberzucht nun nicht wieder um Jahrzehnte zurückfallen zu lassen, muss sich ganz schnell eine Menge tun. Es wird dem deutschen Publikum auf Dauer bald genügen, dass man Trabrennen aus Frankreich, Schweden oder Italien auch über ein Satteliten-Programm via Fernseher in die Wohnzimmer holen kann. Der Anreiz für den Besuch einer Rennbahn „live" würde dann vielleicht endgültig wegfallen. Das darf nicht sein.

Kurt Hörmann verfolgt die Rennen in Frankreich schon seit langem und sehr intensiv. Er fühlt sich auch geradezu verpflichtet, zu sehen, wie sein Freund Jean-Pierre Dubois in den großen Rennen abschneidet.

Dabei darf er sich recht häufig freuen, denn dieser Jean-Pierre Dubois beherrscht als Besitzer wie Trainer und Fahrer seit langer Zeit die Schlagzeilen des Rennsports in Frankreich. Dass er darüberhinaus in seinem Umfeld, das man durchaus ein Imperium nennen darf, neben der Traberzucht auch enorme Erfolge im Galopprennsport verzeichnen kann, in Kanada wie in Italien - wo auch auf seiner Dependance Varenne und Daguet Rapide gezüchtet wurden - Niederlassungen unterhält und selbst noch ständig seine viele Köpfe umfassende Rinderherde zählt, zeigt, von welchem Kaliber dieser bemerkenswerte Mann ist.

Die ersten Kontakte gab es für Hörmann 1963, als Jean-Pierre Dubois - wie viele junge Franzosen im Trabrennsport - für einige Zeit bei Charlie Mills dem Altmeister auf die Finger schaute. Nach dem Wilhelm Busch-Motto „wer zusieht, sieht mehr, als wer mitspielt" gaben sich etliche Nachwuchsleute aus dem französischen Trabrennsport Mühe, hinter das Mills-Geheimnis zu kommen.

„Jean-Pierre Dubois habe ich schon zur Zeit meiner Besuche bei Charlie Mills kennengelernt. Zu Charlie kamen immer junge Leute, um sich umzusehen und möglichst auch einiges zu lernen. Roger Baudron, Georges Dreux, Jean Riaud und auch Jean-Pierre Dubois habe ich so kennengelernt. Charlie war sogar glücklich, wenn die jungen Leute zu ihm kamen. Er war immer hilfsbereit, konnte gut abgeben und gut erklären."

Gelernt haben muss dabei auch Jean-Pierre Dubois, der sich heute noch gerne an Charlie Mills erinnert. Der erste 'Prix d'Amérique'-Sieg gelang dem bald etablierten Trainer 1979 mit einem 865:10-Außenseiter, dem Patara-Sohn High Echelon, der in 1:18,2/2600m mit Ideal du Gazeau und Fakir du Vivier prominente Konkurrenz hinter sich ließ. Es war gleichzeitig der erste Auftritt von Jean-Pierre Dubois im schwersten Rennen der Welt. Der nächste Crack wurde der in seinen Farben „blau, rotes Lothringer-Kreuz auf dem Rücken, gelbe Kappe" laufende Hymor, der als Neunjähriger die jüngeren Jiosco und Ideal du Gazeau 1982 hinter sich ließ. Versuche mit Diamond Exchange und Lapito blieb ohne Erfolg, ehe dann die fünfjährige Texas-Tochter Grades Singing Jean-Pierre Grosbois hinter dem zum zweiten Mal siegreichen Ourasi 1987 den zweiten Rang einbrachte. Dass Dubois auch als Fahrer gesucht war, bewies diese Verpflichtung hinter der US-Stute. Im Jahr 1988 brach sich der Erfolgstrainer bei einem Sturz im Juli bei einem Rennen in Vichy hinter dem stürzenden Rainbow Runner die Hüfte. Das hinderte ihn aber nicht, nach der Genesung weitere Klassiker in Frankreich und auch Italien mit Pferden wie Buvetier d'Aunou, Bahama, Rangone oder Rainbow Runner erfolgreich zu bestreiten. Im 'Prix d'Amérique' konnte inzwischen der jüngere Sohn Jean-Etienne die Familienserie aufrecht erhalten, als er 1996 den später zum gefragten Deckhengst avancierten Coktail Jet zum Erfolg führte. Auch Jean-Philippe, der

Der Schweden-Import Sugarcane Hanover entschied 1988 den spektakulären Dreikampf mit Ourasi und Mack Lobell als „lachender Dritter" im Speed zu seinen Gunsten.

ältere, hat sich bereits als Trainer bewährt. Den Dubois-Erfolg über viele Jahre hinweg erklärt Kurt Hörmann so:

„Ich bin später beim Pferdekauf wieder auf Jean-Pierre gestoßen. Er hatte die Pferde von Olry-Roederer gekauft, der damals besten Zucht in Frankreich. Einer der Schwiegersöhne von Madame Olry-Roederer war mit Dubois befreundet und so kam die Handelsbeziehung zustande. Dubois nahm die Pferde in Kommission und schickte mir dann früher schon mal 5 bis 6 Traber, die ich im Moment noch gar nicht bezahlen konnte. Da waren dann auch interessante Pferde darunter wie Frency Boy, der Bruder des bekannten Kimberland. Anfang der 70er Jahre lief unser Handel richtig an und die Beziehung ist immer geblieben.

Der Erfolg von Jean-Pierre Dubois beruht auf der Tatsache, dass er immer auf Zuführung amerikanischer Blutlinien Wert gelegt hat. Als der Graf de Montesson (u.a. Besitzer von Une de Mai) die 'Societe' in Paris führte, wurden erstmals jeweils 5 Stuten pro Jahr durch Losentscheid bestimmt, die zu amerikanischen Hengsten reisen durften. Aus diesem ersten Ansatz züchtete Dubois dann seine heute so großartigen Erfolge, denn seine Stammstute Nesmile brachte mit verschiedenen amerikanischen Hengsten (Speedy Somolli, Royal Prestige) Produkte, auf die nun die heutigen Dubois-Deckhengste zurückgehen. Die Traberzucht in Frankreich ist ja gerade heute ein großes Geschäft. Bei der Familie Dubois - auch die beiden Söhne sind ja als Profis längst erfolgreich - kommt noch dazu, dass fast alle Cracks in den eigenen Dubois-Farben laufen.

Immer wenn ich bei Frankreich-Besuchen in der Normandie war, habe ich bei Dubois übernachtet und früher auch ein wenig mit den Pferden gearbeitet, wenn ich da helfen konnte. In der heutigen Zeit liegt der Schwerpunkt der Tätigkeit von Jean-Pierre Dubois eher in Kanada, wohin er durch seine Kontakte zur amerikanischen Zucht kam. Aber er hat neben der Dependance in Italien auch in Australien einen Hof, betreibt also sein Geschäft weltweit. Dabei ist er der härteste Arbeiter, den ich je gesehen habe - ein Mann aus Stahl."

Zur Ergänzung dürfen die jüngsten Dubois-Erfolgszahlen aus dem französischen Trabrennsport nicht fehlen. In der Besitzerstatistik blieben die Pferde von Jean-Pierre Dubois 2004 mit einer Gesamtsumme von 2.038.970 EUR (in nur einem Jahr!) knapp geschlagen hinter dem zahlenmäßig größeren Rennstall der Ecurie Rib (2.136.445 EUR) auf dem zweiten Rang. In der Trainerstatistik lag Jean-Pierre Dubois, der sich fast ausschließlich auf eigene Pferde beschränkt, mit 2.152.070 EUR hinter den beiden Voll-Profis Jean-Michael Bazire und Pierre Levesque, deren Ruf in Frankreich wohl dem eines Heinz Wewering bei uns nahe kommt. Bazire gewann zwar „nur" 285 Rennen (gegen 386 von Heinz Wewering), doch die Kasse stimmte.

In Zusammenarbeit mit Dr. Friedrich Gentz auf Gestüt Westerau wird von Kurt Hörmann Gefriersamen der Dubois-Hengste Love You, Buvetier d'Anou, Daguet Rapide, And Arivant, In Love with You, Ganymed, Goetmals Wood u.a. seit einiger Zeit in Deutschland vermittelt. Im Grunde könnte dieses Dubois-Geschenk für

Kurt Hörmann noch die - heute recht nötige - Rente sein. Von den eigenen Erfolgen sind in erster Linie - wie bei den meisten Trainern - Ehrenpreise geblieben. Geblieben ist ihm jedoch auch die Freude, die jeden von uns packt, wenn ein Klassetraber seine blendende Aktion zeigt. Wenn Love You mit Jean-Pierre Dubois auf dem Bildschirm auftaucht, ist Kurt Hörmann glücklich. Ihm und uns geben diese Bilder Hoffnung, dass der Trabrennsport weltweit immer überleben wird. Auch und gerade in dem Land, in dem Kurt Hörmann so oft, so gerne und so erfolgreich Gast war - in Frankreich.

Zur Situation in Deutschland hat Kurt Hörmann durchaus eine eigene Meinung, die er - obwohl immer vorsichtig und nie auf Konfrontation bedacht - auch freimütig äußert:

„Ganz wichtig für mich - Das Publikum gehört auf den Rennplatz und nicht in die Buchmacherläden oder zu anderen Wettvermittlern, sonst hat der Pferderennsport keine Chance. Die Wettvermittler profitieren vom Rennsport, lassen jedoch die Rennpreise durch die Vereine erwirtschaften. Man hat versäumt, eigene Fernsehwege zu gehen und nun hat der deutsche Trabrennsport nicht annähernd den Rang wie der in Frankreich oder Schweden. Wo im Ausland ein eigener Fernsehkanal seit Jahren berichtet, hat unser Sport auch eine Überlebenschance.

Selbst wenn so ein eigener Fernsehsender viel Geld kostet, ist er doch der einzige Weg, um über eine landesweite Großwette den Umsatz zu steigern. In Frankreich sah man es schon vor etlichen Jahren als Sensation an, dass 8% der Rennen international ausgeschrieben wurden.

Nun ist man in Paris auf 16% gegangen, obwohl die französischen Aktiven dagegen waren. Die Geschäftsführung hatte angekündigt, dass allein mit Inländer-Sport die Rennpreise nicht zu halten wären. Gerade die Übertragung der internationalen Vergleiche garantiert den Umsatz auch von Ausländern, die zahlreich mit ihren Pferden anreisen.

Für Hamburg und Berlin wäre nach meiner Meinung eine einzige Dachorganistation längst fällig gewesen, nicht nur aus Kostengründen.

In Frankreich werden die Rennen in der Provinz alle von Paris koordiniert. Die Franzosen machen es sich mit ihrer einzigen Zentrale in Paris, wo alles gesteuert wird, viel einfacher. Hier haben wir in unserer Organisation den richtigen Zug verpasst.

Im Grunde hätte es der Pferdesport doch einfacher, sich jedes Jahr bemerkbar zu machen, als Trendsportarten wie Tennis oder Volleyball, die deutlichen Schwankungen unterliegen, wenn der Star oder die erfolgreiche Mannschaft fehlt. Jedes Jahr werden neue Pferde geboren, jedes Jahr gibt es einen neuen Derby-Sieger, der dann später international bestehen und sogar - wie bei Abano As gesehen - den 'Prix d'Amerique' gewinnen kann. Im Pferdesport wird es immer einen neuen

Boris Becker geben - im Tennis ist das längst Geschichte. Berühmte Pferde haben immer die Massen begeistert und so bewegt, dass zum Beispiel der italienische Crack Varenne bei seinen Auftritten in Paris mehr italienische Fans auf die Tribünen zog, als in Deutschland ein erstklassiger Renntag an Zuschauern hat.

Heute hilft offensichtlich den deutschen Trabrennvereinen nur noch ein 'Nebengeschäft' im Kampf ums Überleben, indem man das Gelände auch für andere Veranstaltungen nutzen lässt. Zum Teil ist sogar der Geländeverkauf das allerletzte Mittel, denn selbst Ausnahme-Sportler wie Heinz Wewering oder Ausnahmepferde wie Abano As ziehen unseren Sport derzeit nicht hoch.

Das stimmt mich nachdenklich, denn in Frankreich leuchtet an jedem Zeitungsstand der Name des chancenreichsten französischen 'Prix d'Amérique'-Starters in den größten Buchstaben auf den Titelseiten. Jeder Taxi-Fahrer, jedes Schulkind kennt ihn. Das ganze Land drückt seinem Kandidaten den Daumen.

In Deutschland hat jede Bahn ihren Lokalmatador. Alle Veranstalter wollen im Konkurrenzkampf gegen die Nachbarn möglichst viele Startpferde an sich binden und damit einen Geld kostenden Wettstreit gewinnen.

Die Entwicklung zum überwiegenden Amateursport ist aus meiner Sicht - der eines Trabertrainers - ein weiterer Schwachpunkt. Sobald ein Amateurfahrer - früher nannte man sie Herrenfahrer und die mussten ein geregeltes Berufseinkommen nachweisen - beginnt, die Traberei zu einem Geschäft zu machen, nimmt der Sport Schaden. Die Grenzen verwischen immer mehr, es gibt zwangsläufig kaum noch gute Auszubildende, aus denen erst excellente Profis und dann Trainer werden können. Der schnelle Weg über die Amateurlizenz, mit der man dann nicht nur die eigenen Pferde selbst trainiert, hat eine ganze Berufssparte - die der Trabertrainer - fast entbehrlich gemacht. Da haben die Trainer nicht im rechten Moment aufgepasst, und nun geht es schon gar nicht mehr ohne Amateure. Manche 10 Rennen umfassende Veranstaltung ist inzwischen nur mit vier Amateurfahren zu retten. In den offenen Rennen treten diese 'Nicht-Profis' dann mit den auf ihren Namen eingetragenen Pferden auch noch an."

Hier hört man sicher auch den ehemaligen Vorsitzenden des Hamburger Trainervereins heraus, der allerdings allzu sehr richtig liegt, wenn er Kraft kostende Zweikämpfe der Veranstalter moniert. Wenn der Nachbar - vielleicht sogar durch seine Fehler - eine Umsatzeinbuße hinnehmen muss, kommt kein Mitleid auf, sondern Häme. Man kann die Beobachtungen von Wilhelm Busch nachvollziehen, wenn er erkennt: *„Dummheit, die man bei anderen sieht, wirkt meist erhebend aufs Gemüt."*

Es gibt sicher noch etliche Punkte, die Kurt Hörmann anfügen kann und insbesondere durch seine Vergleiche mit Frankreich bedauert. So hält man in unserem Nachbarland die Tradition der klassischen und bedeutenden Rennen nach wie vor hoch. Der Name wird nicht beliebig ausgetauscht, die Ausschreibung nur sehr selten verändert, die Rennstrecke nicht ständig variiert. Man weiß eigentlich immer, ob es über eine lange oder kürzere Distanz geht, wenn ein Renn-Name fällt. Solche und ähnliche „Kleinigkeiten" könnte man selbst in Deutschland ohne Aufwand regeln. Es gibt allerdings doch viele Fragen, auf die auch Kurt Hörmann keine Antwort weiß. Lassen wir ihn - wie weiland Georg Christoph Lichtenberg in seinen Aphorismen - zu der Einsicht kommen: *„Ich kann freilich nicht sagen, ob es besser wird, wenn es anders wird; aber soviel kann ich sagen, es muss anders werden, wenn es gut gehen soll."*

Kurt Hörmann in Zahlen

Statistiken sind wichtig. Sie geben in kühlen Zahlen Auskunft über Zusammenhänge, die kein Gehirn über lange Distanz erfolgreich speichern kann. Doch jenes Buch, das - aus dem Englischen übertragen - den Titel trägt: *„Wie lügt man mit Statistik"*, scheint Probleme aufzuwerfen.

Die reine Zahlen-Statistik sagt oft nicht sehr viel über den eigentlichen Wert der einzelnen Zahl. Genau das wird zum Thema bei der Bewertung einer Aufstellung, in der die wichtigsten Erfolge des Trabertrainers Kurt Hörmann festgehalten werden sollen. Normalerweise werden in Deutschland Siege in „Zuchtrennen" und dann vielleicht noch „Standardrennen" als erwähnenswert notiert. Die Dotation eines Rennens allein ist meistens kein Kriterium, denn die Rennpreise 1955 lagen weit unter denen von 1980 und die heutigen liegen häufig noch unter denen von 1955.

So kommt es, dass der von Kurt Hörmann gepachtete Franzose Iris de Gournay als Fünfter im 'Preis der Besten' 1981 sogar 15.000 DM gewinnen konnte und heute ein Sieger in jedem Standardrennen mit weniger bedient wird. In der - aus finanzieller Sicht - „Blütezeit" des deutschen Trabrennsports wurden RennQuintett-Rennen mit 80.000 DM oder gar 100.000 DM dotiert, sie waren aber keineswegs alle mit dem Titel Zucht- oder Standardrennen versehen. Als auf der B-Bahn Elmshorn am 18. Mai 1974 ein „Treffen der Meisterfahrer" in einem Rennen ausgetragen wurde, siegte Elves mit Kurt Hörmann nach einem furiosen Endkampf und in neuer Bahnrekordzeit von 1:19,8 vor der von Lothar Rudnik gesteuerten Perlenmuschel, und dem mit Hans Frömming angetretenen Amigo VII. Im Feld traten auch noch Gottlieb Jauß, Peter Kwiet, Hans Lehmkuhl, Rolf Luff und Helmut Obermeier an. Erwähnt werden muss die Prüfung hier, weil sie als „normales" Rennen mit 10.000 DM dotiert war.

Eigentlich müsste in der Aufstellung „Wichtigste Erfolge der ruhmreichen Laufbahn" jedes von Kurt Hörmann im Ausland gewonnene Rennen aufgeführt werden, denn bereits „normale" Rennen, die Pferde wie Tati, Sorcellerie L und andere in Frankreich für sich entschieden, waren mit 20.000 FR dotiert. Doch aufgeführt sind nur die Klassiker, deren Gewinn in Frankreich mehr zählt als alles andere.

In Deutschland gilt der brave Hengst Kerr, mit dem Kurt Hörmann 1967 das 'Goldene Pferd' in Dinslaken gewann, als Zuchtrennsieger, der einen Rennpreis von

Ein ‚Prix d'Amerique'-Sieger stellte im Jahr seines größten Triumphes bereits seinen Nachwuchs vor. Permit und Walter Heitmann präsentierten am 18.10.1953 vor der Farmsener Tribüne die ersten Jährlinge des späteren Vaterpferd-Champions. Der Name Permit war noch Jahrzehnte lang ein Beispiel dafür, welche Spuren ein Ausnahmepferd hinterlassen kann.

Der von Alexander Finn trainierte US-Import Muscletone war 1935 der erste Traber, der bereits als Vierjähriger den ‚Prix d'Amerique' gewinnen konnte. Der für italienische Farben startende Hengst wurde im Folgejahr wegen seiner 25-Meter-Zulage nur Zweiter, steckte diese "Strafe" dann aber 1937 doch weg und bezwang sogar die "Wunderstute" Tara. Kurt Hörmann sah Muscletone 1939 am Ende seiner Laufbahn, als er gegen Probst keine Chance hatte.

Spektakuläre Zweikämpfe waren auch nach 1950 wieder so beliebt wie in den Anfängen des amerikanischen Trabrennsports. Als der Schimmel Gibrid 1955 in Aby auf die beste Schweden-Stute Frances Bulwark traf, konnte der russische Orloff-Traber sogar nach spannendem Endkampf überraschend gegen die von Sören Nordin gesteuerte Favoritin gewinnen. An die Stute erinnern sich die älteren Traberleute in Schweden noch heute.

„Verstärkung" erhielt die 1954 im ‚Prix d'Amerique' zweitplatzierte Frances Bulwark 14 Tage später, als es zu einem Dreikampf kam. Doch diesmal hatten Gibrid (Alexander Bondarewski) und Frances Bulwark (Sören Nordin) sogar gemeinsam das Nachsehen. Der von Gunnar Nordin gesteuerte Gay Noon war im Endkampf das stärkste Pferd. Schweden wurde schon in den 50er und 60er Jahren durch zahlreiche Cracks eindrucksvoll vertreten.

In ganz Europa wurde Charlie Mills mit seiner zweifachen ‚Prix d'Amerique'-Siegerin Gelinotte umjubelt. Hier bezwingt die siebenjährige Stute in ihrem letzten Rennjahr im Wiener ‚Graf Kalman Hunyady-Gedenkrennen' 1957 die Schweden Gay Noon (Gunnar Nordin) und Tampiko (Gösta Nordin).

Auch bis nach Berlin reiste - damals unter schwierigen Bedingungen - die französische Elite. Das Zielfoto zum ‚Matadoren-Rennen' 1965 sieht den 20 Meter günstiger gestarteten Gerrol mit Hans Frömming vor den drei Franzosen Pick Wick (Gerhard Krüger), Petit Amoy F (Marcel Riaud) und Oscar RL (Henri Levesque) auf der Linie in Front.

Äußerst knapp fiel der Sieg von Tidalium Pelo (Jean Mary) gegen Eileen Eden (Hans Frömming) und Simmerl (Rolf Luff) über 2100 Meter im ‚Preis von Deutschland' 1970 aus (oben). So wuchs die Idee, diese drei Pferde auch auf der Meile gegeneinander antreten zu lassen. Da alle drei Fahrer und auch ihre Besitzer einverstanden waren, blieben die drei Pferde eine Woche in Bahrenfeld und traten dann im oft zitierten "Rennen des Jahrhunderts" noch einmal an, diesmal auf der Meile.

Dieser Vergleich, bei dem es um 30.000 DM (15.000, 10.000, 5.000) an Rennpreisen ging, fiel noch spektakulärer aus und sah Tidalium Pelo erneut als Sieger. Diesmal jedoch blieb Simmerl bei der besten Leistung seiner Laufbahn sogar vom gleichen Start vor Eileen Eden und hielt vor allem das Publikum in Atem. Rolf Luff startete aus dem engeren Stallbogen heraus einen Ausreißversuch, der von den Tribünen so lautstark unterstützt wurde, als käme es schon zum Endkampf. Erst auf der langen Bahrenfelder Endgeraden setzte sich die robuste Kraft von Tidalium Pelo durch.

Als Tidalium Pelo 1970 in Bahrenfeld nach sensationellem Endkampf vor einer begeisterten Kulisse den ‚Preis von Deutschland' gegen Eileen Eden und Simmerl gewonnen hatte, wurde Siegfahrer Jean Mary von seinem Freund und Kollegen Gerard Mascle sowie Manager Graf Alex Ignatieff „eingefangen". Da wussten sie alle noch nicht, dass es eine Woche später zur „Revanche" kommen würde. Und das Publikum ahnte nicht, dass dieses Pferd nicht nur das schwerste Trabrennen der Welt sondern auch den ‚Prix d'Amerique' noch zweimal gewinnen sollte.

Der einzige Traber deutscher Zucht, der zumindest auf den Bahnen seines Landes gegen Europas Elite mit berechtigten Chancen antreten konnte, war lange Zeit der Bayer Simmerl mit Rolf Luff im Sulky. Unvergessen ist nicht nur seine Leistung als Zweiter 1970 im Dreikampf gegen Tidalium Pelo und Eileen Eden, als er den deutschen Rekord für die nächsten 11 Jahre auf 1:15,6 schraubte. Der Hengst war durch sein „Schauspieler-Geläuf" auch ein absoluter Publikumsmagnet.

Völlig überraschend ließ 1973 der Schwede Dart Hanover (Berndt Lindstedt) mit fulminantem Speed die besten Pferde Frankreichs im ‚Prix d'Amerique' hinter sich. Der US-Import musste 1971 im Bahrenfelder ‚Preis von Deutschland' zwar Tidalium Pelo vor sich anerkennen, ließ aber Une de Mai (Jean-Rene Gougeon) hinter sich. Frankreichs Superstute war damals mit umgerechnet mehr als 4 Millionen DM der gewinnreichste Traber der Welt und der Liebling der Franzosen.

Nach seinem glorreichen ‚Prix d'Amerique'-Erfolg galt dem Bonefish-Sohn Sea Cove aus dem Stall Cicero bei allen Auftritten in Deutschland (hier in Bahrenfeld) das ungeteilte Interesse des Publikums. Der großkalibrige Hengst schaffte etwas, was man wohl nie vergessen wird: Jos Verbeeck ergriff mit ihm in Vincennes die „Flucht", führte vom Start weg mit großem Vorsprung und strafte alle Experten Lügen, die meinten, dass diese Taktik nicht gut gehen könne.

Auch nach ihrer glorreichen Saison 1974, in der sie gleich vier Zuchtrennen gewann, bewährte sich die aus den USA für den Stall von Frau Gudrun Bruhn importierte Stute Shammy Tara in so manchem Endkampf, wie hier am 7.3.1976 in Bahrenfeld. Die im Rennen wunderbar zu regulierende Ayres-Tochter konnte sogar als Vierjährige bereits das traditionelle ‚Nienhausen-Rennen' in Gelsenkirchen über 2500 Meter gegen bewährte, ältere Konkurrenz gewinnen.

Der Erfolg von Corner im Münchener ‚Criterium der Vierjährigen' über 2640 Meter in 1:22,6 fiel souverän aus. Besonders erfreulich war aus norddeutscher Sicht, dass als Zweiter auch Racer mit dem dann allzu früh verstorbenen Kalli Heitmann ein großes Rennen lief. „Im Grunde war Corner nicht einmal der größte Steher, doch er hatte Klasse genug, um über jeden Weg zu kommen", sagt Kurt Hörmann heute.

Eine besondere - für Kurt Hörmann nicht immer erfreuliche - Geschichte begleitete die Laufbahn des US-Importes Meadow Matt. Der Ankauf für „kleines Geld" - man sprach von 5.000 Dollar - entwickelte sich bei Kurt Hörmann zu einem internationalen Crack, der zunächst die Fachwelt mit einem Erfolg im ‚Prix de Stockholm' auf der Bahn in Enghien verblüffte und insgesamt auf 6 Rennbahnen Zuchtrennen gewann.

Als hübsches und elegantes Leichtgewicht präsentierte sich Spice Island 1983 in Cagnes sur mer und als „Leichtgewicht" wurde der nach seinem Ankauf nun im weißen Cicero-Dress antretende Außenseiter wohl auch von der Konkurrenz eingeschätzt. Doch der von Kurt Hörmann wieder motivierte Hengst bezwang Pferde der Weltelite und war 1983 mit fünf Siegen in großen Rennen das überragende Pferd. „Er durfte nur nicht zu früh in Front kommen", erinnert sich sein Trainer.

13.000 DM mitnahm. Als Meadow Matt in Hörmanns eigenen Farben antrat, konnte er 1981 im 'Münchener Pokal' als Vorlaufsieger 15.000 DM und im Finale hinter dem 20 Meter besser stehenden Esbartero 18.000 DM verdienen. Die 33.000 DM dürften seinem Besitzer und Trainer gut getan haben - in einer Statistik der „wichtigsten Erfolge" tauchen sie nicht auf.

Deshalb wird die nachfolgende Aufstellung „wichtiger" Rennen der Laufbahn von Kurt Hörmann vielleicht nicht ganz gerecht.

Noch weniger korrekt erfasst ist die absolute Siegzahl, mit der jener Fahrer und Trainer Hörmann abtrat. Aufgeführt sind nur die durch Foto, Renn- oder Zeitungsbericht festgehaltenen Frankreich-Erfolge, die in Deutschland fast alle untergingen, weil den HVT kein offizieller Rennbericht erreichte. Man darf sicher sein, dass die eine oder andere Siegfahrt in der „Provinz" untergegangen ist. Für akribische Buchführung fühlte sich unser Kurt nun mal nicht zuständig.

Insofern ist das anschließende Zahlenmaterial auf keinen Fall geschönt. Es vermittelt aber doch einen Einblick in das bunte, wechselvolle Leben des erfolgreichen Trabertrainers Kurt Hörmann.

Hörmann-Siege in bedeutenden Rennen

1952	Horrido	Dreijährigen-Prüfungs-Preis, Farmsen/Altonaer Renn-Club
	Horrido	Dreijährigen-Preis der Bundesrepublik, Farmsen
1953	Aref	Otto Nagel-Rennen, Bahrenfeld
	Ortello	Westfalen-Preis, Recklinghausen
	Horrido	Josef Berlage-Erinnerungsrennen, Gelsenkirchen
	Ortello	Schwarze Diamanten, Recklinghausen
1954	Cora T.	Dreijährigen-Prüfungs-Preis, Bahrenfeld
	Aref	Otto Nagel-Rennen, Bahrenfeld
	Horrido	Hammonia-Preis, Farmsen
	Aref	Die silberne Peitsche, Farmsen
	Horrido	Großer Alster-Preis, Farmsen
	Horrido	Robert Großmann-Erinnerungsrennen, Mariendorf
	Horrido	Elite-Rennen, Gelsenkirchen
	Cora T.	Fritz Hellmann-Erinnerungsrennen, Recklinghausen
	Hindumädel	Altonaer Zucht-Preis, Bahrenfeld
	Ortello	Großer Preis von Recklinghausen
1955	Domgraf	Dreijährigen-Prüfungs-Preis, Bahrenfeld
	Cora T.	Preis der Fortuna, Farmsen
	Hindumädel	Fritz Hellmann-Erinnerungsrennen, Recklinghausen
	Horrido	Großer Alster-Preis, Farmsen
	Hindumädel	Deutsches Traber-Derby, Mariendorf

1956	Annepermit	Frühjahrspreis der Vierjährigen, Bahrenfeld
	Nixe	Sommer-Preis der Dreijährigen, Bahrenfeld
	Cora T.	Münchener Pokal
	Ortello	Gladiatoren-Rennen, Farmsen
	Horrido	Matadoren-Rennen, Mariendorf
	Cora T.	Großer Preis von Recklinghausen
	Ortello	Nienhausen-Rennen, Gelsenkirchen
1957	Cora Mia	Stuten-Prüfungs-Preis, Mariendorf
	Arnulf	Germania-Preis, Farmsen
1958	Arnulf	Hanseaten-Preis, Farmsen
1959	Progusta	Germania-Preis, Farmsen
	Progusta	Hanseaten-Preis, Farmsen
1960	Blau Bush	Westfalen-Preis, Recklinghausen
1961	Abendlicht	Championship von Bahrenfeld
	Orelia	Hammonia-Preis, Farmsen

Der Hengst Luth de Gournay ging mit Kurt Hörmann 1984 in Vincennes gleich zweimal auf die Siegerparade. Hier bei seinem Erfolg am 16. Februar.

1962	Thesis	Pokal der OBT, Mariendorf
	Hurrikan	Großer Deutscher Traber-Preis, Bahrenfeld
1963	Morlant D	Prix du Bourbonnais, Vincennes
	Pernoll	Bahrenfelder Zuchtpreis der Vierjährigen
	Niha	Münchener Pokal
1964	Pepite	Prix de la Marne, Vincennes
	Quosiris D	Prix de Selection, Vincennes
	Thesis	Bahrenfelder Meile
1965	Dompfeiferin	Hammonia-Preis, Farmsen
1966	Miras	Bahrenfelder Meile
	Miras	Münchener Pokal
1967	Heidespuk	Westfalen-Preis, Recklinghausen
	Onkel Wilhelm	Germania-Preis, Farmsen
	Heidespuk	Großer Preis von Westdeutschland, Gelsenkirchen
	Kerr	Goldenes Pferd, Dinslaken
	Heidespuk	Großer Preis von Mariendorf

Nach der Wende entwickelte sich die Bahn in Berlin-Karlshorst zu einer Ergänzung für Mariendorf. Hier steuerte Kurt Hörmann seinen letzten Sieger.

1968	Ginster	Großer Deutscher Traber-Preis, Bahrenfeld
1969	Minisink Hanover	Otto Kloss-Rennen, Bahrenfeld
1970	Mariet	Stuten-Pokal, Gelsenkirchen
	Allo Mannetot	Großer Preis von Niederbayern, Straubing
	Maxi	Präsidenten-Preis, Mariendorf
	Taquin L	Johann Giese-Rennen, Farmsen
1971	Elves	Otto Nagel-Rennen, Bahrenfeld
	Elves	Iltis-Rennen, Gelsenkirchen
	Assab	Präsidenten-Preis, Mariendorf
1972	Stella quinta	Großer Preis von Bahrenfeld, Farmsen/ARC
	Ginster	Charlie Mills-Memorial, Mariendorf
	Boss	Altonaer Zucht-Preis, Farmsen/ARC
	Boss	Walter Eckelmann-Gedächtnisrennen, Farmsen/ARC
1973	Schwarze Arabeske	Großcurth-Rennen, Mariendorf
	Ginster	Großer Preis der EDEKA, Mariendorf
	Ginster	Großer Deutscher Traber-Preis, Farmsen/ARC
1974	Shammy Tara	Stuten-Pokal, Gelsenkirchen
	Shammy Tara	Greyhound-Rennen, Mönchengladbach
	Shammy Tara	Iltis-Rennen, Gelsenkirchen
	Shammy Tara	Nienhausen-Rennen, Gelsenkirchen
1976	Corner	Westdeutscher Jugend-Preis, Gelsenkirchen
	Corner	Max Herz-Rennen, Farmsen
	Corner	Rennen Nr. 4, Straubing
	Corner	Jugend-Preis, Mariendorf
	Corner	Preis des Winterfavoriten, Recklinghausen
1977	Corner	Adbell Toddington-Rennen, Mariendorf
	Corner	Hamburger Traber-Preis der Dreijährigen, Bahrenfeld
	Topo Pride	Westdeutscher Jugend-Preis, Gelsenkirchen
	Corner	Trophäe der Dreijährigen, Recklinghausen
1978	Topo Pride	Hamburger Traber-Preis der Dreijährigen, Bahrenfeld
	Corner	Deutschland-Pokal, Bahrenfeld
	Corner	Criterium der Vierjährigen, München
	Topo Pride	Bayerisches Zuchtrennen, Pfarrkirchen
1979	Corner	Großer Preis von München
	Corner	Deutsches Championat der Fünfjährigen, Recklinghausen
	Meadow Matt	Prix de Stockholm, Enghien

Familienglück auf dem Sofa im Trainingszentrum Grosbois, wo Kurt 1983 festen Fuß zu fassen schien. So mancher Besucher konnte sich damals nicht vorstellen, dass der Trainer mit Frau Michelle und Sohn Kurt Stefan doch wieder in seiner Heimatstadt Hamburg vor Anker gehen würde. In Grosbois ließ es sich schließlich vorzüglich leben. „In Grosbois wollte ich immer nach Hamburg und in Hamburg immer wieder nach Frankreich" - späte Erkenntnis.

Starke Konkurrenz erhielt Kurt Hörmann Mitte der 60er Jahre durch eine junge Dame, die dann sogar - ein Novum - ihre Trainerprüfung machte. Rosita Hörmann, Tochter des Trainers aus erster Ehe, hatte zur Feier des 2000. Hörmann-Sieges eine Schärpe parat, die den Profi dann doch so überraschte, dass er vor dem Blitzlicht des Fotografen nur die Augen schließen konnte.

Ein Moment, der vielen Besuchern der Elmshorner Rennbahn im strömenden Rennen den Atem verschlug: Hinter der souverän siegreichen Franzosen-Stute Udomerica saß Kurt Hörmann in der Zielgeraden - wegen einer Wette - verkehrt herum im Sulky. Hier steigt er gerade noch rechtzeitig um. Die fällige Strafe zahlte Hermann-Friedrich Bruhn, dessen Stute Udomerica zu den Klasse-Importen zählte.

Fahrervergleiche konnte Kurt Hörmann oft zu großen Auftritten nutzen. Hier wird er nach einem Treffen der Derby-Siegfahrer am 2.08.1986 in Mariendorf vom diesmal nicht beteiligten Eddy Freundt mit Blumen empfangen. Der große Kopf zwischen den beiden Fahrergrößen gehört der braven Stute Merci Hanover, die schneller war als die Konkurrenz.

Das wird wohl eher die Ausnahme gewesen sein: Kurt Hörmann 1982 mit Gattin Michelle und Sohn Kurt Stefan bei einem Bummel über die erstaunlich schwach besuchten Champs Elysees. Auch bei diesem Fußmarsch vor dem berühmten Triumphbogen darf die typische Hörmann-Mütze nicht fehlen.

Die einzige Turfstätte der Traber, auf der ab 1995 auf Rechts- und Linkskurs getrabt werden konnte, hat diese Möglichkeit leider verloren, als der zweite Zielturm wieder in Container zerlegt und nach Mariendorf abtransportiert wurde. Dieses Bild hier dürfte der Vergangenheit angehören. Kurt Hörmann absolvierte auf dem Karlshorster Geläuf seine letzte Siegfahrt.

Einer der wichtigsten Besitzer, die auch heute noch an der Seite von Kurt Hörmann stehen, ist Hermann Josef Mismahl, der 1991 mit Delvin Miller ein Aushängeschild des amerikanischen Sulky-Sports in Bahrenfeld begrüßen konnte. Spontan überließ Kurt Hörmann Delvin Miller die Fahrt mit Oberon aus dem Stall Mismahl. Die Großmutter von Oberon hatte Miller einst an Mismahl verkauft. Der 77jährige Altmeister aus den USA gewann mit dem Hengst ebenso wie bei zwei weiteren Fahrten und rundete sein tolles Ergebnis mit zwei Ehrenplätzen eindrucksvoll ab.

Da hat das Staubtuch oft genug einen Großeinsatz: Im Wohnzimmer von Kurt Hörmanns heutiger Wohnung drängen sich an jeder Wandseite Pokale und andere Ehrenpreise. An prominenter Stelle präsentiert der Altmeister im Hauptschrank seinen Guy Bacon aus weißem Porzellan.

Solch ein Bild würde Kurt Hörmann gerne heute noch einmal auf Hamburgs Haupstraßen sehen: Der Altonaer Rennclub schickte 1956 prominente Trainer im Dress mit ihren sichersten Pferden auf eine Werbetour für den ‚Preis von Deutschland' durch die Innenstadt und wurde dabei auch von der berittenen Polizei unterstützt. Ein Jahr vor dem siegreichen Auftritt von Gelinotte siegte bei der Austragung 1956 Vitus Bush mit Robert Nowak sen. im Sulky.

Ein Nostalgie-Bild besonderer Art: Im Mariendorfer Parkplatzbogen führen hier drei Derby-Siegfahrer das Feld an: Kurt Hörmann (1955) in seinem „Deutschland-Dress", Heinz Wewering (seit 1981 sechsfacher Derby-Sieger) und Gottlieb Jauß jr., der nach Vater und Großvater 1988 durch Tornado Hanover ebenfalls das Blaue Band eroberte.

Den letzten Erfolg auf einer der zahlreichen Trabrennbahnen Frankreichs, die man in Abgrenzung zu Vincennes, Enghien und Cagnes sur mer auch oft „Provinzbahnen" nennt, buchte Kurt Hörmann am 27.05.1990 auf der Grasbahn in Elbeuf mit dem Hengst Twist Emeraude - wie man sieht, ohne große Probleme mit zurückgenommener Peitsche.

Der ‚Prix d'Amerique'-Sieger Sea Cove - hier mit Jos Verbeeck in Bahrenfeld - sollte in Kurt Hörmanns Laufbahn noch eine besondere Rolle einnehmen. Hörmann war es vergönnt, mit dem Hengst seine letzte Fahrt auf dem Kurs in Vincennes zu absolvieren. Doch mit Zulagen standen Pferd und Fahrer im hochklassig besetzten ‚Prix de Belgique' vor einer undankbaren und auch unlösbaren Aufgabe. Sea Cove verließ 1997 als Elfjähriger mit einem Rekord von 1:11,2 und einer traumhaften Gewinnsumme von 4.517.937 DM die Rennbahn.

Pferde aus der Zucht von Jean-Pierre Dubois spielen im internationalen Rennsport seit Jahrzehnten eine brilliante Rolle. Einer der aktuellen Hoffnungsträger ist neben der Stute Mara Bourbon der Hengst Love You, der im Sommer 2005 auf der Bahn in Vincennes 1:09,8 trabte. Gefriersamen von Love You wird in Deutschland bisher für 5.000 EUR besonders günstig angeboten, denn der Hengst ist in Frankreich nur für insgesamt 10.000 EUR zu haben. Die Vermittlung der Hengste in Deutschland überließ Jean-Pierre Dubois seinem Freund Kurt Hörmann.

Ein Blick zurück, aber - wie man sehen kann - ganz ohne Zorn, eher mit der Freude, die jeder Trabrennfahrer auf einer Parade mit Siegerschleife spüren darf. Kurt Hörmann - hier im Dress von Frau Gudrun Bruhn - ist im Rückblick auf die letzten sechs Jahrzehnte mit seiner Laufbahn doch recht zufrieden. Er darf es mit Fug und Recht auch sein.

1980	Meadow Matt	Prix de la Cote d'Azur, Cagnes sur mer	
	Topo Pride	Bruno Cassirer-Rennen, Mariendorf	
	Meadow Matt	Großer Preis der Holsten-Brauerei, Bahrenfeld	
	Topo Pride	Simmerl-Rennen, Bahrenfeld	
	Meadow Matt	Großer Preis von Mönchengladbach	
	Topo Pride	Deutsches Championat der Fünfjährigen, Mönchengladbach	
1981	Meadow Matt	Internationale Meile, Recklinghausen	
	Meadow Matt	Charlie Mills-Memorial, Mariendorf	
	Diana Hill	Derby-Trostlauf (50.000 DM), Mariendorf	
1983	Spice Island	Prix de Plateau de Gravelle, Vincennes	
	Spice Island	Grand Criterium de Vitesse de la Cote d'Azur, Cagnes	
	Spice Island	Goldenes BILD-Hufeisen, Gelsenkirchen	
	Spice Island	Goldenes Pferd, Dinslaken	
	Spice Island	Johann Giese-Rennen, Bahrenfeld	
1984	Bontano	Großer Preis der Holsten-Brauerei, Bahrenfeld	
	Nimes	Kommerzienrat Wilhelm Kraus-Rennen, München	
	Spice Island	Goldenes BILD-Hufeisen, Gelsenkirchen	
1985	Mont de Maine	Bruno Cassirer-Rennen, Mariendorf	
1986	Winnetou	Stern-Pils-Pokal, Gelsenkirchen	
	Mont de Maine	Rekord-Cup, Mariendorf	
	Erasmus	Großer Coca Cola-Preis, Elmshorn	
1993	Saruk	Walter Heitmann-Pokal, Bahrenfeld	
	Odeon	Hamburger Pokal, Bahrenfeld	

Siegzahlen Kurt Hörmann
(soweit vom Hauptverband für Traber-Zucht und -Rennen erfasst)

	Fahrer:		Trainer:	
1943	10	Lehrlingschampion	0	
1944	15	Lehrlingschampion	0	
1945-48		Krieg u. Kriegsgefangenschaft		
1949	5		0	
1950	10		8	
1951	19		30	
1952	39		59	
1953	63		81	
1954	80	Nord-Vize hinter Walter Heitmann	93	
1955	83	Vize hinter G. Krüger / Nord-Champion	101	(III.)
1956	110	Vize hinter G. Krüger / Nord-Champion	140	(II.)
1957	106		137	(IV.)
1958	79		101	

1959	77		102	
1960	89		105	
1961	79	Nord-Vize hinter Frömming	94	
1962	107	Nord-Champion	129	
1963	81	Nord-Vize hinter Frömming	101	
1964	78		87	
1965	113	Nord-Champion	144	
1966	124	Nord-Champion	148	
1967	117	Nord-Champion	153	
1968	117 (3)	Nord-Champion	172 (2)	Bu
1969	38	(krank)	58	Bu
1970	88	Nord-Vize hinter Peter Heitmann	124	
1971	160	Nord-Champion	198	
1972	145	Nord-Champion	191	
1973	124	Nord-Champion	160	
1974	98		110	
1975	64		97	
1976	98		113	
1977	105		126	
1978	89		107	
1979	89		110	
1980	67		88	
1981	41		48	
1982	3		4	
1983	38		48	
1984	53		66	We
1985	53		62	We
1986	105		145	
1987	6		44	
1988	28		42	GJ
1989	20		21	
1990	30		27	
1991	29		29	
1992	30		32	Ra
1993	41		40	
1994	13		18	
1995	12		12	
1996	3		13	
1997	9		26	
1998	9		19	
1999	1		32	
2000	1		18	
2001	-		2	
2002	-		4	
2003				

        3.291 (HVT)   4.219 (HVT)
59 (62-3) Ausland   46 (48-2) Ausland
      3.350   **4.265**

Vom HVT notierte Auslandserfolge in Klammern nur (3) und (2 Trainer)

Belegbare Hörmann-Siege im Ausland

       Frankreich:
Jahr	Pferd	Ort	Datum
1963	Morlant D	Vincennes	23.11
	Morlant D	Vincennes	22.12
1964	Morlant D	Prix de Lille, Vincennes	5.01
	Onyx	Vincennes	8.01
	Morlant D	Prix du Bourbonnais, Vincennes	18.01
	Quosiris D	Vincennes	26.01
	Onyx	Vincennes	26.01
	Querer Grandchamp	Vincennes	27.01
	Recamier	Vincennes	29.01
	Pepite	Prix de la Marne, Vincennes	30.01
	Onyx	Vincennes	30.01
	Piery	Vincennes	3.02
	Quosiris D	Vincennes	9.02
	Quosiris D	Prix de Selection, Vincennes	17.02
	Phlox	Vincennes	19.02
1965	Surgense	Vincennes	28.01
1966	5 Siege in Frankreich mit Sorcellerie L, Sous Bois, Tati		
1967	5 Siege in Frankreich mit Sans Souci L, Skyatos, Tyjama		
1968	Vat	Vincennes	12.04
1969	Minisink Hanover	Cagnes	16.03
1977	Guve	Vincennes	10.04
1977	Guve	Vincennes	2.06
1979	Meadow Matt	Prix de Stockholm, Enghien	16.08
1980	Meadow Matt	Prix de la Cote d'Azur, Cagnes	17.01
1981	Lima	Vincennes	27.11
1982	Nuit Dazeray	Enghien	20.02
	Nevada Pride	Amiens	7.03
	L'Aunou	Amiens	7.03
	Nuit Dazeray	Cagnes	19.03
	Nimes	Caen	23.05
	L'Aunou	Caen	31.05
	Nuit Dazeray	Vincennes	3.06
	Nuit Dazeray	Vincennes	2.07
	Lima	Enghien	12.07
	L'Aunou	Vincennes	19.08
	L'Ami de Richard	Reims	7.11
1983	Milord du Dauphin	Vincennes	2.02
	Spice Island	Prix du Plat. d. Gravelle, Vincennes	10.02
	Nimes	Vincennes	10.02
	Narquois	Reims	20.02
	Spice Island	„Grand Criterium...", Cagnes	13.03
1984	Luth de Gournay	Vincennes	13.01
	Luth de Gournay	Vincennes	16.02
	Mary Ann	Enghien	21.02

1987	Sandokan	Cagnes	28.08	
1990	Valacirca	Rouen	13.05	
	Uadia d'Udon	Elbeuf (Grasbahn)	27.05	
	Twist Emeraude	Elbeuf (Grasbahn)	27.05	
	Valacirca	Vincennes	8.06	

Letzte Fahrt in Vincennes: 14.01.96 mit Sea Cove im „Prix de Belgique"

Summe 57

1956	Frechdachs	Wien	14.10	
	Edith Hanover		14.10	
	Queen L		14.10	3
1971	Pacer	Roosevelt Raceway	21.08	1
	Mallorca:			
1972	Internationales Fahrertreffen		8.07	1

Summe 62

Joint Venture war wohl das letzte Klasse-Pferd, hinter dem Kurt Hörmann im Sulky saß. Der Hengst ging nach 27 Siegen bei 81 Starts mit einem Rekord von 1:13,1 in die Zucht.